"十三五"职业教育国家规划教材
"十二五"职业教育国家规划教材
经全国职业教育教材审定委员会审定
企业班组长培训用书
新编21世纪高等职业教育精品教材●工商管理类

+ BUSINESS ADMINISTRATION

企业现场管理实务

（第四版）

主 编●刘治宏 张德华 戚俊丽

中国人民大学出版社
·北京·

编委会

序

企业现场管理直接影响着产品质量和企业经济效益。因此，提高企业现场管理能力是当前国家和企业在发展中亟须解决的现实问题，必须高度重视。这正是出版《企业现场管理实务》一书的主旨所在。提高企业现场管理能力需要优化现场管理要素配置，提高管理活力。这就要运用科学的管理思想、管理手段，对生产现场的各种要素，即对人（操作者）、机（设备）、料（原材料）、法（工艺、检测方法）、环（环境）、信（信息）等进行合理的配置和优化组合，通过计划、组织、协调、控制、激励等管理职能，保证现场按预定的目标实现优质、高效、低能、均衡、安全文明的生产。书中介绍的生产现场管理的基本方法有：实行全面生产维护（TPM），及时排除设备故障，以保证机器设备处于良好的技术状态；推行看板管理，严密地组织上下工序之间的衔接；积极开展5S管理活动（整理、整顿、清扫、清洁、素养）等，这些方法都是企业开展现场管理的有效途径。通过规范企业现场管理行为，能够全面、有效地提高企业产品质量的市场竞争力。

班组是企业最基层的生产和管理单元，也是企业现场管理的基础。班组长是班组生产管理的直接指挥者和组织者，国家有关质量、安全生产的方针、政策、法规、条例等都要最终在班组里落实；企业生产管理中的一系列质量安全措施、控制措施都要依靠班组长组织员工具体实施；设备设施都要由班组员工去正确操作和维护。总之，整个企业要靠班组来维持正常运行，班组管理的优劣直接影响企业业绩的好坏，直接影响企业产品质量的好坏。

本书基于一些优秀企业的现场管理做法，依照现代系统管理、动态管理、精益生产等管理理论，系统地介绍了现场管理的一些工具和方法，具有较强的可操作性。这些工具和方法对我国企业，尤其是制造企业班组长工作技能和管理水平的提升具有积极的借鉴作用，非常值得推广。

本书编者曾参加中国质量协会组织的《企业现场管理准则》（GB/T29590-2013）国家标准的起草工作，对企业现场管理有着深刻的理解并具有丰富的实践经验。深信企业班组长通过对本书的系统学习，能够体悟到现场管理的真谛，更好地开展企业生产现场的日常管理工作。

中国职工教育和职业培训协会　　常务副会长
人力资源和社会保障部职业技能鉴定中心副主任（正司级）
《中国培训》杂志社主编
北京大学兼职研究员

毕结礼

第四版前言

现场管理是现代企业管理的有机组成部分。企业开展现场管理工作，对于增强企业价值创造力、改进创新力和核心竞争力发挥着重要作用。当前，采用科学有效的现场管理方法，优化现场生产要素，强化现场过程控制，提高产品质量，已成为企业生产经营管理活动的重要组成部分。

本书编者结合多年企业现场管理的经验，对现场管理理论与方法进行系统梳理，对一些优秀企业的现场管理实践进行总结、提炼。本次修订深入贯彻党的二十大精神，全面融入社会主义核心价值观，传承中华优秀传统文化，弘扬正能量，寓价值观教育于知识体系和能力培养之中，落实立德树人的根本任务，体现育人与育才相结合的教学目标。本书的主要特点是结合国内优秀企业现场管理的理念和文化来介绍如何做好现场管理工作，全方位反映优秀企业现场管理的实践，因此读者在学习时需要融会贯通、举一反三。

本书分为三篇：第一篇为现场管理基础，主要介绍了现场管理产生的背景、国外企业现场管理在我国的引进和应用、现场管理的相关理念及做好现场管理的关键因素等；第二篇为现场管理工作内容，主要介绍了企业现场管理必须关注的主要工作，每一项工作既相对独立又相辅相成；第三篇为现场管理工具与方法，主要介绍了企业开展现场管理常用的、基础的工具和方法。

本书自 2013 年出版以来，受到广大读者特别是高等院校师生的欢迎。本书于 2015 年进行了第一次修订，2019 年进行了第二次修订，本次为第三次修订。本次修订紧密结合中共中央办公厅、国务院办公厅印发的《关于深化新时代学校思想政治理论课改革创新的若干意见》和教育部印发的《高等学校课程思政建设指导纲要》，将学习目标设为知识目标、能力目标和素养目标，增加了“中国力量”“素养园地”等内容，突出思想政治教育引领，全面推进高校课程思政建设，发挥企业现场管理的育人作用。同时优化了部分章节内容，删减了部分陈旧案例。

本书配套了丰富的教学资源，包括教学视频、案例库、试题库、PPT 等，实现了线上线下一体化教学，可充分满足学习者碎片化学习的需要。本书既可以作为高等院校工商管理专业的课程教材，又可以作为企业班组长及以上管理人员的培训教材。

本书由刘治宏、张德华、戚俊丽主编。参加编写工作的有胡铁军、谭复明、施勇、朱强、白莹、赛志毅、徐鲁军、董进锋、徐哲、杨烨强、陈龙、陈永才、李雪铭。全书由刘治宏、李晓飞审校。在本书编写过程中，三一集团有限公司、厦门 ABB 开关有限公司、中联重科股份有限公司、浙江开山压缩机有限公司、中车齐齐哈尔车辆有限公司、山东高速股份有限公司、中国人民解放军第五七二一工厂、日照港集团有限公司等企业提供了大量有价值的案例；卓越国际质量科学研究院中日质量管理研究中心梁红霞主任、北京信息科技大学经济管理学院原副院长刘宇提出了许多宝贵的建议。在此，编者致以崇高的敬意并表示衷心的感谢。

由于时间和编者水平有限，书中难免存有疏漏和错误，敬请读者批评指正。

编者

目　录

第一篇　现场管理基础

第二篇　现场管理工作内容

第三篇　现场管理工具与方法

第一篇

现场管理基础

第一章
现场管理概述

学习目标

知识目标

◇ 掌握现场管理的概念。

◇ 掌握现场管理的基本内容。

◇ 了解各国现场管理的基本理念。

能力目标

◇ 具备识别现场内容的能力。

素养目标

◇ 通过学习现场管理理论，让学生充分认识现场管理的重要性，用实际行动提升我国现场管理水平，为实现中国梦做出新的更大贡献。

第一节　现场与现场管理

一、现场的概念

现场是企业进行生产和提供服务的作业场所，企业的主要活动是在现场完成的。现场有广义和狭义之分。广义的现场是指企业所有用来从事生产经营的场所，如生产车间、库房、办公室以及营销场所等；狭义的现场是指企业内部直接从事基本或辅助生产活动的场所，主要包括生产车间、库房等。人们常说的现场一般是指狭义的现场，有时又称为生产现场。

对生产性质的现场来讲，管理者重点需要解决人员、设备、材料、作业方法、生产环境等生产要素之间如何协调匹配的问题，从而既能保证产品质量稳定，又能发挥出这些管理要素在生产过程中的效率和效能。

对服务性质的现场来讲，顾客通常会直接参与到服务的提供过程中，企业既会为顾客提供有形产品，也会为顾客提供无形产品。顾客会从服务的功能性、经济性、安全性、时间性、舒适性、文明性等方面来评价服务的感知质量，这些要素往往会受到顾客主观因素的影响，管理者重点关注服务现场如何满足顾客个性化需求，从而不断提升顾客的满意度和忠诚度。

二、现场管理的概念

现场管理，是指运用科学的管理理论和方法，对现场的人、机、料、法、环、测（5M1E）和信息等要素，进行合理有效的计划、组织、指挥、协调、控制和改进，使其处于良好的结合状态，以达到优质、高效、低耗、均衡、安全、环保和文明的目的。

现场管理也有广义和狭义之分。广义的现场管理是指对企业所有现场作业活动的管理，包括对生产、经营、办公等各种现场的管理。狭义的现场管理单指对企业生产现场的管理。

三、现场管理工作的基本内容

现场管理工作包括以下基本内容：

（1）定置管理。实施定置管理，使人流、物流、信息流畅通有序，现场环境整洁，文明生产。（2）工艺管理。优化工艺路线和工艺布局，提高工艺水平，严格按工艺要求组织生产，使生产处于受控状态，保证产品质量，并定期对工艺文件的执行情况进行巡检、评价，确保工艺的可行性和有效性。（3）优化组织结构。以保证生产现场组织体系的合理化、高效化为目的，不断优化生产。（4）健全标准。如流程、制度、标准、劳动及消耗定额、统计台账等。（5）完善制度。建立和完善设备、安全等管理保障体系，有效控制投入产出，提高现场管理的运行效能。（6）班组民主管理。通过班组民主管理，充分调动员工的积极性和创造性。

四、现场管理的要求

现场管理的要求是环境整洁、设备完好、物流有序、爱岗敬业、文明生产、产品优质。

（1）环境整洁是指现场通道畅通，场地整齐干净，物料分类清楚，合理目视化，工具箱色彩统一、摆放有序。

（2）设备完好包括各种设备标志醒目，完好率符合规定标准，设备达到清洁、整齐、润滑、安全的标准。

（3）物流有序是指对物流进行控制，在制品的流动严格按照投入产出要求进行，减少或避免不必要的停顿和等待时间，提高作业面积利用率。要克服在制品传递过程中的磕碰划伤及丢失，用必要的工位器具存放、传递。在现场存放的产品、物料按定置管理的办法整齐码放，便于使用。

（4）爱岗敬业的要求提出人是生产力要素中最活跃的因素，充分发挥员工的能动作用是现场管理的中心环节，主要反映在两个方面：一是员工要以主人翁的姿态立足本职岗位，积极参与企业的各项管理，充分发挥聪明才智；二是员工要不断提高自身技术业务素质。

（5）文明生产是将建立健全规章制度、严格执行规章制度作为实现文明工作的前提。工作现场的规章制度有出勤制度、病事假管理制度等，也有岗位责任、工作标准、工艺纪律、安全制度等。

（6）产品优质是现场管理的最终目的，可以用产品的优良品率、质量损失率、零件关键项次合格率和商品返修率等来衡量。

五、现场生产运作系统

现场管理的核心是用全面质量管理的思想和方法提升现场管理活动各个要素的整体运行的质量和效率。目前，国际一流企业对现场管理设置了15项评价指标，包括信息流动、物的流动、生产批次、JIT（准时化生产）供应、材料管理、零部件供应、标准作业、排除作业浪费、过程质量、5S、TPM（全面生产维护）、车间运营、员工培训、成本管理和技术技能提高等。从管理角度讲，对管理过程拆分得越细，管理程度就越高，但管理工作量和投入会增大，严重时会影响到管理效率。一个企业如何开展现场管理，需要企业从管理成熟度水平和专业技术支撑能力两个方面着眼，综合考虑人员、机器、材料、方法、环境等影响因素并选择适用的工具方法加以应用。现场生产运作系统如图1-1所示。

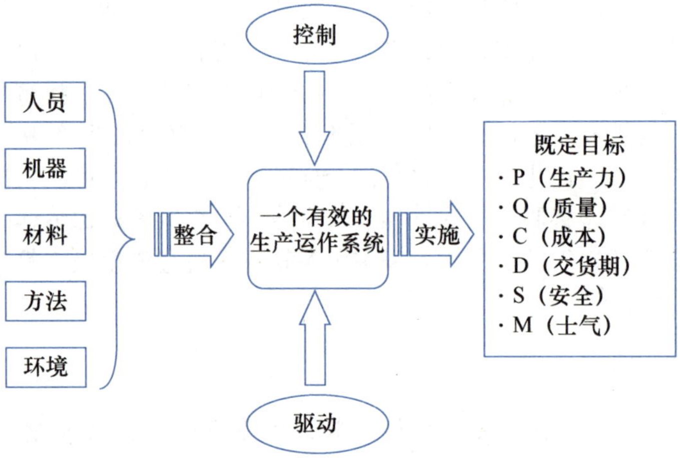

图1-1　现场生产运作系统

六、服务现场管理

服务是通过一系列流程以及与顾客相互接触的活动，向顾客提供有形产品或无形产品的过程。服务现场是由与顾客接触区域（服务前台）和支持服务过程运行和内部支持区域（服务后台）所构成的。

服务现场的顾客主要是外部顾客，其会对服务提供的便利性、服务提供过程的效率以及在接受服务过程中获得良好感受等方面提出具体要求。在进行服务现场管理时，企业需要根据服务现场目标顾客群体的特征，从服务场所的选址、服务现场的环境布局、服务提供流程等方面深入分析顾客需求，并为服务现场配备必要的管理资源。在服务提供过程中，需要建立系统的机制，及时收集顾客对服务过程的评价情况和新的要求，并对服务流程进行持续优化，从而不断增强顾客的满意度和忠诚度。

在服务接触区域，既需要通过对服务场所硬件的设计（例如，服务设施配置、现场环境设计等），让顾客感受到服务现场的便利性、舒适性和安全性，也需要通过对服务提供过程的不断优化（例如，优化业务办理流程、优化服务现场投诉处理流程等），增强顾客对于服务效率和便捷性的感知。

在内部支持区域，需要通过对各类管理活动和管理系统进行有效的控制，保证服务后台能够有效支持服务过程稳定、高效地完成（例如，业务单据及时、准确的处理）。

总之，顾客的满意度和忠诚度是由服务过程所涉及各环节的工作质量和效率共同决定的，服务现场需要通过适宜的方法保证服务过程中各环节高效协同运行。

服务现场的类型可以从顾客的参与程度、顾客需求变化的程度等不同角度进行划分。

（一）顾客的参与程度

根据顾客的参与程度，可将服务过程划分为顾客参与（直接服务）和顾客不参与（间接服务）的服务过程。顾客参与的直接服务过程，如客运、旅游、医疗、零售等，没有顾客的参与，服务不可能进行。现场员工的素质及技能往往会对服务质量产生直接影响，同时，也要关注顾客的主观因素对服务过程的质量和效率产生的影响。顾客不参与的间接服务过程，如物流、设备维护、检测等，对于提供这类服务的现场，需要关注服务提供过程中涉及的人员、设备、作业方法等要素的高效组织和协调运行。

（二）顾客需求变化的程度

根据顾客需求变化的程度，可将服务划分为顾客需求稳定和顾客需求多变的服务。顾客需求稳定的服务，如企业内部的检测分析实验、仓储、保险理赔等。对于这类服务，不同顾客的需求往往类似，服务现场工作的重点在于制定清晰一致的服务流程和服务标准。顾客需求多变的服务，如酒店、金融、通信、速递等，对于这类服务，不同顾客会产生不同的需求，服务现场需要了解产生不同需求的主要影响因素，对需求的变化进行准确预测，从而能够灵活地调配现场的服务资源，更好地满足顾客多样化的需求。例如，根据客流量的变化规律，合理安排服务现场的人员数量等。此外，服务过程还可以根据所提供服务产品的特征等方式进行划分，企业需要根据实际管理的需要选择服务现场的划分依据。

对于服务性质的企业，经营管理的一项重要任务是不断优化服务流程和服务水平，提升顾客的满意度和忠诚度。在大多数服务业，获取新顾客的成本要大于甚至远大于维护老顾客的成本。因此顾客的忠诚度对于服务企业的经营业绩会产生关键的影响。服务现场是企业与顾客接触最重要的环节，只有通过有效的服务接触过程管理，才能不断提升顾客对于服务产品和企业品牌的价值认知，从而促进顾客忠诚度的提高。

七、服务现场管理过程设计

在进行服务现场管理过程设计时，需要明确服务现场的定位。根据选定目标顾客群体的要求，选择服务产品，设计服务过程。

在服务设计过程中，需要确定服务规范、服务提供规范和服务过程质量控制规范，在此基础上配置相应的服务现场管理资源。完整的服务质量环如图 1－2 所示。

（一）服务规范

服务规范来源于服务管理过程的要求，既代表服务的质量标准，也代表企业对顾客的承诺。通常，服务规范的内容可以包括营业时间、业务办理速度、顾客等候时间标准、顾客投诉处理时效等。

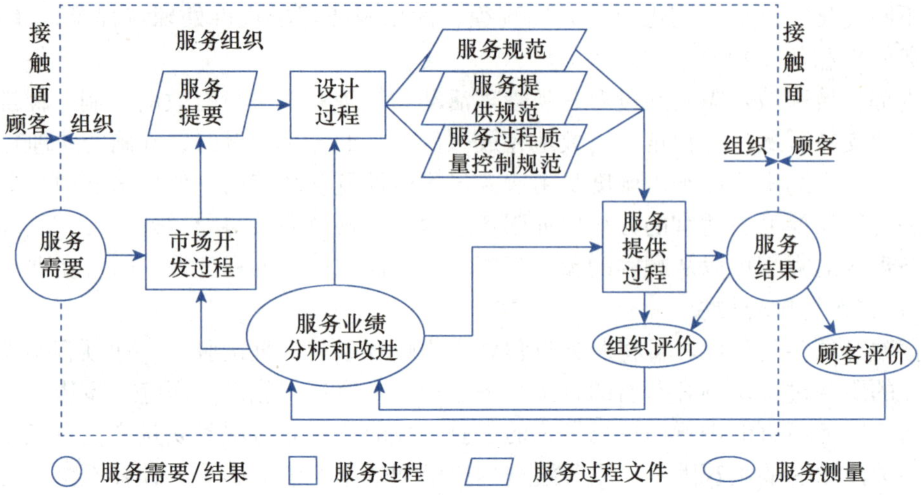

图 1-2　服务质量环

在制定服务规范时，需要准确地理解顾客的要求和期望，确保服务规范清晰，并具备可实现性和可测量性。在服务现场，应该让现场员工充分理解服务规范要求的目的和宗旨，以便于规范、准确地执行。

（二）服务提供规范

服务提供过程是由服务现场中一系列与顾客直接接触的活动所组成的。为了保证服务提供过程的质量和效率，带给顾客良好的服务过程体验，在设计过程中，需要根据服务过程的要求，设计服务活动的流程和工作标准，形成服务提供规范。

服务提供过程中涉及的管理活动，包括业务咨询、业务办理、服务评价、顾客投诉处理、服务补救等。在设计时，需要根据服务接触理论，分析在各服务接触点上顾客的要求，建立相应的服务流程。

（三）服务过程质量控制规范

服务现场管理过程的质量是在为顾客提供服务的瞬间形成的，因此比较难以测量和控制。在进行服务过程设计时，需要运用服务蓝图等方法，按照顾客实际接受服务的过程，描绘服务过程中的具体步骤，分析服务过程中容易产生风险或失败的步骤和作业。将服务过程中容易产生质量风险的步骤设定为质量控制点，通过防差错等方法优化服务作业过程，降低风险等级。

服务现场中，需要注重对现场发生的质量问题解决的时效性。设计质量控制流程时，需要结合服务内容，给予现场员工必要的授权，以便第一时间解决在现场引发的顾客抱怨或投诉，从而及时弥补服务过程中产生的质量问题。

（四）服务现场管理资源配置

在服务设计过程中，需要根据服务过程的要求，为服务现场配置服务环境、服务设施和服务人员等方面的必要资源。

（1）服务环境。服务环境是为顾客带来良好服务过程体验（包括便利性、舒适性、安全性等）的基础。服务环境包括服务场所选址、服务现场布局设计、服务现场环境要素等方面的内容。

服务场所的选址要以方便顾客为宗旨。在选址时，要根据目标顾客群体的特点，充分考虑交通、服务场所可识别性等方面的因素。比如，对于以自驾车为主的顾客群体，在服务场所选址时，要考虑周边是否配有充裕的停车位。

在进行服务现场布局设计时，既要根据服务过程的特性，选择服务功能区域，包括业务咨询区域、顾客等候区域、业务办理区域、顾客自助服务区域、产品陈列展示及顾客体验区域、员工后台工作区域等；同时，也要根据顾客的行为习惯，设计现场的行动路线和具体的功能区域，以方便顾客识别并接受服务。比如，在通信营业厅内的手机体验区域，可以根据顾客的偏好和营销的重点，将手机按照品牌、功能和档次进行布置，以方便顾客选择试用。

服务现场的环境要素包括色彩、光线、背景音等方面的内容。服务现场可以根据服务产品、顾客群体的特点等来进行选择，从而让顾客在接受服务的过程中有更好的体验。

(2) 服务设施。服务现场的主要设施包括业务办理系统、顾客自助服务设施、顾客自助体验设施等。对于自助设施的配置，需要根据服务的策略，对种类和数量进行选择。现场的自助服务设施，应该匹配简洁、便利的操作界面。

(3) 服务人员。在进行服务人员配置时，需要对服务现场的顾客流量及其分布进行测算，依照业务办理速度、顾客等候时间等服务规范的要求，确定服务现场的岗位技能要求、服务人员数量、服务班次等方面的内容。

第二节　现场管理理论溯源

一、生产方式的变迁与生产管理的沿革

最早的生产现场称为加工作坊，每位操作工需要完成从头到尾的所有工序。例如，我国天津杨柳青地区的年画制作，目前还延续了一些手工单件作业的生产方式。现场管理理论起源于20世纪初泰勒的科学管理法。泰勒对在生产现场中如何提高劳动生产率、生产现场的计划职能和执行职能如何划分等问题进行研究，出版了专著《车间管理》。在此之前，企业的生产管理主要是凭经验，工人劳动无统一的操作规程，管理无统一的规则，人员培养主要靠师傅带徒弟。泰勒的科学管理法使生产与作业管理摆脱了经验管理的束缚，开始走上科学管理的轨道，对提高生产效率起到了推动作用。

1913年，福特公司在其汽车装配厂内安装了第一条汽车流水线，揭开了现代化大生产的序幕。福特所创立的“产品标准化原理”、“作业单纯化原理”以及“移动装配法原理”在生产技术和生产管理史上均具有重要的意义。

作坊式生产与流水线作业的区别在于：前者由一个人完成生产的所有工序，避免了不同工序之间交接时犯错误的可能，但产品的一致性较低；后者则把生产工人集中在一起，将每一项工作分成若干个工序，并要求每个工序的作业严格按作业指导书执行，产品一致性高，这在某种程度上大大提高了生产效率。随着企业生产活动的日趋复杂、企业规模的日益扩大，生产环节的分工越来越细，管理上的分工也越来越细，现场管理进一步细化为计划管理、物料管理、设备管理、质量管理、库存管理、安全与5S管理、作业管理等各个单项管理，在管理学科上也相应地形成了不同的分支领域。

从20世纪60年代后半期到70年代，机械化、自动化技术的飞速发展使企业面临不断进行技术改造，引进新设备、新技术，并相应地改变工作方式的机遇和挑战，生产系统的选择、设计、调整和升级成为生产管理中的新内容，这进一步扩大了现场管理的范围。20世纪80年代，由于信息技术的飞速发展和计算机的小型化、微型化以及价格的迅速降低，计算机开始大量进入企业管理领域，使得处理“物流”的生产和处理“信息流”的生产与运作管理均发生了根本性的变革。世界经济进入了一个市场需求多样化的新时期，多品种小批量生产方式成为主流，从而给生产管理提出了新的、更高的要求。在这种情况下，以准时化生产（Just in Time，JIT）为代表的日本式生产管理方式（丰田生产方式）引起了全世界的关注。20世纪90年代，基于工业工程的动作分析原理，又出现了以日本为代表的单元生产方式和以欧美为代表的约束生产方式（Theory of Constraints，TOC）。这一时期现场管理的主要特点是，开始注重和强调管理的集成性，不再把由于分工引起的企业活动的各个不同部分看作独立的活动和过程，而是用系统的观点来看待整个生产制造过程，强调生产制造的一体化。生产全球化的经济大趋势以及市场需求变化速度的加快，都促使企业不断引入信息技术，利用信息技术来增强企业的竞争力。目前，国际上的一些公司，如日本的丰田、雅马哈等企业的一些生产现场通过大量的机器人完成零部件的装配，全球最大的代工企业富士康也在生产线上投入了上百万个机器人。需要操作工人的岗位也实现了智能化，即使没有任何工作技能的人，岗前通过观看工序装配视频指导，也完全可以胜任工作。一旦发生错误，电子视频会发出错误信息，并停止作业，直到工人完成正确操作后才开始下一道工序，杜绝了出错的可能。

工人的生产方式从最初的家庭作坊式，历经德国的互换式生产方式、福特式生产方式，至第二次世界大战后，建立在“有人字旁”的自动（働）化[①]（Jidoka）和准时化生产方式这两大支柱上的日本独特的丰田生产方式，以及以其为蓝本，美国加以转化升华的、在国际上称为精益的生产方式，生产方式经历了一次又一次变迁，现场管理也各具特点，见表1-1。

表1-1 生产方式的变迁及现场管理特点

生产方式	家庭作坊式生产	互换式生产	福特式生产	自动化生产	准时化生产	单元生产	制约生产	智能化生产
现场管理特点	没有操作规程	零件标准化、专业化，设定公差，属于分工型	大批量，属于分工型，机械化管理	发生异常自动停止，防错、柔性化，重在对人的管理，消除偏差	柔性化，强调节拍，重在对人的管理，消除偏差	小批量、多品种，多技能工人，强调工序间最佳	关注瓶颈环节	加工要求数字化

二、欧美国家及日本现场管理的研究与实践

现代现场管理学派的两大代表分别是“一线管理者中心论”和“现场低成本改善永恒论”。国外关于现场管理的理论、原则和方法基本已趋于成熟，随着社会的信息化发展，

① 源自丰田的管理理念，强调的是人机的最佳结合，后文同。

现场管理理论得到了更全面的、更便捷的实施。

“一线管理者中心论”的典型代表是美国学者托马斯·艾伯斯，他的观点是：“我们已经跨入一个新时代，企业生产第一线管理者是这个新时代的中心人物。”制造企业的管理结构趋于流线化、扁平化，架构越来越简单，使得现场管理者管理的权限和范围越来越大，在企业中的作用也越来越重要。现场管理者扮演不同的角色，如管理者、助手、专业人员等。这些不同的角色要求现场管理者拥有多种知识和技能，在人际关系处理和专业技术问题处理上拥有绝对的技巧和能力。“一线管理者中心论”的主要内容包括：一线现场管理者面临的挑战，一线现场管理者的职能和任务、组织能力、价值伦理观念、思维方式、作业控制的沟通协调、控制监督、职业生涯等诸方面。“一线管理者中心论”得到美国现场管理作业主管、工长等现场管理人员的普遍认可。

“现场低成本改善永恒论”的典型代表是日本学者今井正明，他的观点是：“生产过程中涉及的部门、人员、现场等，无论是生产线、工序、车间、工段都存在低成本改善的问题，而且是永恒的、无条件的，改善的方法多种多样，主要是降低成本、减少浪费和规范作业方法。”在降低成本的过程中，以常规性、低消耗的现场改善方法最为常用，该方法抛开复杂的工具和科技手段，只是用简单的方法去引导现场管理人员发现问题、解决问题，使用常识性的工具和检查表进行巡查，不需花费金钱，就能达到改善的目的。

上述两个理论的着眼点不同，美国学者主要从管理者的视角进行现场管理改善的研究，对现场主体进行研究。日本学者主要从作业流程中的各个消耗行为来进行管理改善，对生产过程中不产生价值的、耗费成本的环节和行为进行改善。无论从哪个角度进行改善都是为了达到相同的目的，即通过强化现场管理来实现企业的收益，对社会做出贡献。

近年来，日本的远藤功教授又提出了现场力的概念，认为现场力是企业战略实施的组织能力，是企业综合能力的体现。他还认为，构成现场力的只能是人，企业应以人为本，重视人、尊重人，激发人的无限潜能。此外，他还提出了测量现场力的四个尺度，即质量、成本、速度和持续力。

三、我国企业现场管理的实践

在我国经济发展过程中，不少企业提出和形成了有特色的现场管理方法，如 20 世纪 60 年代大庆油田的“三老、四严、四个一样”，80 年代初南京二机床厂提出的优化现场管理 11 法和现场管理 40 条，90 年代上海日立的 3N4M5S 现场管理法，以及海尔推广的以“日事日毕，日清日高”为标准和宗旨的 OEC 管理法等。这些方法在规范现场作业、提高产品质量、降低成本、保障安全等方面取得了一定的成效。但我国企业的现场管理水平还存在一些不足，主要体现在：定性管理多，定量管理少；日常管理多，管理改善少；基层管理人员素质普遍较低。国有企业的管理制度虽然比较完善，但执行力一般；而民营企业对生产现场的重视程度不够，它们往往把大部分精力放在市场营销上，造成生产现场管理基础比较薄弱。因此，生产现场管理对我国企业而言任重而道远，需要结合国内企业和行业的特点，进一步深入和完善管理体系，以适应本土企业的应用和实践。

为引导企业进一步提高现场管理水平，中国质量协会从 2009 年起，在全国范围内全面开展全国现场管理星级评价活动。2013 年，由中国质量协会牵头，组织国内现场管理专家和优秀企业代表，在全国质量管理和质量保证标准化技术委员会（SAC/TC151）的支持下，发布了《企业现场管理准则》国家标准。该标准的核心是用全面质量管理的思想和方法提升现场管理活动的整体运行质量和效率，实现“一心、二效、三节”（一心——以顾客为中心；二效——提升效率和效能；三节——节省时间、优化节拍和节约资源）。该标准引导广大企业运用全面质量管理的理念、方法和手段，对作业现场进行持续有效的管理改进，建立优质、高效、安全、规范的现场管理系统，提高企业在产品和服务的质量、成本、交付能力等各方面的绩效水平，发挥了积极的促进作用。

第三节　日本的现场管理

一、日本现场管理的主要理念

日本在第二次世界大战之后成为经济大国，这与日本企业的成功密切相关，而关注和重视现场管理者的地位和作用更是日本企业成功的秘诀之一。日本在确立现场管理和现场管理者的重要地位和作用之后，依靠一线管理者和经营者——作业长，结合本国的实际情况，有计划、有步骤地引进或开发现场管理的新技法，追根寻源，不断地加强、深化现场管理，为创建先进的现场管理模式奠定了坚实的基础。日本现场管理的主要理念可概括为以下几个方面：

（1）日本的企业家认为，一个成功企业的一线管理者和经营者必须参加并分担企业间竞争的一部分工作，主动地担负起不断地改善现场的主要责任，把现场的产量（P）、质量（Q）、成本（C）、交货期（D）、安全（S）、环保（E）、士气（M）、培训（T）、信息（I）做好，并把它们作为“使自己的公司比别的公司做得更好”的现场管理的评价尺度。

（2）针对现场的整治工作，提出改善现场管理的“三重点”：一是要求职能部门的管理人员和技术部门的技术人员视现场为“战场”，把管理的重心转移到现场，主动地、及时地解决现场的各种问题；二是注意建立现场管理的各种工作保证体系；三是注意现场的改善，必须坚持从安全与5S做起，提高现场管理的水平。

（3）在不断改善现场管理的过程中，日本企业家始终把人的管理放在重要的地位。他们认为，职工既是供企业使用的客体也是企业应尊重的主体，“企业即人”。具体的做法包括：一是通过多种形式（提案制度、QC小组活动、无缺陷活动、自主管理活动等）鼓励和激发员工参与管理；二是在现场诸生产要素与人的结合中，始终重视人的主导作用，特别强调发扬士气、提高素养来发挥人的能动性，并使“物”发挥其最佳的效能。

（4）针对在开展5S管理活动过程中，现场管理技法比较薄弱、精神因素的比重过高的情况，有计划、有步骤地引入和开发质量控制和管理的理念和方法，如全面质量管理（TQM）、定置管理、价值工程（VE）、工业工程（IE）和精益生产法等，使以现场整治为中心（即开展5S管理活动）的现场管理规范化、标准化、高效化，使各项专项管理方法在现场落到实处，并形成一个协调严密、管理科学的系统。

（5）随着科学技术的飞速进步，现场管理者素质的迅速提高和中层、高层部分管理权力的下放，以往由中层或高层管理者考虑的问题需要由现场小组来解决。现场的自律性逐渐加强，生产现场已经发展成为企业生产经营管理的主体，一切支持部门都要围绕这个主体开展工作。

（6）20世纪五六十年代由日本丰田汽车公司提出的准时化生产方式，已被当作日本企业成功的秘诀而受到世界各国广泛的关注。准时化生产方式是“将必要的原材料和零部件，以恰好的数量和完美的质量，在即将被使用之前，送到工厂内指定的地点”。

二、日本现场管理的主要特点

日本企业自上至下都非常关注现场管理，许多日本企业的高层决策人员，如营销、采购、计划、研发等职能管理部门的负责人，大多数是从优秀的现场管理人员当中提拔。日本企业现场管理的精髓不是其拥有先进的管理理论和管理制度，而是它们的生产现场具有大批的实干家，不断去解决现场发生的问题。日本企业现场管理的严谨、刻板作风有时让人难以忍受，但不得不承认它确实非常有效。日本企业现场管理具有人性化、封闭式、定量式和高效性等特点，主要体现在以下几个方面：

第一，5S管理。5S的内容包括整理、整顿、清扫、清洁、素养，日本企业的5S管理是其现场管理特色的外在表现，几乎所有的日本企业都非常重视现场5S管理，它们认为5S是一切工作的基础，5S做不好的企业什么都做不好。许多日本工厂的地板砖都是白色的，以此来监督现场环境。日本企业管理者的现场检查一般都是先戴白手套再进行5S巡查。

第二，三现主义的工作作风。三现主义是现场、现物、现实的总称，是指在企业现场生产活动中要从现场的实际状态出发，通过把握和分析事件发生的实际情况、原始数据、概率以及样品等第一手资料，为解决问题提供真实的线索。日本企业有一句名言：“问题都是发生在工作中。”日本企业制造系统的各级管理人员都必须在生产车间现场办公，以便把握现场状况，及时采取应急措施。在日本企业，工作失误、能力缺陷都可以被原谅，但在原始数据上做假或者捏造事实的人是不可以被原谅的，永远得不到企业的信任和重用。

第三，独特的人员管理制度。高的工作素质是建立在良好的劳资相互关系基础之上的，在日本企业，每个人的工作潜能都能得到充分发挥和合理利用。首先，日本企业非常注重职业培训，许多在日本企业工作多年的普通员工对所从事工作的掌握程度令人惊讶。其次，日本企业的终身雇佣制是最富有争议的，难免会使人产生惰性，降低企业的竞争力；但同时对企业的稳定发展的确起到了很重要的作用，因为企业的大多数员工并不具有非常强的职业竞争力。最后，日本企业普遍实行级别、职务双轨制，聘请从企业管理岗位退下来的人员担任顾问的内退制度保证了企业文化和管理制度的延续性。

第四，质量至上的质量控制方式。日本企业一般实行全面质量管理，从全方位、全过程、全员去提高产品的质量。对员工的管理更多的是采用过程控制的方式，例如，提倡每个作业人员每天都要回答“你对自己的作业满意吗？”“下一道工序的人员对你的作业满意吗？”等问题，通过每道生产工序的每个作业者保证产品的质量来确保最终产品的质量。

第五，可视化管理。日本企业现场管理的透明度非常高，通常采取许多措施将现场的状况用图表、报表、看板（明示牌）、计算机信息系统等形式公开，让现场管理人员感到压力。如一般采用现场提示板将生产计划、生产进度、质量状况、现场改善效果等原始数据及分析结果公布于众，达到目视化管理的目的；将各种物料、成品、半成品的数量、种类、质量状况等用明示牌记录清楚，达到在库物料看板管理效果；通过计算机信息系统等使信息资源共享。

第六，永无止境的改善。在日本企业现场工作过的人会有深刻的体会，你的上司永远不会满足于你已经取得的进步和成就，你会被许多无形的鞭子不停地鞭策再努力。因为日本企业管理者认为："现场改善是没有止境的，还存在许多可以改善的地方。"日本企业的现场改善一般通过5S改善，实现职责明确化，消除空耗和浪费，以提高效率和效益。同时管理者对于每次改善活动效果的要求并不太高，每天进步一点点也会令他们感到欣慰，只要他们一直在永无止境的跑道上前行。

三、日本现场管理对我国企业的启示

通过分析日本现场管理的形成过程及特点，我们可以得到以下启示：

第一，高度重视现场管理、现场管理者的地位和作用。在信息传递高速化、商业竞争全球化、科技发展高新化的新时期，现场管理、现场管理者的地位和作用越来越关键。这是成功企业的共同经验。

第二，在培养班组长过程中，简化企业组织结构，让现场管理者拥有必要的自主权和决策权。压缩职能机构，减少管理层次，强化现场的做法是符合时代潮流、可达到事半功倍效果的明智之举。

第三，要把"重视人、培养人"放在企业战略的地位。信息越灵通，技术越先进，人在企业中的地位和作用越关键，智力密集型劳动就越成为企业发展的基本力量。企业必须培养一批拥有多方面知识和技能、具有创新能力和高素质的劳动者，而不是只知道服从命令、只能从事简单重复劳动的员工，这样才能使企业在日益激烈的竞争中取胜。

第四，将传统管理与先进的技法相结合。有效地将传统管理与先进的技法相结合，是不断改善、提高现场管理综合水平的重要武器。有人认为，日本的生产力来源于追根寻源的现场管理。在这里，"根"就是有效的传统管理，"源"就是先进的技法。追根寻源就是将有效的传统管理与先进技法巧妙地结合。

目前，以欧洲企业为代表的开放自由式现场管理，以美国和韩国企业为代表的军营式现场管理和以日本企业为代表的日式现场管理各有千秋。欧美企业过分强调人性自由的做法与中国劳动者职业素养状况不匹配，韩国企业的现场管理过于严厉，束缚了管理的人性，我们也不应过多地效仿，而日本企业现场管理的许多手段和理念值得我们学习和借鉴。日本企业现场管理的基本思路如能与中国文化背景有效结合，将人性化管理与严格作业要求相结合，重视培育企业和谐的劳资关系，无疑会成为中国特色企业现场管理模式的重要基石。

本章小结

通过本章的学习，我们掌握了有关现场管理的概念。主要包括以下内容：现场管理涵盖了企业现场范围内各方面的管理工作，既包括对现场人员、思想、组织的管理工作，也包括生产过程中各影响要素的管理与控制工作。

现场管理的基本内容包括定置管理、工艺管理、优化现场组织结构、健全各类标准、完善管理制度以及现场班组民主管理等内容。

现场管理应达到环境整洁、设备完好、物流有序、爱岗敬业、文明生产、产品优质的基本要求。

基本概念 现场 现场管理

第一章 在线练习

第二章
现场管理基本原则

学习目标

知识目标

◇掌握3N原则的含义及应用。

◇了解三现主义的含义。

◇掌握PDCA循环的应用。

能力目标

◇具备使用PDCA循环解决学习、生活中问题和事项的能力。

素养目标

◇以3N原则恪守职业规范、用三现主义解决现场问题，形成良好的PDCA闭环思维。

第一节　3N原则

一、3N原则的定义

3N原则是指在过程质量控制中不接收（Noaccepting）不合格品、不制造（Nomanufacturing）不合格品、不传递（Notransferring）不合格品。3N原则将供方、企业、顾客这样一种供应链关系导入企业生产现场，每个员工在同一岗位扮演三种不同角色，形成人人注重质量、环环相扣保证质量的有效机制。3N原则的实质就是实行多重检验、多道把关。质量3N管理及质量检查可用图2-1、图2-2来表示。

二、3N原则的执行

3N原则的实施使每一个岗位、每一位员工都建立起“生产出让自己和客户都满意的产品”的信念。一条无形的质量链贯穿于生产的全过程，制约着每位操作人员，使流程的各个环节始终处于良好的受控状态，使生产进入有序的良性循环，通过全体员工优良的工作质量保证产品的质量。

图 2-1　质量 3N 管理

图 2-2　质量检查

(一) 不接收不合格品

不接收不合格品是 3N 原则的核心和实施的保障。员工首先充当顾客，从顾客的角度出发，用顾客的眼光对上道工序流转的部品进行检验确认，保证流入的零部件是 100%的合格品。员工要具备熟悉上道工序的技术参数、鉴别在制品优劣的能力，拒收不合格品。

不接收不合格品是 3N 原则的第一步，也是抵制制造和传递不合格品的有效手段。如何做到不接收不合格品呢？主要从以下几方面入手：

(1) 员工要真正具备“不接收不合格品”的意识。这是实现不接收不合格品的基础，这就需要现场管理人员对员工进行质量意识的宣传与培训。同时管理人员也必须做出表率，比如在生产高峰期或在缺件的情况下，管理人员要严格要求不接收不合格品。通过在制造现场张贴如“质量是唯一不可妥协的”标语等形式，时刻强调树立不接收不合格品的质量意识。

(2) 熟悉上一道工序流转的零部件的质量特性，并且能检查和识别其质量。如机械加工现场的折弯成型工位的员工，在实施本道工序的作业前就要对上道工序切割的尺寸进行检查确认。如长度或宽度超过误差都会影响折弯的尺寸，切割面波纹严重或有明显的切割伤就会引起折弯的开裂等。

(3) 真正做到对上一道工序流转的零部件质量的确认。员工的质量意识要强，检查水平要高，能够识别不合格品。

(4) 及时反馈不合格信息。上述三方面都做好后，就要对上道工序不合格信息进行反馈。这是非常重要的环节，需要的是强烈的责任心与工作原则。很多公司推行不接收不合格品失败或者该原则形同虚设的主要原因就是明知上道工序流转的部品不合格，但考虑各种人情关系没有反馈或者没有如实反馈。

对于不合格品正确的处理方法需要按 ISO9001 等质量管理体系所规定的《不合格品控制程序》进行处理。

(二) 不制造不合格品

操作人员在本工位必须树立的质量意识是：下道工序就是用户，不合格品的产生就是浪费，要降低成本就必须彻底消除不合格品。这就需要针对各种质量问题进行事先预防或改善，保证在本工位不制造不合格品。企业应从以下五个方面进行控制，以保证操作人员不制造不合格品：

（1）人，即人岗匹配。也就是说，每一个岗位的工人拥有的技能要与该岗位相匹配。例如，在关键焊缝人工施焊的工位若配置初级工作业，显然质量是无法得到保证的，实现不制造不合格品就是一句空话。但也并不是说员工的技能越高越好，因为技能过高或技能结构过高都会增加人力资源成本。因此企业在强调人岗匹配的同时，还应该以人员相对稳定为前提。

（2）机，即装备先进＋全员生产维护。在人岗匹配的前提下，要制造合格的产品，特别是在现代化制造工厂，必不可少的就是先进的装备。这对产品的质量提升起着有效的推动作用。在引进先进装备的同时，也要提高设备管理人员的能力，有效建立全员生产维护机制。

（3）料，即材料＋辅料。在上述“不接收不合格品”的介绍中主要强调的是不接收上道工序，包括外部供应商的不合格零部件。此外，企业还要对原材料（如钢材）和生产辅料（如油漆）等材料的质量进行管理与控制。同样，对于不符合要求的材料一律不能接收。

（4）法，即工艺＋标准化作业。这里的标准化作业重点强调的是要按工艺文件要求实施生产作业。如某公司推行标准化作业的步骤是“有、熟、用、优”：首先要具备标准；其次要对标准进行宣传与培训；再次要不折不扣地按标准实施作业；最后在生产过程中对标准的合理性、适宜性进行验证与优化。其中，最为关键的是要强调工艺标准的执行。

（5）环，即生产环境。现场的环境是确保员工身心健康的重要因素。目前，很多公司都在推行ISO14001和ISO45001等管理体系，企业生产环境有了一定的改观，图2－3、图2－4是某公司休息区和生产线的一角。

图2－3　某公司休息区

图2－4　某公司厂房装配生产线

（三）不传递不合格品

理论上，如果企业能达到不制造不合格品的境界，那么后续的一些检查工作就可以不做了。但是在现实中，企业无法完全达到这个标准，所以退而求其次，将重点放在防止不合格品流转到下一道工序。换句话说，制造者必须自主检查，不可以有“依赖别人检查自己生产的产品”的错误想法。若要不流转出不合格品，就要做到在哪个环节发现就必须在哪个环节处理，绝不流转到下道工序。

生产现场发生传递不合格品的形式主要有两种：一是制造部门本道工序生产不合格品传递给下道工序；二是物料管理部门将仓库或周转区的不合格品传递给下道工序。这里重点介绍制造部门工序之间如何实现不传递不合格品（前提是不合格品已经产生），主要包括以下几方面：

（1）正确使用量具。质保部门要对各生产岗位提出量具的配置标准，监督制造部门配备到位，并定期对量具进行校准鉴定。同时，生产工人必须能正确使用本道工序的量具。以某公司为例，其工艺测量表见表2-1。

表2-1　工艺测量表

序号	项目	检测项目	检测方法图示	量具	检测标准	检测方式
1	材料	板厚检测	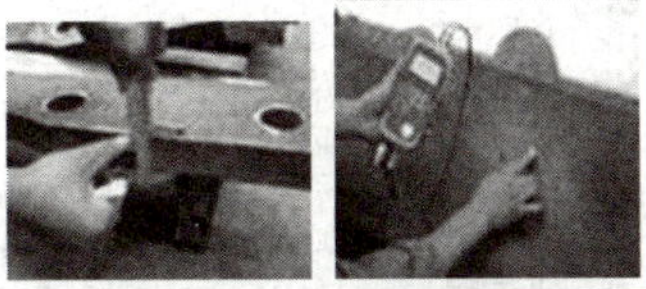	游标卡尺或测厚仪	相关标准	入库抽查、过程自查
2	切割	切割尺寸	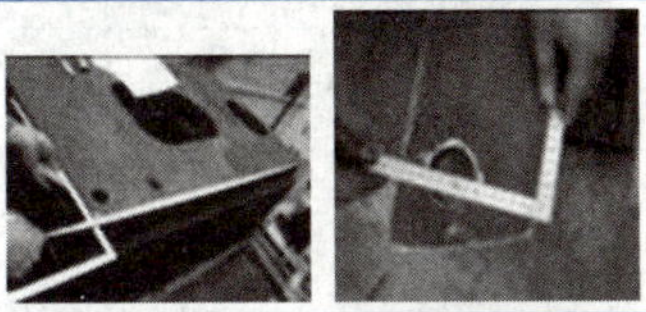	直角尺、卷尺	图纸/技术要求	首件全测、批量抽检
3	开坡口	坡口测量		角度尺、直角尺	图纸/技术要求	全数自检、质保抽检
4	成型	折弯尺寸		角度尺、模板	图纸/技术要求	全数自检、质保抽检
5	焊接参数	焊接电流电压设置	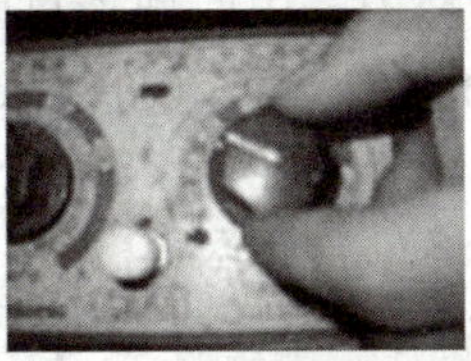	人工操作	无	焊工自查、工艺抽查
6	焊接预热	焊接前预热温度测量		测温笔或红外测温仪	Q/SY042040-2009	焊工自查、工艺抽查

（2）认真实施自检。光有量具而不执行自检，效果等于零，质保部门要监督制造部门自检的执行情况。

（3）认真做好质量记录，确保质量的可追溯性。为实现产品质量的可追溯性，需要制定一系列质量检查记录表，并培训工人和质检员认真做好相关记录。对于记录而言，关键是要确保其客观真实性、全面性与闭环性。客观真实性是指所有的记录都是使用指定的量具，按照标准进行实际测量的结果，禁止随意地评估与更改。全面性是指要按照检查记录表的项目要求填写，比如检查时间、检查人员等项目都要记录明确，以便后续可追溯。闭环性是指当检查记录中存在不合格项目或数据时，要写明处理结果，如果需要返工，返工后要进行复检，并注明最终的结果。相关的检查记录表见表2-2。

表 2-2 零部件通用检查表

检查报告书 检查基准书 （兼）	产品编号		产品名称			工程 自制（ ） 外协（ ） 2 8 9 B F N M K W WG GB Q					确认	检查
	检查基准					检查结果						
						送检总数：			总判定		合格	不合格
	序号	检查项目	标准	检查工具	检查方式	件号	1	2	3	4	5	6
						判定						
记号	改定日期	表格编号：				返工 确认						
		审批	确认		作成							

虽然零不合格品是理想状态，但只要努力，生产现场总能逐渐接近理想状态，不断提升质量管理的水平。图 2-5 为现场管理质量水平的评价体系。

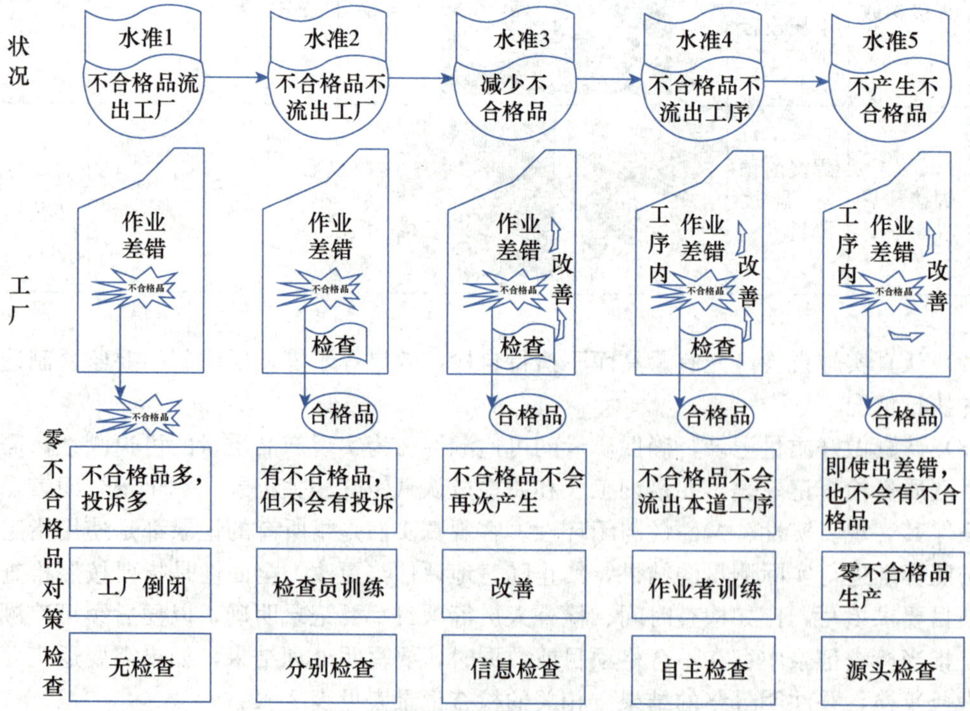

图 2-5 现场管理质量水平的评价体系

第二节　三现主义

一、什么是三现主义

“循证决策”是ISO9000质量管理体系的七大原则之一。解决问题需要找出事实真相，最通用的方法是“到实际问题中去，并客观地观察其过程”。现场管理者在进行判断与决策时，不能仅凭经验、感觉，而要基于事实。通过客观分析和判断，以事实来说明问题。如果现场管理者不亲临现场，不调查事实及其根本原因，就不能正确认识问题。因此，解决问题要站在现场，确认造成问题的现物，了解现实。重视现场、现物、现实这三个“现”的态度称为三现主义。

（一）现场

重视现场，就是要求现场管理者不要只坐在办公室里做决策，而要亲临现场，奔赴第一线。现场每天都在发生变化，若现场管理者不具备正确的观察方法，就无法识别异常情况。

观察一般分为以下四种不同的层次：

（1）见。即物理学上的观察，也就是只观察跟自己有关或自己比较感兴趣的事情。管理者若要进行现场管理，就不能只看与自己有关或自己感兴趣的事。

（2）视。即以某一个特定的事物为对象，睁大眼睛去看，关注某一部分。

（3）看。即致力于使事物更容易地被看清楚，如将看不见的地方显露出来，细小的东西要将其放大，移动着的东西要使其静止等。

（4）观。即将目光集中于一点去观察，用心思考。

一个现场管理者，若观察力在水平很低的“见”的层次，容易就事论事，头痛医头，脚痛医脚；在“视”的水平则说明具有一定的观察分析能力，具备了“看”的功力；逐渐向“观”的水平发展的现场管理者才能找出问题的真正原因，明确症结所在。

（二）现物

若要解决问题，现场管理者就必须找到事实的真相。因为只有“到实际问题中去，并客观地观察其过程”，才能找出问题的原因。细心观察事物隐蔽的方面并认真分析，事实终将会出现。

人常常犯一个错误，就是认为看到的现状就是事实，而作为一个现场管理者，不能仅停留在观察表面现象的阶段，而应培养自己具备通过观察并分析表面现象，还能更深入一步地知其背后原因的洞察力，并要发现事物变化的原因。只有这样，掩藏的原因才会出现，同时现场管理者也可以提高自己发现真相的能力。

（三）现实

即使面对现实，很多公司也经常会做出不切合实际的事情，如做出脱离实际的决策，明知会面对严峻的后果也没有人怀疑决策的正确性，还以为那就是最正确、最好的方法。

解决问题需要我们每一个人都能做到面对现实，把握事实真相。如果某人递交一份日常报告，报告上只记录他做了什么，但不记录他还有什么没做，那么这肯定就有问题。

一般来说，事实可分为三种，即已报告的事实、观察到的事实和推测到的事实。我们需要用事实去解决问题，而事实总是变化无常的，要抓住事实就要识别其变化，但理想和事实往往有很大的差距。所以决策时，现场管理者一定要考虑实际情况，逐步地调整、修正，以便落实并坚持下去。

二、基于事实的数据分类

用于表明事实的数据，根据其使用目的可分为三种：用于改善的数据；用于质量保证的数据；用于管理的数据。

用于改善的数据是指用于把握现状、探究问题原因，从而进行决策的数据。用于质量保证的数据是指记录了何时、何地、何物的检查数据或工序记录等。用于管理的数据是指有利于评价、管理制造工序的数据，制造条件调整等的数据。具体内容见表 2－3。

表 2－3　数据的种类

用于改善的数据	现状把握：表明现状是什么情况的数据 原因探究：有助于探究问题原因的数据 决定对策：用于评价对策或方案的数据
用于质量保证的数据	检查记录：质量检查的记录 工序记录：显示制造记录的数据
用于管理的数据	管理状态的把握：表明制造工序稳定性的数据 制造条件的记录：表明温度、湿度等制造条件的数据

在收集数据时，现场管理人员要注意明确调查或改善的对象。由于数据会因天气情况等的环境条件以及收集数据的人的个体差别等，出现一些微小的差异，因此在收集数据时要一并记录测定条件、作业人员姓名、天气条件等信息，这些在后续阶段会发挥作用。

第三节　PDCA 循环

一、过程与过程方法

ISO9000 质量管理体系标准术语中将输入转化为输出的一组相互关联的活动定义为过程，如图 2－6 所示。通常，一个过程的输出可直接形成下一过程的输入。进行现场管理时，应识别直接推动现场工作开展和发展所需要的过程，以确保设定的期望目标通过具体过程转化为现实。

利用资源和管理，将相互联系的过程作为系统加以识别、理解，称为过程方法。过程方法有助于满足现场管理的质量（Q）、成本（C）、交货期（D）、安全（S）和培训（T）等目标的达成。过程方法是企业开展现场管理的基础。

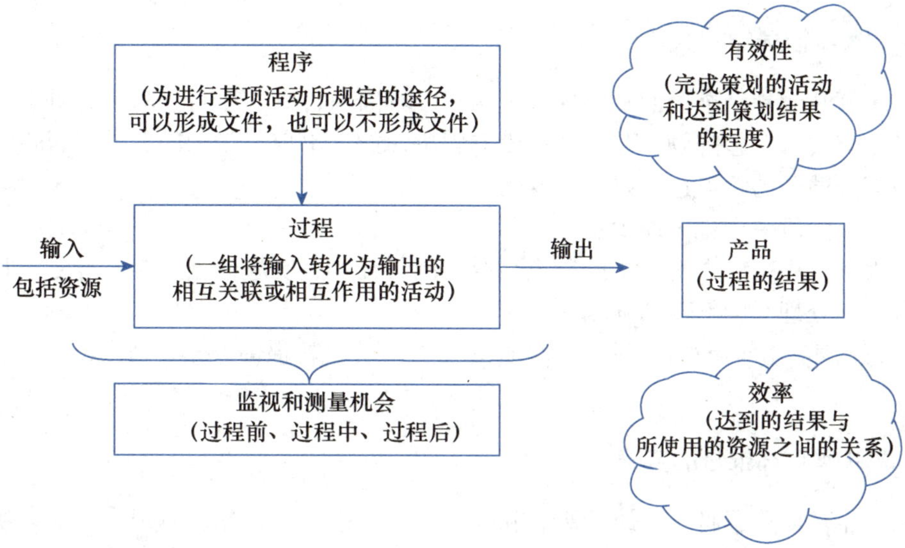

图 2-6　过程

二、PDCA 循环的定义

PDCA 循环最初由美国质量统计控制专家沃特·阿曼德·休哈特提出，美国质量管理专家戴明博士将之介绍到日本，进一步充实了 PDCA 循环的内容。日本称 PDCA 循环为戴明环，又称为戴明管理环。PDCA 循环是使任何一项活动有效进行的合乎逻辑的工作程序，广泛应用于生产能力和产品质量管理提升方面。PDCA 是 Plan、Do、Check 和 Action 四个英文单词首字母的组合，其代表的意义如下：

（1）P：计划。包括方针的确定以及活动计划的制订。

（2）D：执行。执行就是具体的行动，即实施计划。

（3）C：检查。检查计划实际执行的效果如何，并与目标进行比较，找出差距，分清哪些做对了、哪些做错了，明确效果，找出问题的症结。

（4）A：处置，也可解释为总结、行动。它包括两层含义：成功的经验予以肯定，纳入标准化或制成作业指导书，在今后工作中严格遵循；对于没有解决的问题要查明原因，其解决的方法成为下一个 PDCA 循环的内容，如此周而复始地进行改进。

PDCA 循环可用图 2-7 形象地表示。

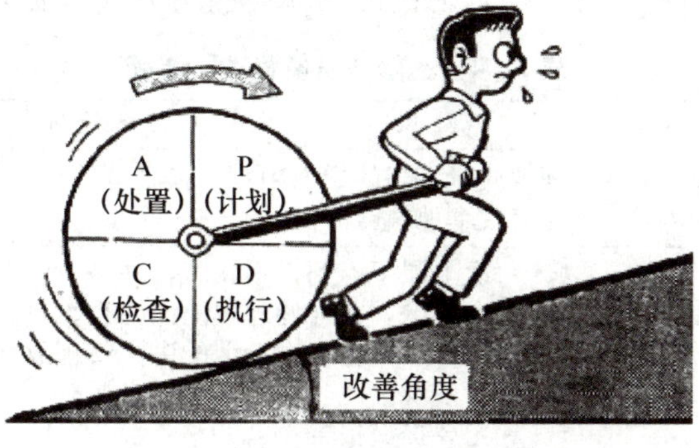

图 2-7　PDCA 循环示意图

三、PDCA 循环的特点

PDCA 循环就是一个周而复始的管理循环，不断地计划、执行、检查、处置。一个循环结束了，解决了一些问题，某些问题没有解决，或又出现了新的问题，就再进行下一个循环。PDCA 循环的特点包括以下三方面：

（1）四个阶段一个也不能少。

（2）大环套小环，在每一个阶段也会存在制订计划、实施计划、落实计划、检查计划的实施进度和处理小的 PDCA 循环。

（3）每循环一次，产品质量、工序质量或工作质量就提高一步，PDCA 是不断上升的循环。

四、PDCA 循环推进的步骤

PDCA 循环应用了科学的统计观念和处理方法，是推动工作、发现并及时解决问题的有效工具。PDCA 循环的典型模式被称为四个阶段、八个步骤。

四个阶段是指计划阶段、执行阶段、检查阶段和处置阶段。

八个步骤包括：

第一步：分析现状，发现问题。

第二步：分析问题中的各种影响因素。

第三步：分析影响因素的主要原因。

第四步：针对主要原因，制定解决的措施同时要明确以下问题：为什么要制定这个措施？要达到什么目标？在何处执行？由谁来负责？到何时完成？怎样执行？

第五步：执行，按照措施的要求去做。

第六步：检查，把执行结果与要求达到的目标进行对比。

第七步：标准，把成功的经验总结起来并制定相应的标准。

第八步：把还未解决或新出现的问题转入下一个 PDCA 循环中去解决。

PDCA 循环是对持续改进、螺旋式上升的工作的一种科学总结，在现场管理中得到了广泛的应用，是管理工作中不可缺少的工具。

五、PDCA 循环应用示例

表 2－4 以选修“质量管理”课程为例说明如何应用 PDCA 循环。

表 2－4　选修“质量管理”课程

PDCA 循环步骤		具体示例
Plan	理解目的、职责	理解质量管理的授课内容，在现场执行质量管理，并使工作有效益且有效率地执行。
	流程标准	1. 每次上课不迟到、不缺席，并坐在前五排的座位。 2. 专心听课，并当场理解上课内容。 3. 上完课后，将每次上课的讲义整理成五要项并记在笔记本上。 4. 提出疑问。 5. 一定要提交报告。 要制作上述五项项目的检查表。

续表

<table>
<tr><th colspan="2">PDCA 循环步骤</th><th>具体示例</th></tr>
<tr><td rowspan="2">Do</td><td>教育、训练</td><td>1. 学习如何做笔记。
2. 在学习质量管理之前，先学习基础课程。</td></tr>
<tr><td>实施（操作）</td><td>1. 依照流程标准来实施。
2. 使记录结果符合每次的检查表上的标准，并作符号（Signal）的管理。</td></tr>
<tr><td>Check</td><td>查核（检验）</td><td>1. 长期性，是否能使工作有效益且有效率地执行。
2. 短期性，利用期末考试的结果来核查是否遵循流程标准（而不是确认期末考试的结果）。</td></tr>
<tr><td rowspan="3">Action</td><td>应急对策</td><td>考试不及格时，确认是否可以补考，如果可以，就去申请。</td></tr>
<tr><td>防止再度发生的对策</td><td>考试不及格时，检讨是否遵循流程标准。如果遵循了流程标准，那就是标准本身有问题，如果没有遵循流程标准，就要追究没有遵循的原因。</td></tr>
<tr><td>防患未然的对策</td><td>若依照流程标准执行可达成目的，将流程标准予以标准化，并适用于其他选修科目。</td></tr>
</table>

现场管理是一项系统工程，企业应从整体的高度开展现场管理的各项工作，利用PDCA 循环对现场实施闭环管理。确保现场管理既能有计划地系统开展，又能够持之以恒地长期进行。同时，通过评估和改进使现场管理获得持续优化、细化，促进现场管理水平不断提高。

第四节 激励与员工活性化

一、激励原则

科学管理的核心是确保雇主与雇员利益的一致，实现共同发展。然而若想真正达成劳资双方的共赢，需要企业管理者发挥管理职能，采取各项激励措施，赋予员工以活力，从而充分调动员工工作的积极性，实现员工的自主管理，提高企业绩效。激励一般包括以下原则：

（一）绩效导向性

在激励机制中，设置目标是一个关键环节。目标设置必须同时体现企业目标和员工需求，必须以绩效为实施激励的依据，否则容易造成浪费。如举办创新或其他成果发表会，建立成本管理制度等。

（二）物质激励和精神激励相结合

物质激励是基础，精神激励是根本，在两者相结合的基础上，逐步过渡到以精神激励为主。物质激励虽然是最为直接的方式，但是从企业文化建设方面来分析，给予员工精神上的激励、引导员工对企业的归属感显得尤其重要。

（三）时效性（及时性）

要把握激励的时机，“雪中送炭”和“雨后送伞”的效果是不一样的。激励越及时，越有利于将员工的热情推向高潮，使其创造力连续有效地发挥出来，这是开展激励活动的原则和技巧。很多部门或主管往往由于激励的不及时从而打击了员工的积极性与主动性，甚至降低了其对企业的信任度与忠诚度。

（四）正激励与负激励相结合

所谓正激励，就是对员工的符合企业目标的期望行为进行奖励；所谓负激励，就是对员工违背企业目标的非期望行为进行惩罚。正激励和负激励都是必要而有效的，不仅作用于当事人，而且会间接地影响周围其他人。

（五）按需激励

激励是以员工需要为基础的。心理学研究表明：人的动机是由于其所体验的某种未满足的需要或未达到的目标所引起的。激励之所以有效，是因为人们在事关自己切身利益的时候，就会对事情的成败格外关注，而趋利避害的本能会使面临的压力变为动力。员工各式各样的需求正是激励的基础。激励手段必须针对员工的需要，这样才会产生积极的效果。

激励的起点是满足员工的需要，但员工的需要因人而异、因时而异，并且只有满足员工最迫切的需要（主导需要），激励的效果才能达到最佳。因此，管理者必须深入地进行调查研究，不断了解员工需要层次和需要结构的变化趋势，有针对性地采取激励措施，这样才能有实效。

二、员工活性化

员工活性化可以用一个物理现象做比喻：管理者对于一个组织来说就犹如磁场对于电磁铁，员工相当于电磁铁中的众多的小磁极。平时小磁极杂乱无章地排列，彼此之间的磁性被抵消了。没有管理者的组织就像电磁铁处于磁场外的状态，即使每位员工能力很强，组织整体上也可能毫无力量。只有员工的活性化被激发出来，才能产生凝聚力，让员工都知道各自的目标和追求，从而形成合力。

现场管理的任何工作都离不开员工的参与。员工只有感受到尊重、集体的温暖，才会对工作产生动力，对集体产生一种归属感，主动、积极、负责地为本组织的不断发展壮大付出自己的心血和精力。

在现场管理中，管理者需要将职权在组织中进行合理而有效的配置。班组长有必要将一定的权力下放，引导员工参与管理工作。只有培养员工的主动性和积极性，生产现场才能形成一种自主改善的良好氛围。

中国力量

同仁堂经历300多年不倒的秘密

以“济世养生”为宗旨的北京同仁堂，创建于清康熙八年（1669年），由于“配方独特，选料上乘，工艺精湛，疗效显著”，自雍正元年（1723年）起，同仁堂正式供奉清朝官御药房用药，历经八代皇帝，近200年。老一辈创业者不敢有丝毫懈怠，造就了同仁堂人在制药过程中小心谨慎、精益求精的企业精神。在300多年的发展过程中，历代同仁堂人树立“修合无人见，存心有天知”的自律意识，建立了“品味虽贵但不敢减物力，炮制虽繁但不敢省人工”的堂训，确保了同仁堂这个金字招牌的长盛不衰。同仁堂把质量意识融入每一位员工的心灵深处，形成了根植于心的质量文化体系，为打造高质量的品质奠定了坚实的基础。

本章小结

通过本章的学习，我们掌握了现场管理的基本原则。主要包括以下内容：

3N原则的实质是实行多重检验、多道把关，要求现场人员具备不接收不合格品、不制造不合格品和不传递不合格品的质量意识，掌握相应的检验方法和手段，增强责任心；重视现场、现物、现实这三个“现”的态度为三现主义，强调了现场管理应基于事实，解决实际问题要站在现场、确定现物、了解现实；利用PDCA循环对现场实施闭环管理，使现场管理持续优化和细化，促进现场管理水平不断提高；激励和员工活性化可以激发现场员工的主动性和积极性，促进员工的团队合作。

对于现场管理人员来说，最重要的是具备分析并及时解决问题的能力。优秀的现场管理人员，除了具有经验之外，还需要掌握一些科学的管理方法以及原则或理念。深入理解并遵循这些原则或理念，对于成功开展现场管理具有十分重要的意义。如果不能掌握这些原则并融会贯通，即使使用了一些管理方法，也不能收到预期的效果。

基本概念　3N原则　三现主义　PDCA循环　激励　员工活性化

第二章　在线练习

第三章
现场管理推进要素与过程控制

学习目标

知识目标

◇了解现场管理的推进要素。

◇掌握现场管理的过程控制。

◇了解现场管理体系的主要内容。

能力目标

◇ 具备运用所学进行现场过程控制的能力。

素养目标

◇ 通过对现场管理各推进要素的了解和过程控制的掌握，培养爱岗敬业精神和团结协作意识。

第一节　现场管理推进要素

一、领导作用

领导的推动和表率作用在现场管理中对企业的影响是显而易见的。高层领导在提高企业现场管理水平过程中，需要发挥以下主要作用：明确目标、提供资源、营造氛围。

（一）明确目标

高层领导应该根据企业的使命、愿景、战略规划和经营方针，明确现场管理的目标，为现场管理工作的开展指明清晰的路径，并注重管理改善，不断提升现场管理水平，使减少浪费、提高效率、降低成本、服务顾客成为现场管理的重要组成部分。

（1）明确现场管理的目标、指标，这些目标应涵盖质量、安全、环保等现场管理的所有环节，指标如不合格率、一次合格率、交货时间、员工满意度等。

（2）对现场管理提出明确、具体的要求并承诺实现，承诺方式可通过公开向社会承诺、签订目标责任书等。

（二）提供资源

为保证现场管理有效开展，高层领导要为现场管理活动提供必要的人力、物质以及资金等各种资源的支持。

（1）在现场的人力资源方面进行必要投入，包括人岗匹配、员工教育培训、员工激励等方面的投入等。

（2）为现场配置必要的硬件设施，如设备、工作场所、安全防护设施、信息系统等。

（3）为实现现场管理改进提供相应资源的投入，如对管理流程的优化、现场空间布局的优化、设备设施的升级改造等。

（三）营造氛围

高层领导应在营造现场管理氛围中发挥主要作用。为营造良好氛围，高层领导可在以下方面发挥作用。

（1）通过学习、培训、会议、网络、刊物、看板、新媒体等多种形式向员工传达顾客和现场管理的重要性。

（2）通过企业文化引领和绩效激励机制，增强员工主动服务意识，鼓励员工积极参与现场管理活动。

（3）通过主动深入现场，解决现场管理中存在的问题，与员工共同提出改进建议，推动现场管理改善。

二、战略秉承

现场中的各项管理活动承接着企业的使命、愿景和核心价值观，现场目标的实现应该以企业战略的实现为最终目的和根本前提。战略秉承应考虑以下内容：

（1）现场可采用目标管理等方法，将战略目标层层分解到现场管理的流程和业务管理的各个环节中。

（2）确定现场关键绩效指标，并确保指标能够涵盖现场管理的各个方面，包括：质量、效率、履约、成本、员工素质、安全、环保和资源利用等。现场关键绩效指标的设定应与企业的目标指标紧密衔接。

（3）现场应用多种方法与员工进行沟通，确保现场的员工对组织的使命、愿景和核心价值观充分了解，增强员工工作的使命感。

三、组织保证

为保证现场管理人员的职能与现场管理需求相匹配，实现作业现场与企业整体的运行协调一致，企业应建立系统的现场管理机制并确保其有效运行。系统的现场管理机制内容包括：设立现场管理组织机构、构建现场管理运行机制、建立现场管理授权和激励机制。

（1）设立现场管理组织机构。根据组织的结构特点以及现场作业特点，考虑适宜的管理幅度和管理层次，设立现场的管理组织结构，并赋予现场管理的职权、目标和任务，明确组织机构中各岗位人员的职责，确保组织职能与现场管理需求相匹配，保障现场和所涉及相关职能部门的有机协调配合，体现不同职能目标和工作流程的协调一致性，实现现场各项管理活动顺畅、高效的开展。

（2）构建现场管理运行机制。通过建立系统的现场运行机制（侧重于协调匹配现场所需的管理资源，包括不同职能之间的协调），明确组织机构的功能以及各岗位的相互关系，以及规定现场管理中相关活动的基本准则和运行方式，通过管理制度确定服务现场管理过程和范围、权责、顺序和相互作用。

（3）建立现场管理授权机制。现场管理中充分运用授权管理，给予现场员工（包括班组长）相应的职责和权限，确保现场管理过程的稳定控制；现场应通过明确授权范围，按管理层级确定授权内容、数额等超过岗位管理职责的特殊权限（如突发事件应急处置等），便于现场产生的问题能够得到及时的处理，实现异常情况及时纠偏。

（4）确定现场管理激励机制。现场应结合自身特点，建立物质激励（如薪酬激励、福利性激励等）、精神激励（如职级晋升、优先岗位选择、荣誉激励等）机制，构建良好的员工关系和沟通渠道，不断提升员工对于自身工作价值的认可，增强员工参与现场改进的意识，激发员工参与现场管理的积极性和主动性。

四、员工素质

在知识经济时代，企业的成功与否更多地取决于有无适用的人才，人才是企业最宝贵的财富。员工是现场管理中的主体，现场员工的素质是确保现场管理目标的关键因素。员工既要具备必要的工作技能，也应具有良好的质量意识，保障现场管理工作的有效进行，从而促进现场管理水平的不断提升。企业越是关注员工，员工越能积极参与，只有在参与过程中员工的聪明才智才可能被激发出来。广泛发动员工参与现场管理，培养员工的进取心、责任感和创新精神，发挥员工的聪明才智，通过全员参与促使现场管理目标的达成。员工积极参与现场管理的结果就是企业获益，员工满意。

（一）员工意识

现场应自觉改善管理方法，优化过程流程，以激发员工改进意识。现场在推动员工意识方面，可考虑以下方法和形式：

（1）采用与管理实际相协调的制度创新、管理创新、技术创新、合理化建议、民主管理、“五小”活动、5S 活动、质量管理小组、质量信得过班组建设等适当的方法和形式，增强员工的现场意识，让员工认识到自身的工作质量会直接影响现场服务的质量，激励员工主动参与现场管理工作。

（2）通过工作例会、专题会、经验交流会、成果发布会、看板管理等各种形式和激励机制，增强现场员工参与现场管理改进的热情，激励员工不断改进自身工作的质量和效率，在为顾客创造价值的同时，也使员工自身价值得以实现。

（二）员工技能

现场员工技能提升可考虑以下方法和形式：

（1）明确各岗位人员的岗位具体要求。现场可根据管理要求和具体的岗位需求，识别、确定现场员工技能要求。明确各层次人员需要掌握的现场管理知识，包括制度规范、沟通技巧、设备设施、安全环境管理、服务质量控制与改进等。对员工的技能进行系统的评估，建立员工技能档案。

（2）合理使用和不断完善培训系统。现场可制定教育培训制度，从机制上为现场培训工作的开展提供有力保障；可根据培训的内容、对象和培训所需的资源，合理选择培训模式，如班组级培训、现场级培训、企业级培训和外部培训等；根据现场的岗位差别和员工技能的差异，科学确定培训内容，使用与现场管理实际相协调的培训、轮岗、一专多能等系统方法，根据现场人员水平不同分层次组织培训，有目的地提升现场员工的技能和素质。

（3）加强培训流程体系建设。现场可从企业、现场的要求和员工需求等方面进行培训需求的识别，确定员工在技能方面的差距。依据培训需求制订相应的培训计划，策划、落实配备必要的培训资源，并组织培训实施。依据培训的目标对培训效果进行评价改进，并及时解决培训过程中出现的各类问题。建立、落实培训效果跟踪制度以及培训评价系统。

（4）设立员工职业发展通道。现场可考虑建立员工专业与管理发展的双通道模式，为跨序列发展的员工提供机会，鼓励并帮助员工制定和实现个人职业生涯发展规划。

第二节　现场管理过程控制

一、过程设计

企业在现场管理过程中应采用系统化的方法，充分识别来自顾客和各相关方的需求，分析各类需求与现场各项管理活动之间的关系，将需求转化为与现场管理过程相对应的要求和指标，明确各项现场管理指标的监控流程，形成系统的现场管理指标体系。常用的需求识别和指标分析的管理工具包括平衡计分卡、QFD（质量功能展开）、KANO 模型等。现场管理指标体系要涵盖各项现场管理业务流程并将其协调一致，如质量管理、计划管理、设备管理、安全管理、作业人员管理、原材料和在制品管理等。

过程设计的输入要素是对过程要求的确定，包括产品设计开发的技术参数、图纸等输出结果，以及企业现有的资源和技术水平等。根据市场需求和产品制造工艺的特点，选择适宜的生产组织方式，如流水线生产模式、单元化生产模式、混合生产模式等；针对现场涉及的各项管理活动，对实现各项现场管理目标所涉及的管理流程和所需资源进行识别。采用适当的方法，设计出完整的现场作业组织结构、管理流程、作业标准、现场布局和信息管理系统，保证过程运行的稳定、高效、协调和灵活。

现场布局的设计则要根据产品生产工艺、设备、人员等的特点进行，应有利于现场物流的顺畅、生产组织的灵活、人员作业的安全。如以设备为对象、以零件为对象设置工作中心。对于批量规模化生产，采用流水线布局。按照工艺仿真测算工序、设备节拍，结合生产线平衡情况，合理配置人力、设备等资源，设计出满足生产节拍需求的工艺和人员布局，同时，为灵活应对市场变化，可考虑快速换型（SMED）、设备柔性改造等；对于多品种小批量生产采用柔性生产模式，如 U 形布局，进行单元内部生产线及整个生产线平衡计算，调整总体节拍和效率。总之，现场的组织结构应有利于人员能力、设备效能的发挥。同时，企业应针对现场涉及的各项管理活动，制定清晰明确的流程和制度。现场管理流程应该明确各项管理活动的目标、程序、工作方法，并配备需要的资源。例如生产计划、工艺纪律、质量控制、工装夹具、计量器具等管理流程。为现场管理的各项作业制定明确的标准，包括生产工艺、产品图纸、作业方法、设备操作、监控规程、安全环保规程等。针对现场信息的来源和信息使用的需求，设计完善的现场信息管理系统，实现对现场信息及时准确地采集、传递、统计、分析，为决策提供有效依据。

在现场管理过程的设计中，可采用适当的方法，如价值流分析等方法，识别并减少流程中的各种浪费。识别过程存在潜在风险时，可使用防错法（Poka-Yoke）、失效模式与影响分析（FMEA）等方法，并采取相应的措施实现预防性管理。

二、过程实施

企业应根据过程设计的结果，从人员、机器、材料、方法、环境各方面配置资源，有效实施现场管理。在各项现场管理活动中，通过正确地选择和使用管理方法，以标准化、精细化、可视化、柔性化、信息化为路径，不断提升现场的作业效率和产品质量，保证过程的稳定性和灵活性。

（一）5S管理与目视化管理

5S管理是现场中各项管理工作的基础。企业应结合现场管理活动的特点，建立系统的现场5S活动推进机制，依据作业现场的特点，制定明确的现场5S管理标准；制定系统的现场目视化的内容和标准，确保作业现场的各种信息能够及时传递。目视化管理包括以下内容：规章制度与工作标准公开化；生产任务与完成情况图表化；视觉显示信号标准化；生产作业控制手段形象直观，使用方便；物品的码放和运送的数量标准化；人员分类着装与挂牌制度；色彩的标准化管理等。通过目视化管理，使得现场中的任何问题能够被及时发现并解决。将5S管理和目视化管理工作融入现场管理的各项活动中，通过5S管理和目视化管理的推进营造安全、明朗、舒适的工作环境，提高企业的综合经营管理水平。

（二）现场作业人员管理

现场作业人员上岗前应经过系统的培训、实践和考核，合格后方可上岗；上岗后通过轮岗等方式，增强员工的作业能力，提高现场多能工的比例，为实现现场作业的灵活性奠定基础。现场作业人员应掌握基本的现场管理改进方法，如基本的质量知识、QC七种新老工具、5W1H等分析方法；同时建立完善的班组管理机制，提升班组的执行能力和改善能力，营造和谐的班组氛围。

（三）现场文件管理

企业应制定系统的现场文件管理流程，包括制定、发布、培训、保存和更新环节。现场文件包括生产图样、生产组织文件、工艺标准、作业指导书等内容。对于现场的所有岗位和工作流程均应制定标准作业指导书。在标准作业指导书中，应体现关键的质量控制点、风险点并进行案例分析等。标准作业指导书的基本要素包括作业顺序、作业时间、关键质量控制点和安全点等。其中，关键工序的指导书要图文并茂。作业指导书等文件要持续完善，根据作业实际情况，对相关文件进行适时修订，确保其充分、有效、适宜。

（四）设备管理

企业应结合现场作业的特点，系统地开展设备全面生产维护（TPM）活动，提升设备综合利用效率。企业应制定科学的设备分类原则，对作业现场的设备进行分类；制定设备日常维护流程，内容包括点检流程、维修流程等；结合作业现场和设备的特点，制定设备更新改善计划和设备节能降耗改善方案；建立设备故障分析系统，能够采用科学的方法（如故障树分析）对设备故障进行深入分析，采取措施降低设备的故障率及故障时间；开展设备预防性维护工作，使用科学的方法（如FMEA）识别设备的潜在风险，并制定相应的控制方案；依据设备的历史数据，制订合理的设备周期性维护计划和备件库存计划。

（五）过程质量控制

企业应制定产品质量检查方案，包括成品、半成品质量检查方案，不合格品处理方案，部件监控方案；制定过程质量控制方案，包括定义关键工序和质量监控参数，建立关键质量数据收集系统，建立过程异常处理方案及预防机制；通过使用统计过程控制方法和信息技术手段，建立实时的过程质量监控系统，收集完整的过程质量数据；通过及时的数据分析处理，评估过程能力，对过程进行持续改进。

（六）现场原材料和在制品管理

企业应建立作业现场原材料及在制品的管理机制，确保现场的库存合理，内容包括原材料和在制品的库存控制原则、原材料的领用程序、危险原材料控制程序；优化作业现场的物流路线，减少搬运；能够通过系统的方法对作业现场的原材料和在制品的库存进行监控；通过现场准时化物流配送等方式，减少库存资金占用；做好存储过程的养护工作，减少浪费，提高原材料的利用率；对原材料供应体系进行系统的管理，确保与现场作业协调匹配。

（七）生产计划管理

企业应根据市场需求的特点、自身的生产能力、供应商的供给能力和企业内部的需求，确定生产计划制订的原则，并制订均衡的生产计划；通过信息技术手段，准确地向现场传递生产计划指令；在作业现场，能够采取适当的方法，监控生产计划的完成情况，对异常情况及时进行处理。

（八）安全与环境管理

企业应按照环境管理体系要求及使用指南（GB/T24001）和职业健康安全管理体系要求及使用指南（GB/T45001）的要求，实施现场安全与环境管理。创造符合人机工效学要求的作业条件，能够通过各种方法，不断减少员工的劳动强度、提高劳动效率、减少安全隐患，如工装的“小改小革”、工作台高度的调整、减少动作浪费的设计等；投入必要的资源，不断优化工艺，减少生产过程中的污染排放和能源消耗；建立激励制度，对改善环境工作及技改项目给予鼓励，创造良好的工作环境。

（九）资源利用

企业应结合作业过程的特点，不断对生产工艺、流程进行优化，以减少资源损耗。对于重大损耗项目，应设立专项实施改进；建立能源消耗控制流程，结合现场的特点，开发能源循环利用的方法；针对废弃的设备和材料，设计循环再利用的方案；将能源损耗纳入现场的绩效管理体系，提出明确的节能降耗的目标。

（十）过程测量与监控

企业应采用适宜的方法对现场管理整体过程进行监控，并进行测量，确保实现有效的过程控制。企业应识别需要监控和测量的过程，规定各部门在过程监控和测量中的职责，制定完整的现场过程监控流程图，并对监控点的分布进行规划设计；根据实际情况，考虑监控和测量的类型与程度；确定监控和测量的项目、方法、频次和判定准则，在每一监控点上制定相应的作业指导书，作业指导书应将监控的质量特性和监控项目以图文和表格的形式表现出来；企业应对过程的监控、测量及采取的措施进行记录，确保过程信息得到传递，满足相关方要求。

（十一）过程异常处理

企业应建立异常情况处理程序，规定异常情况控制以及处置的有关职责和权限，确保过程异常情况得到及时有效的控制和处理，以防止非预期结果的产生。

三、过程改进与创新

过程改进是提高现场管理活动和过程效率的措施。通过对现场管理过程中产品的质量、成本、交货期和人员技能、设备、效率、过程能力等因素的评价，考量现场管理的适宜性和有效性，然后制订改进计划并组织实施，可以采用的方法有合理化建议、标杆对比、QC小组、六西格玛等，对存在差异的指标进行改善，将改进结果及时纳入相应的现场管理体系。

过程创新是以新思维、新发明突破原有模式，对现场管理过程和活动进行革新。就一个企业而言，员工的创新是企业创新的源泉。员工的创新精神是需要管理者精心培养的，鼓励员工在工作中创新，同时也能提高员工对企业的忠诚度和员工工作的成就感。在市场竞争激烈、产品生命周期缩短、技术突飞猛进的当今社会，不进行创新就会被市场淘汰。

创新不是简单的拍脑袋，而是应根据产品的发展趋势和顾客的需求变化进行创新，设计出符合用户需要的产品。企业应识别现场管理变革性的创新机会，不断学习新的管理理念及方法，建立学习型组织。具体可采取头脑风暴、创新提案等方式，激发现场员工的创新能力和热情，组织持续创新活动，同时对创新成果进行评价，将为现场带来收益的创新成果固化并应用到现场管理活动中。

过程改进与创新是现场管理水平和绩效不断提升的动力，对于一个企业来讲就是寻找生机和出路的必要条件。创新的根本意义就是勇于突破企业的自身局限，废除不合时宜的旧体制、旧办法，在现有的条件下，创造更多适应市场需要的新体制、新举措，走在时代潮流的前面，在激烈的市场竞争中获胜，引领行业潮流。

案例链接

生产现场是产品质量形成的场所，现场治理的好坏体现了企业各项基础治理的水平。四川长虹公司通过抓生产线治理，推动企业各项治理工作，建立受控生产线，坚持以操作者为主体，以现场为中心，以专业厂厂长为首的现场治理体制，其特点是：

（1）物流路线畅通。长虹公司的17条生产线每天产量为15 000台，配套中心保证有条不紊地将配套件按时按量配送到生产线。

（2）有从严治厂的纪律。公司全体职员遵守劳动纪律，每天上班前准时召开班前会，在生产过程中严格执行工艺纪律。

（3）关键工序设置质量操纵点。对工位（工序）的质量因素进行严格操纵、重点监督质控点的操纵功能。

（4）质量检验严格把关。生产线按工艺设计设置专门检验工位，质量部门按远高于国家标准的企业内控标准进行逐批抽样检验，保证出厂产品质量。

（5）现场治理中质量责任明确，监督考核制度严格。公司的生产线组织治理严格，现场清洁整齐，生产过程操纵和质量检验合格，原始记录完善，建立了良好的质量治理环境，使生产线的装配效率达到每20秒组装一台彩电，高于国内彩电生产线的平均装配效率。

第三节　现场管理体系构建

现场管理是一项系统工程，其核心是用全面质量管理的思想和方法提升现场管理活动各个要素整体运行的质量和效率。健全的现场管理体系包括基础体系、方法体系、过程体系、考核体系和目标体系五个方面。体系之间是相互关联、相互依托、逐步推进的，没有下一层的支持和推进，上一层就不可能成功构建和实施。现场管理体系如图 3-1 所示。

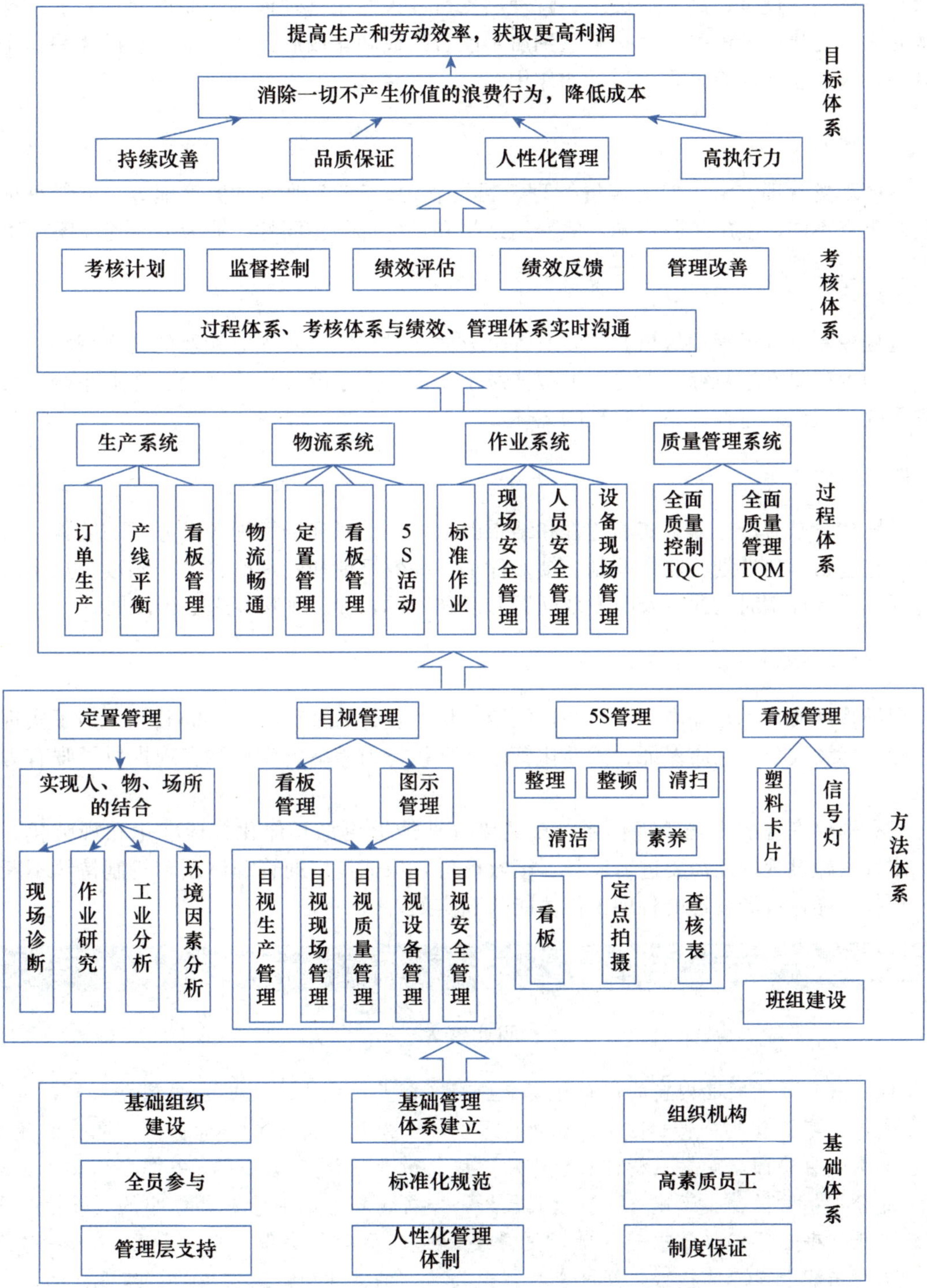

图 3-1 现场管理体系

一、基础体系

这一层是企业现场管理的基石，由基础组织建设、基础管理体系建立、组织机构、全员参与、标准化规范、高素质员工、管理层支持、人性化管理体制、制度保证组成。这些基本元素好比建房的地基，直接关系到房子能否建成和建成后是否牢固。基础体系在企业的现场管理过程中起着任重而道远的作用。

二、方法体系

生产现场管理方法主要有定置管理、目视管理、5S 管理和看板管理等。虽然每种方法的侧重点不同、实施步骤不同，但实施结果和目标都是相同的，即为了改善现场管理。

三、过程体系

过程控制是现场管理的核心，涉及各个方面。过程体系必须对涉及的生产现场、涉及的部门和生产要素进行综合考虑。过程体系主要由生产系统、物流系统、作业系统、质量管理系统等组成。过程体系是管理的主体。

四、考核体系

考核体系是对过程体系实施过程和结果的量度，是对现场管理各个方面的监督和考核评估，它包括考核计划、监督控制、绩效评估、绩效反馈和管理改善五个测度。这个层面由过程体系保证实时沟通，及时发现问题和反映问题，促进现场管理健康发展。

五、目标体系

现场管理的目标是提高生产效率，杜绝一切浪费行为来获得更高的利润。为了实现这个目标，持续改善、品质保证、人性化管理和高执行力等举措为目标实现提供了强有力的保障。

只有构建完善的现场管理体系，现场管理才能够更加具体化、标准化和规范化。此外，体系实施过程中还需要进行监督、绩效评价，保证良好的管理体制和机制持续不断改进。只有这样，现场管理的各项工作才能落到实处。

素养园地

职业素养

职业素养是指职业内在的规范和要求，是在职业过程中表现出来的综合品质，包含职业道德、职业技能、职业行为、职业作风和职业意识等方面。一般认为，职业素养至少包含两个重要因素：敬业精神及合作的态度。敬业精神就是在工作中将自己作为公司的一部分，不管做什么工作一定要做到最好，发挥出实力，对于一些细小的错误也要及时地更正。敬业不仅仅是吃苦耐劳，更重要的是“用心”去做好公司分配的每一项工作。态度是职业素养的核心，好的态度，比如负责的、积极的、自信的、建设性的、欣赏的、乐于助人等态度是决定成败的关键因素。所以，职业素养是一个人职业生涯成败的关键因素。良好的职业素养是企业必需的，是个人事业成功的基础，是大学生进入企业的“金钥匙”。

本章小结

通过本章的学习，我们掌握了有关现场管理推进要素及过程控制。主要包括以下内容：现场管理是一项系统工程，需要综合考虑多种影响因素，并运用适当的工具和方法进行控制，以实现既定目标。企业应从领导作用、战略秉承、组织保证和员工素质四方面入手，推进现场管理与改进。现场管理过程控制包括过程设计、过程实施和过程改进与创新。过程设计将顾客的需求转化为与现场管理过程相对应的要求和指标，明确监控流程，确定过程输入要素、进行现场布局设计；过程实施是通过各项现场管理活动实现对人员、机器、材料、方法、环境因素的管理，及时处理过程异常情况；通过过程改进和创新，不断提高现场管理活动和过程的效率。现场管理通过构建完善的管理体系，即用全面质量管理的思想和方法提升现场管理活动各个要素整体运行的质量和效率。

基本概念　领导作用　战略秉承　组织保证　员工素质　过程控制　管理体系

第三章　在线练习

第四章
班组长领导力

学习目标

知识目标

◇ 了解班组长的职责、作用、地位和使命。

◇ 具备班组长角色认知。

◇ 培养班组长的领导力。

能力目标

◇ 具备班组长领导的能力。

素养目标

◇ 培养出色的班组长领导力，带动和影响所在的团队，努力成为优秀的社会主义建设者和接班人。

第一节 班组长的职责与使命

班组是企业生产经营活动中的最小细胞单元，班组长是班组管理的直接指挥者和组织者，肩负着提高产品质量和生产效率、降低成本、安全生产的使命，以及劳务管理、生产管理、辅助上级的职责。班组长职位不高，责任却不小。班组长除了要具备专业技术之外，还需要具备相关的管理知识与技能。只有这样，才能确保班组这一“细胞”的健康成长。班组管理的框架如图 4-1 所示。

一、班组长的职责

班组管理是企业管理的基础，班组长既是技术骨干，又是业务的多面手。班组长在员工面前有四大角色：管理者、教练、变革者、绩效伙伴。班组长在现场管理中的主要任务见表 4-1。

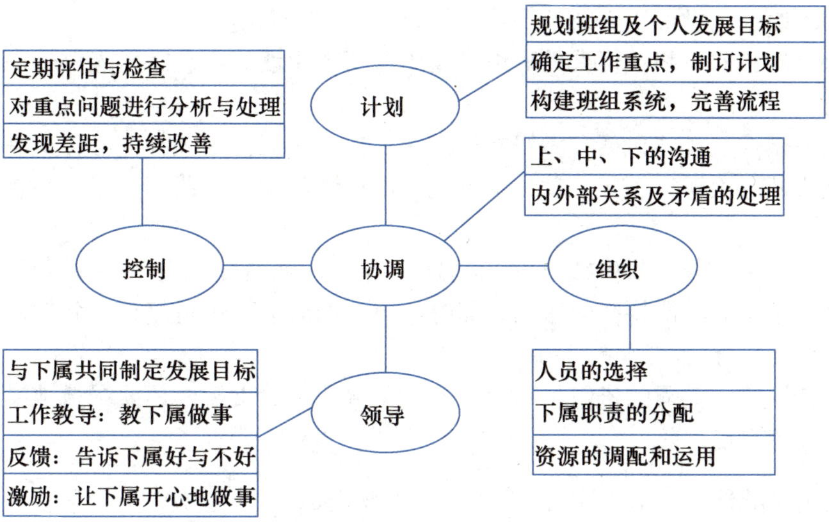

图 4－1　班组管理的框架

表 4－1　班组长的主要任务

现场的问题	班组长的任务
作业者对工作 ● 不知道 ● 不能做 ● 不熟练	作业指导
对人际关系，作业者 ● 不敞开心扉 ● 不够融合 ● 忧虑	人际关系管理
作业者对作业方法 ● 不了解 ● 讨厌	作业方法改善
安全状况 ● 危险 ● 不安全 ● 作业者安全意识淡薄	安全作业管理

班组长是企业相当关键的一个角色，其综合素质的高低决定着企业的决策能否顺利地落实，因此班组长是否尽职尽责至关重要。班组长的职责主要包括：

（1）事务管理。具体包括人事调配、排班、勤务、严格考勤、情绪管理、技术培训以及安全操作演示、卫生、福利、保健、团队建设等。

（2）生产管理。具体包括现场作业、保证工程质量、成本核算、材料管理、机器保养等。

（3）辅助上级。班组长应及时地向上级反映工作中遇到的问题，提出自己的建议，做好上级领导的助手。但在实际中，不少班组长仅仅停留在人员调配和生产排班上，没有充分发挥出班组长的领导和示范作用。

优秀的班组长应做好以下几项工作：

(1) 取得出色的业绩。优秀的班组长是用业绩来说话的，是靠他人评价而非自我评价获得支持的。

(2) 辅佐领导。具体包括：做好本职工作，独当一面，令领导安心；从高处着眼、细处入手，诚心诚意地辅佐领导，替领导分忧解难；统观大局、敢于直言，与领导进行良性互动。

(3) 培训下属。与下属保持良好的沟通和合作，创造相互尊重、融洽和谐的工作氛围，为下属考虑是对其最持久的激励。同时，应定期对下属进行培训，并针对作业中遇到的问题及时给予指导。

(4) 支持同级。优秀的班组长不但要善于争取他人的支持，还要尽量地支持他人，支持别人就是支持自己。

二、班组长的地位

班组长作为企业最基层的管理者，既是管理的主体，又是管理的客体。从企业管理层次来看（如图 4－2 所示），班组长处于基层也就是执行层，主要发挥着监督管理的作用。实际上，班组长既是一线的领导者，又是一线的生产者。班组长的地位非常重要，是企业中不可或缺的角色，在管理系统中发挥着承上启下的作用。班组长要根据所处的不同环境和面对的不同对象，选择角色和沟通交流的方式。有效的角色转换可充分发挥基层管理者承上启下的作用。

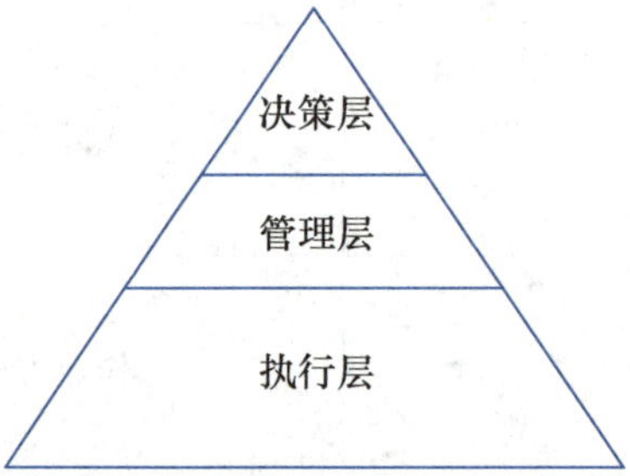

图 4－2　企业管理的层次

班组长的特殊地位决定了他要对三个阶层的人员采取不同的立场。

(1) 面对下属，应站在经营者的立场上，代表领导者说话。

(2) 面对经营者，应站在下属的立场上，反映下属呼声，代表下属说话。

(3) 面对直接上司，应站在下属和上级辅助人员的立场上，代表他们说话。

总之，班组长地位的特点可以用 16 个字来概括：职位不高，决策不少，麻雀虽小，责任不小。

三、班组长的使命

班组长的使命就是通过在生产现场组织生产活动以创造利润。班组长的使命一般包括以下四个方面：

(1) 提高产品质量。产品质量关系到市场和客户，班组长要领导员工为按时按量生产出高质量的产品而努力，有序组织生产，实施过程质量控制。

(2) 提高生产效率。提高生产效率是指在同样的条件下，通过不断地创新并挖掘生产潜力、改进操作方法和管理方式、加强员工技能培训，以发挥员工特长，提高士气。

(3) 降低成本。降低成本包括实施定人定物、材料定额、改善工序等措施。

(4) 防止工伤和重大事故。有了安全不一定就有一切，但是没有安全就没有一切。班组长一定要坚持以人为本、安全第一的原则，防止工伤和重大事故，具体措施包括努力改进机械设备的安全性能、监督员工严格按照规程办事等。此外，还要培训员工的安全意识，组织消除安全隐患。

第二节　班组长的角色认知及在管理中存在的问题

一、班组长的角色认知

为了提高管理水平，班组长应提高自己的角色认知能力。角色认知是组织行为学中的一个概念，每个人就像生活在一个大舞台上，充当着一定的角色，在这个舞台上是什么角色就唱什么调，绝不能反串。在实际工作中如果出现反串，就属于角色错位。

(一) 准确把握自己的角色权利和义务

班组长站在三个立场：对下代表经营者，对上代表生产者，对待直接上司既代表员工又代表上级的辅助人员。如果班组长既不清楚这一规范，也不知道自己的权利、义务和职责，那么他虽然占据着班组长的位置，却未能发挥班组长的作用，是没有实际价值的班组长。当然，在对自己角色的把握上也不可过激，否则就会导致不了解下级的情况发生。

(二) 了解领导的风格

作为下级，必须准确了解领导的指示，以及领导指示的背景、环境和领导的风格。有时候下级费了很大的力气做某事，但并不是领导所希望的，反而没有达到应有的效果。当然也有可能下级是正确的，但领导不了解，怎么办呢？这时要选择适当的时机提出自己的建议，让领导比较全面、准确地接受或者采纳该建议。只有了解领导的风格，才能更好地协调关系，开展好工作。

(三) 了解下级对自己的期望

下级对班组长有以下六个方面的期望：

(1) 办事要公道。班组长在分配工作时要做到公平公正，分配利益时也要做到公道，只有这样才能够服众。

(2) 关心下级。班组长要关心下级，经常了解他们的思想动态。若班组长缺乏对员工在工作、生活上的关心和了解，员工自然也会不满意。

(3) 目标明确。目标明确是担任班组长的一个最重要和最起码的前提。

(4) 准确发布命令。班组长作为一线的指挥者，发布命令的准确程度应像机场上的控制员给飞行员发布命令的准确程度一样，否则在命令的传递过程中必然会出现这样或那样的失误，从而造成工作中的事故。

(5) 及时指导。在实际工作中，下级总是希望自己能时常得到上级的及时指导，因为上级的及时指导就是对下级的关注和培训。

（6）及时鼓励激励。班组长要公开地将荣誉和奖金分给劳动模范，劳动模范越多，工作就能做得越好。

二、班组长在管理中存在的问题

与高层管理不同，班组管理必须遵循“管理无小事”的原则，因此班组长必须严格做好管理的每一项工作。目前，越来越多的年轻人走上了班组长的岗位，他们大部分都是靠师傅带徒弟的方式或靠自己平时摸索、积累的经验来了解、感悟什么是管理，缺乏系统的管理知识。不同类型的班组长在管理中存在的问题也不相同，具体如下所述。

（一）生产技术型

生产技术型的班组长往往都是业务尖子，但缺乏人际关系的协调能力，工作方法通常都比较简单，常常用对待机器的方法来对待人，用对待自然科学的方式对待很多社会现象和人际关系，因此对这一类的班组长有必要进行人际关系方面的培训。

（二）盲目执行型

盲目执行型的班组长往往缺乏创新和管理能力，常常表现为态度和作风生硬。

（三）大撒把型

在企业中，有些班组长本身不是很乐意担任这一职务，所以上任后往往采取无为而治的做法，在工作中往往表现为得过且过，对工作没有责任心。这样的班组长完全是徒有虚名，在班组成员中势必也没有任何威信。

（四）劳动模范型

在工作中，劳动模范型的班组长一般都踏踏实实、勤勤恳恳，但却不适合从事领导工作。对这类班组长如果不进行管理能力方面的培训，他们是很难胜任领导工作的。

（五）哥们义气型

哥们义气型的班组长与班组成员常常称兄道弟，在工作中也容易义气、感情用事，缺乏原则性。实际上，这种班组长早已把自己混同于非正式的小团体的头目，没有发挥班组长应有的作用。他们往往待人处事主观性强，长此以往，会引起部分下属不满。

班组长需要通过系统的理论培训来提高自身管理水平，使管理工作由自发上升到自觉的层次。班组长只有把职位权力因素和知识技能有机结合，才能成为一个班组的灵魂和核心。

第三节　提高班组长领导力

一、班组长的职权

（一）班组长的职权类型

对于任何一名管理者而言，手中都具有一定的权力，这些权力随着管理者职位的高低而变化，通常称为职权。班组长的职权分为奖励权、惩罚权和法定权。

1. 奖励权

如果员工能按照规章制度进行操作，而且取得了成绩，班组长有权对其进行物质或精神方面的奖励，目的是激励取得成绩的员工争取做得更好，同时充分发挥他的模范带头作用，以便有效地带动班组的全体成员都能积极主动地工作，把本职工作做得更好。班组长的这种权力就是奖励权，这种做法也称为正激励，有人将其形容为“哄着朝前走”。

2. 惩罚权

如果员工违规操作，造成了一些失误，或没有服从组织的安排，那么就要惩罚他，严重的可以将其停职，甚至开除，轻的可以在班组会上口头批评一次，或单独对其进行批评，目的是让其按照既定的目标、规章制度来完成任务。这种权力称为惩罚权，这种做法也称为负激励，有人将其形容为“打着朝前走”。

3. 法定权

厂规和法律中赋予班组长的其他权力，统称为法定权。例如信息处理权就属于法定权，上级的文件可以根据情况向下传达、暂缓传达，甚至不传达，下级反映的情况如果班组长能处理，就不必上报。此外，流程改造权、设备更新权也都属于法定权。

（二）提高个人影响力

同样是班组长，为什么有的班组长能够一呼百应，而有的班组长却不能使员工心服口服，甚至被当面顶撞，除了职权之外，还有一个很大的因素——非权力因素影响着班组长的权力。非权力因素与职权没有密切的关系，但是非权力因素却能有效地间接影响职权。非权力因素包括专长权和个人的影响力，专长权是指懂技术，会管理；个人影响力是现在领导科学中尤为强调的一种领导能力，它并非是指强制性的权力，而是指管理者靠个人的人格魅力影响员工的工作。

班组长的个人影响力不是一朝一夕就能轻易形成的，而且靠自己和员工们长期共同积累形成的，这是一种长期的感情投资，班组长不能期望通过一件事或模仿谁就能提高自己的影响力。但班组长有了个人影响力之后，要慎用，以免“透支”，应在不得不用的关键时刻使用，以应付突发性任务和紧急事件。古人云：“服人者，以德服为上，才服为中，力服为下”，指的就是这个道理。

（1）力服。力服是靠权力使人服从，是被迫服从。力服的优点是解决问题迅速、简单，特别是应对混乱局面时尤为有效；缺点是易导致下级口服心不服，不能持久，一旦上级权威减弱，下级便会不服并反抗。

（2）才服。才服是以自己的才能引导下级，让其理智地服从，但难于使能力超过自己的下级成员服从，甚至会遭到有能力下级人员的藐视。

（3）德服。德服是靠自己高尚的人格使下级心服口服。在现代企业中，尤为强调班组长要以身作则，有奉献和牺牲的精神。

班组长只有把以上三者有机地结合起来，才能实行有效管理，才能成为一个班组的灵魂与核心。

二、班组长领导素养的培养

基层管理者非常强调不仅要成为一般的管理者，而且要成为教练型的管理者，为什么呢？在这个剧烈变革和激烈竞争的时代，每个人都会遇到大量的新的情况，只有具备较强的应变能力和创新能力才能从容应对。一般意义的常规管理方法已经无法应付当前的剧烈变革和激烈的市场竞争，班组长要掌握一些管理知识，要懂得如何对下级施加影响力，要在工作中不断创新，要有非常强的灵活应变能力，这样才能做好现场管理工作。具体内容包括：

（1）掌握沟通协调的原则。无论是与员工的沟通还是与其他部门或领导的沟通，都要自信、真诚并能灵活应变。

（2）与员工沟通协调。与员工沟通的原则：维护员工的尊严，专心聆听，要求员工帮助解决问题；与员工沟通时要先表明自己的态度和做法；批人不揭短；让员工充分表达自己的想法；与员工发生冲突时，应自我批评，放下架子，冷静处理，或请人调解，寻找机会，宽宏大量。

（3）掌握与其他班组沟通的要点。具体包括：正确认识职能分工与配合；建立必要的沟通渠道；站在对方立场考虑问题；善用专业优势，软性激励对方。

（4）处理好与领导的关系。与领导相处的原则：尊重、服从、主动、坦诚、勇敢、理解、耐心、支持、理智；与领导相处应注意的事项：只接受一个领导的命令，多倾听领导的看法和意见，了解领导的处境，经常向领导报告工作，主动为领导分担压力，让计划和数据说话。

第四节　班组长管理成熟度

管理中充满了权变，领导者的成熟度与被领导者的成熟度决定着班组的领导方式。目前，领导方式一般分为命令方式、说服方式、参与方式和授权方式。当领导者的成熟度与被领导者的成熟度相匹配时可采用参与方式，当领导者的成熟度低于被领导者的成熟度时可考虑采用授权方式。此外，管理需要权变，领导者自身也需要权变，目前比较流行的管理方格图（如图 4－3 所示）说明了这一点。该图是在领导四分图的基础上，由美国得克萨斯大学的行为科学家罗伯特·克莱克和简·莫顿于 1964 年提出的，为班组长提供了一个定位自己、确定努力方向的“地图”。

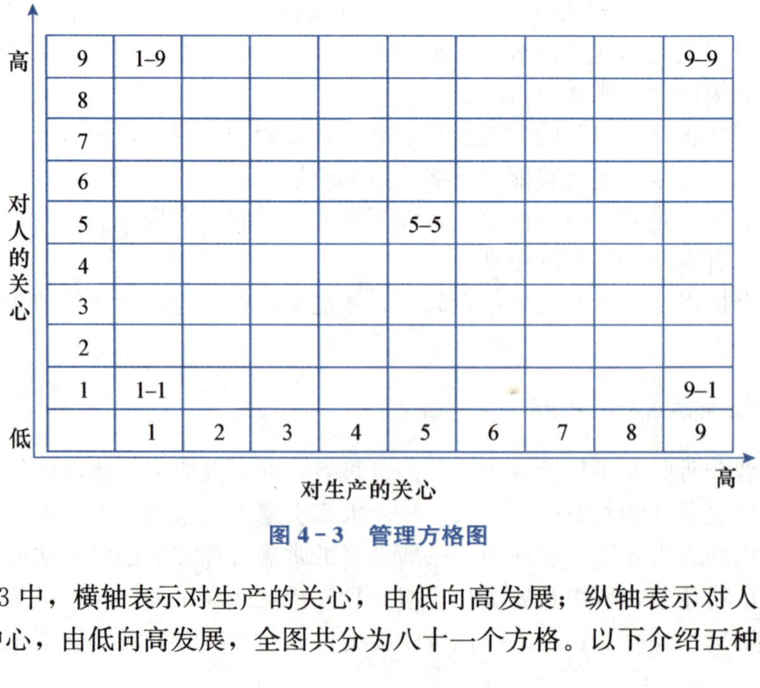

图 4－3　管理方格图

在图 4－3 中，横轴表示对生产的关心，由低向高发展；纵轴表示对人的关心或者以人际关系为中心，由低向高发展，全图共分为八十一个方格。以下介绍五种典型：

一、1－1型

即贫乏式领导型。身在其位，不谋其事，大撒把式，放任自流；爱说中性的牢骚话，遇到自己无法推掉的工作就交由下级办理；用人的原则是来者不拒；只从事单调的事务性工作。对于这种管理方式，开始员工满意度高，之后会非常失望。

二、9－1型

即任务管理型。有能力，权力欲强，目的是完成工作，对下属的情绪和发展不关心，喜欢用能力强的人，进攻性强。这种管理方式在短时期内有效，长期会造成上下级关系紧张，效率下降。

三、1－9型

即乡村俱乐部管理型。重视下级对自己的评价，与下级打成一片；能容忍下级的各种行为，因而班组内易滋长一种懒散气氛，员工的满意度较高；有的管理者抱怨绩效考核时得分低，但是分数太高反而不太正常。因为管理与被管理本身就是一对矛盾，一味地追求高分会造成效率下降，随便为员工减压，阻碍了进步，压抑了创造力，使有上进心的人失望。

四、5－5型

即中间型。热衷于弄清多数人的意见，有风度；健谈但不深刻，在管理中不用命令，喜欢激励和沟通；既重视人的优点，也指出人的缺点；非常善于和非正式群体保持良好的关系；对工作需求和个人需求都不忽视，喜欢将生产量降低到员工都能接受的水平。这种管理方式有长期支持性，适用于日常事务多、规则多的组织，但容易使人变得圆滑。

五、9－9型

即团队管理型。对目标和途径有深刻的认识，善于学习，有独到的管理哲学，自我实现的层次较高；善于把组织和个人的目标有机地结合在一起；能向下级指明前途，也不避讳困难；对工作方法能做具体的研究；既强调自主也强调合作。

案例链接

某班组开展个人领导力管理的实践

设定工作目标和实现目标在实际工作中都是非常重要的，会影响整个团队的工作效果，因此班组长在指导员工时，必须对工作目标和工作行为都提出要求，并且二者应具有相同的权重。

为了更好地实现目标管理，某公司在人事考评制度上进行改革，在原有的绩效考评上增加行为考评和定期的行为评估，对现场班组长个人领导力进行定性和定量评估。

一、行为评估要素框架

（一）自我意识的评价和成长

具体包括：

（1）能够理解不同的观点；

（2）能够尊重不同的观点；

（3）能够适应不同的工作文化环境；

（4）不断认识和发展自我。

（二）承担责任

具体包括：

（1）勇于承担责任，确保准时完成工作；

（2）把精力重点放在关键工作和职责上；

（3）坚持不懈，在面临意外困难时依然能够确保完成任务；

（4）积极主动，展现出对工作的信心。

（三）好学多问

具体包括：

（1）抓住机会，不断改进工作；

（2）寻求了解情况和任务的创新方法；

（3）用积极的态度对待变革；

（4）不断学习和提升专业技能。

（四）重视相关者、客户的利益

具体包括：

（1）考虑自身行为对客户的影响；

（2）考虑内部和外部客户及利益相关者的需求；

（3）了解外部（如客户、供应商）及自身领域里的最佳做法；

（4）对于客户提出的问题要勇于承担个人责任，并持续跟进。

（五）重视团队协作

具体包括：

（1）齐心协力，为了共同的利益工作，相互支持，将公司的利益放在第一位；

（2）帮助他人实现目标；

（3）与自身领域以外的人分享信息和见解；

（4）鼓励开诚布公的沟通，互相提供并吸取富有建设性的意见。

二、行为评估的流程

（一）行为评估

班组长在进行员工绩效考评时，应根据上述框架中的几种行为要素和相应描述，回顾员工在每种行为上所处的状态，是符合标准、超出标准还是不达标，最后经过综合评估给出最终等级。

（二）制定行为目标

班组长应帮助员工认识到自己好的行为表现，以及需要改善的方面。最多选出 3 种他们需要改进（可以更好）或者需要继续保持的行为，并设定明确的目标。

（三）制订行动计划

为了支持员工实现行为目标，班组长应选取一些行动计划放在个人绩效评估中。

（四）进行月度或季度的跟进面谈

三、把行为和绩效同时融入评估机制

公司在传统的绩效考评中加入行为评估，这样个人领导力的建立可以成为公司人事考核的日常工作，从而保证个人领导力的持续建立，最终促进个人和公司的共同成长。这种评估机制的考评结果、行为矩阵图和绩效等级描述如图 4-4 所示。

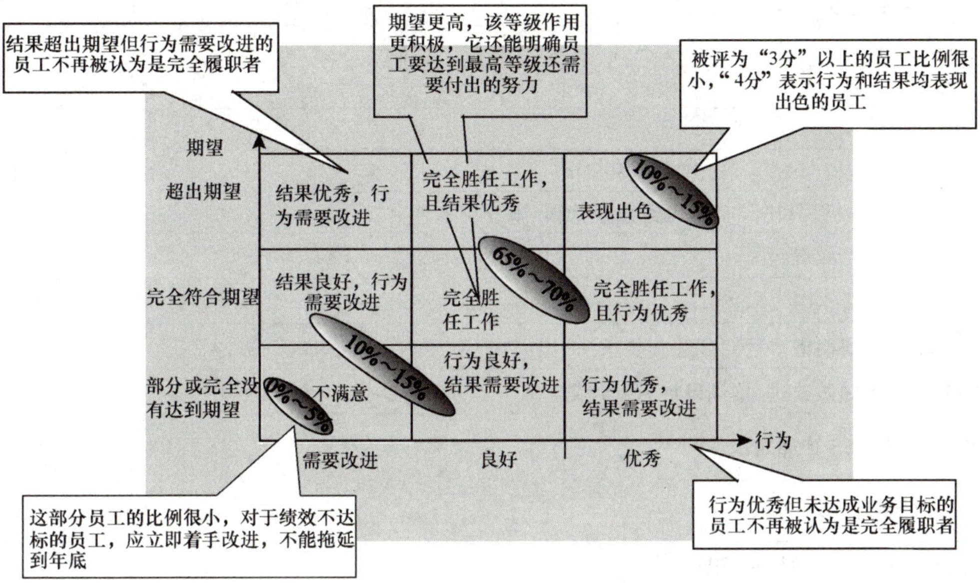

图 4-4　绩效结果和行为矩阵

现场人员综合工作绩效和行为考评见表 4-2。

班组长领导力考评见表 4-3。

表 4-2　综合工作绩效和行为考评

（适用于普通员工）

员工姓名：　　　　　　工号：　　　　　　班组：

职务：　　　　考核期：

第一部分　主要工作成果（可选择使用） 注：主要工作目标/职责可根据业务情况设定关键目标/职责。进行季度/月度考核的公司也可使用相应成绩作为考核目标。			
关键目标/职责	比重	完成	说明
进行各类产品试验及试验报告整理	60%	120%	积极主动完成任务，认真负责地落实各项 5S 管理条例，成功地达成事故率为零的目标。
协助计量器具的检测、校准、搬运	30%	80%	
协助试验室的安全及 5S 检查、改进	10%	100%	
总计	100%	106%	
第二部分　绩效因素 注：绩效因素权重应预先设定（1. 对成功完成本工作起促进作用；2. 对成功完成本工作很重要；3. 对成功完成本工作至关重要），在每个绩效因素对应的分值处画“×”，系统将自动进行计算并归纳绩效因素总体等级。			

续表

绩效因素		权重	绩效分值					实际达到分值	满分
			5	4	3	2	1		
1	岗位知识和技能	3		×				12	15
2	工作质量	3		×				12	15
3	工作效率	2		×				8	10
4	安全操作	3	×					15	15
5	遵守规章制度	3	×					15	15
6	接受任务	2	×					10	10
7	主动性	2	×					10	10
8	团队合作	2	×					10	10
总和								92	100
百分比（实际达到分值总和/满分总和）								92.00%	

第三部分　总体绩效等级	
绩效描述	综合绩效等级
完全达到期望，且部分超出要求	4
第四部分　员工绩效改进/培训发展行动计划	
进一步提升现场5S管理知识： 1. 产品知识培训； 2. 试验与计量知识培训；	
第五部分　下一年关键目标/职责 由被指定的员工上级填写下年度关键目标/职责。	
关键目标/职责	比重
进行各类产品试验及试验报告整理	70%
协助计量器具的检测、校准、搬运	10%
协助试验室的安全及5S检查、改进	20%
总计	100%
第六部分　签字确认	
上文全部考核内容由指定人员考核并签字，并由被考核员工、班组长签字确认。 考核人/日期　　被考核人/日期　　班组长/日期	

表4-3　班组长领导力考评

领导力	次能力	次能力评价	主能力评价
结果导向	规划绩效		
	管理绩效		
战略导向	分析性思考		
	系统性思考		

续表

领导力	次能力	次能力评价	主能力评价
团队协作	融合他人		
	欣赏他人		
	成就他人		
员工发展	规划发展		
	确定发展领域		
个人领导力	管理冲突		
	激励员工		
	获得承诺		
变革领导力	动员变革		
	确定变革机会		

绩效等级描述见表 4－4。

表 4－4 绩效等级描述

绩效等级	描述	员工比例
绩效表现不满意	员工在结果和行为方面均未达到公司的绩效标准。应立即为该员工制订相应的绩效改进计划，或将他们调离目前的岗位，让他们从事与其能力更相符的工作。	0%～5%
需要改善	员工在结果或者行为的单方面表现达标，但在另一个维度存在差距。针对这部分员工，管理的首要目标是弥补其绩效差距，争取达到“完全胜任工作”的绩效要求。这部分员工如果想要承担与他们潜力相符的工作，首先必须弥补绩效差距，重要的是保证在下一年不会看到“需要改善”的考评结果。如果某员工下一年的绩效等级仍然是“需要改善”，那就必须制订绩效改进计划。	10%～15%
完全胜任工作	员工非常胜任当前的工作并能持续地达成公司期望的绩效。这部分员工能一贯达成业务目标，行为也能体现公司的价值观和工作文化。该等级还包括行为达标且超额完成业务目标的员工，以及业务目标达标且行为表现卓越的员工。	65%～70%
表现出色	员工在业务目标的达成及行为方面超出期望。这些员工应该是体现公司价值观和工作文化的典范。但公司不期望员工每年都能获得“表现出色”，班组长应审核设定的目标，或者探讨让员工在下一年承担与他们潜力相符的更大职责。	10%～15%

班组长在指导员工工作、给员工设定工作绩效目标时应遵循 SMART 原则，如图 4－5 所示。

同时要让员工参与到目标制定过程中，共同探讨，而不是将目标简单强加给员工，这也是对员工的辅导过程。关于行为目标的设定如图 4－6 所示。

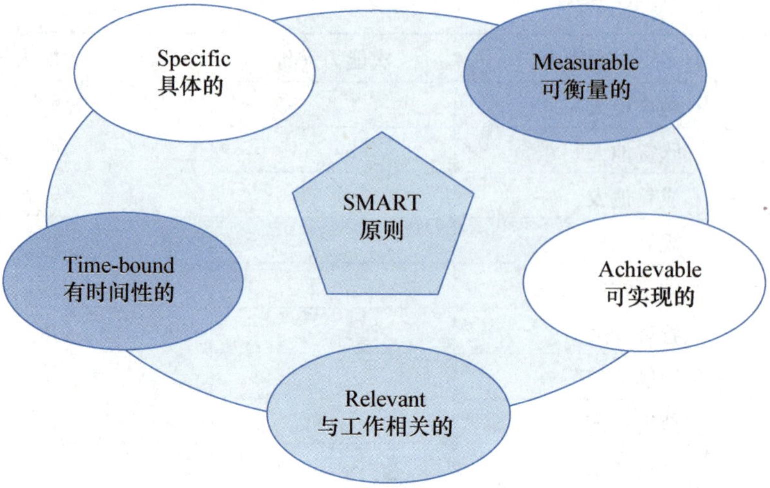

图 4-5　SMART 原则

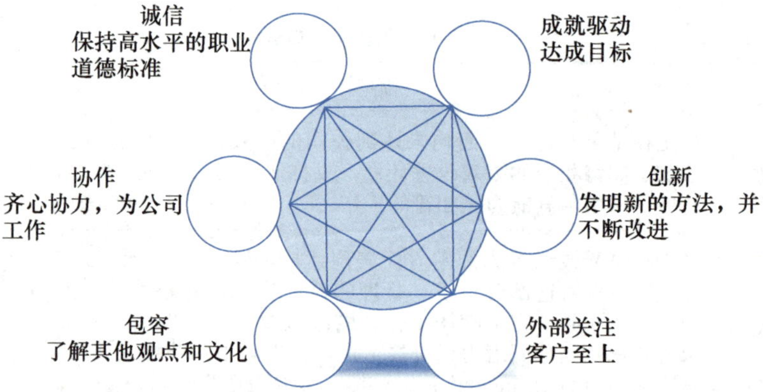

图 4-6　行为目标的设定

中国力量

全国道德模范张连钢：一连串“全球首创”破解十几项世界级难题

1983 年，张连钢大学毕业后被分配到青岛港，报名参加第一个集装箱泊位建设，从此与集装箱码头结下了不解之缘。30 多年来，他先后参与了国家“六五”重点技术攻关项目——国内第一台采用全可控硅直流调速集装箱桥吊的安装调试工作、“前湾三期智能生产控制系统”的开发应用、轮胎吊“油改电”技术的攻关，带领团队破解了十几项世界级难题，创造出一连串“全球首创”，建成拥有自主知识产权的亚洲首个真正意义上的全自动化集装箱码头、全球首个 5G 智慧码头。

2013 年，青岛港集团提出建设全自动化码头。当时，自动化码头是西方的专利，使用它们的专利，不但要花费天价，还要在关键核心技术上被“卡脖子”。面对无经验、无资料、无外援的“三无”境地，张连钢抱着“为中国人争口气”的初心和决心，带领团队开始了艰难探索。

“为早日建成中国人自己的自动化码头，我把节假日变成了工作日，办公室的灯光经常亮到下半夜。”在1 300多个日夜里，张连钢团队“5+2”“白加黑”拼命干，补知识、查资料，开了3 000多场专题分析论证会，写出几十万字的分析报告。码头开工后，他们又昼夜奋战在建设现场，每天召开工程推进会，协同推进土建、供电、业务、设备、IT系统等十几个专业的建设。攻坚的过程面临许多重大难题，其中自动化码头的关键技术——自动导引车控制系统，经过数月攻坚却始终达不到要求。推进会上一片寂静，张连钢打破沉默：“我们没有退路，不能退缩、坚决拿下！”团队重新梳理研发情况，分析近万条工作日志，提出上千条优化建议，归纳出十几种算法模型，最终突破了这道难关。特别是自主研发自动导引车循环充电技术，与国外方案相比，节省成本1.2亿元，车重减轻了12吨，电池寿命从2年延长到10年，并实现了续航时间无限制。

“码头建成后我们没有松懈，在不断实现自我超越的同时，带领兄弟港口一起创新。”张连钢带领团队与日照港的工友一起攻坚，又创造出全球首个顺岸开放式全自动化集装箱码头，把传统码头改造升级为全自动化集装箱码头，为全球港口提供低成本、短周期、智慧绿色发展的“中国样本”。

张连钢表示，当选全国道德模范，责任更大、使命更重。“我将发挥模范作用，与同志们共同努力奋斗，为加快建设世界一流的海洋港口，创造更多中国‘智’造，输出更多中国方案贡献全部力量！”

本章小结

通过本章的学习，我们掌握了班组长领导力的有关知识和技能。主要包括以下内容：班组长在企业现场管理中担负重要职责，是企业最基层的管理者，既是管理的主体，又是管理的客体，在管理系统中发挥着承上启下的作用；班组长的职责包括事务管理、生产管理和辅助上级；班组长的地位和作用决定了班组长应提高自己的角色认知能力，进行正确的角色定位；班组长的使命就是组织现场生产活动，提高产品质量和生产效率，降低成本以及防止工伤和重大事故的发生；班组长除了要正确地行使职权外，还应提高个人影响力，不断提升自身素养，掌握与上下级、同级的沟通协调原则和要点，培养灵活应变能力，以更好地完成现场管理工作。

基本概念　班组长　角色认知　领导力　素养

第四章　在线练习

第五章
班组管理

学习目标

知识目标

◇了解班组目标管理的程序。

◇掌握班组制度建设的内容。

◇了解团队建设的内容。

◇掌握班组文化建设的基本步骤和方法。

能力目标

◇ 具备制定班组目标、推动制度建设和团队建设的能力。

素养目标

◇ 通过班组管理和建设，培养集体荣誉感和团队协作精神，提升开展班组管理的综合素质和职业素养。

第一节 班组管理的理论基础

班组是企业中的最基层组织，是位于生产经营最前沿的基本单位，也是企业在劳动分工的基础上，根据产品、工艺或业务的要求，由若干从事相同或不同工作的员工及所需的设备、工具、物料等有机结合而组成的最基层的生产和管理单元。班组按其生产产品、工艺特性或业务范围的不同，一般分为生产班组、辅助班组、职能班组和服务班组。

班组管理是指遵循班组的生产和作业规律，建立健全各项规章制度，围绕班组的任务目标，对班组生产活动进行计划、组织、协调和控制。班组管理是企业各项工作的落脚点，具有群众性、直接性、具体性和多元性等特征。班组成员兼任班组管理的客体和主体，在班组管理过程中，经常开展面对面的直接管理，管理者与被管理者要转换角色，尤其是班组长管理角色的转换，充分体现了班组这种管理的直接性。作为企业管理链条中的实施终端，班组成员的各项行为实在、具体。

班组管理最主要的内容是组织生产，完成上级下达的生产工作任务及各项指标，提高产品质量，降低成本，创造出更好的经济效益。

第二节 目标管理与绩效管理

一、班组目标管理

班组目标就是班组在一定时间内，围绕企业生产所要达到的预期目的，既包含各项经济技术指标（通常用一系列数量指标来表示），也包含有关管理指标。班组目标具有目标具体、完成时间短、协调频率高的特点。班组目标一旦确定，就需要按照组织的管理架构进行纵向与横向分解，最终细化为每个班组成员的个人目标，形成个人目标与班组目标相一致，责权利相统一的目标层次体系。

目标管理需要让企业管理者和员工亲自参与目标的制定，在工作中实行自我控制并努力完成工作目标。它是通过设定不同方面和层级的目标，引导执行者追求，给予执行者成就感，激发执行者潜能，快速有效实现最终目标的管理方法。

对班组实行目标管理，是把企业总体目标落实到班组，并采取检查、评估等手段，促使班组实现自我控制，完成自身承担的任务，从而确保企业总体目标的实现。目标管理是一个动态的系统概念，包括从企业领导提出总目标开始，上下结合进行反复协商，自上而下层层分解，从而确定各子系统直到每个人在一定时期内的各项工作目标，并为实现这些目标而进行的所有组织管理和控制工作。

班组目标管理包括安全目标管理、质量目标管理、绩效目标管理、企业文化建设目标管理等。具体的管理程序见表 5-1。

表 5-1　班组目标管理程序

序号	程序	主要内容
1	接受上级指令	包括上级目标、总目标、下达到本班组的分目标。 对关键绩效指标进行分解，如订单完成率、物耗等。
2	制订班组计划	根据上级目标和总目标，具体分解为班组要实现的 3～5 个方面的大目标。
3	分解目标项目	分别把每个大目标，对照上级在这一方面对本班组的分目标要求，分解成具体的小目标。
4	确定目标值	根据计划指标、经济责任制和文明建设等要求标准，确定各目标项目对班组应力争达到的定量数值或定性要求。
5	制定措施	明确每一项小目标的技术措施、协作关系、负责人、检查人、检查周期和方式、奖罚办法等。
6	绘制目标管理图	将上面 5 步内容绘制成一个系统图，一般来说，绘制过程与上面程序同时进行。
7	实施措施	按车间批准的展开方案实施，控制日进度，定期检查诊断，及时发现和解决出现的问题。

续表

序号	程序	主要内容
8	总结评价	按目标值和措施定期总结实施结果，进行评价，兑现奖罚。一般每月一次，作为月奖的依据。

班组目标与班组计划有着密切关系。班组目标是班组计划的前提，决定着班组计划的方向；班组计划是班组目标实现的基础，决定着班组目标实现的行为。班组目标是班组发展的未来，班组的一切活动都是为了达到班组既定的目标而进行的，班组计划所拟定的一切班组行动方案也都是为了有效地实现班组目标而设计的。

可将班组目标管理过程理解为企业关键绩效指标（KPI）层层分解的过程。目标分解就是对班组目标的细化，最终变成班组每个成员的具体行动，经过上下共同努力，最终实现班组的目标。

班组目标管理的具体工作主要是认真落实上级下达给班组的目标以及切实完成本班组的目标，最重要的是使分解方案得到顺利实施。保证目标得以实现的关键是使实施过程处于受控状态，在此过程中，可采用 PDCA 循环。

二、班组绩效管理

绩效管理是指各级管理者和员工为了达到企业目标共同参与的绩效计划制订、绩效辅导沟通、绩效考核评价、绩效结果应用、绩效目标提升的持续循环过程。绩效管理的目的是持续提升个人、班组和企业的整体绩效。班组的绩效管理是对目标及计划实施结果的评估，是识别、衡量班组及个人能力，使其与班组整体工作达成一致的过程，也是推动班组成员成功地达到目标的管理方法以及使其取得优异绩效的管理过程。班组绩效管理是对班组成员进行绩效计划制订、过程沟通、绩效评估、绩效反馈的循环过程，其中任何一个环节的缺失都会影响绩效管理的效果。

绩效管理的方法有很多，大部分都已经在管理实践中得到了广泛运用并取得了显著的成果。常用的方法有目标管理法、关键绩效指标法、平衡计分卡法。

班组绩效管理包括绩效目标制定、绩效辅导、绩效考核和绩效反馈。绩效目标制定作为绩效管理的首要环节，是整个绩效管理的基础。制定绩效目标要遵循 SMART 原则、充分沟通原则、人人担当原则、透明化原则等。

第三节　班组制度建设

班组管理需要全班组员工共同参与，因此要将班组各项管理工作的内容和要求落实到规章制度中。规章制度是针对班组生产活动和管理活动所制定的一整套规章、程序、准则和标准。这些活动涉及劳动组织和计划、生产流程控制、技术工艺规范、产品质量保证、运行绩效控制、安全生产与劳动保护、员工行为激励和人际沟通协调等班组运行的各个方面。

班组管理制度从企业角度对班组成员工作行为进行规范和约束，是企业规章制度在班组的分解、细化和落实，班组管理制度的建设更强调民主性和可操作性。班组管理制度具体包括以下几个方面：

一、目标管理制度

目标管理就是让企业的管理者和员工亲自参加目标的制定，在工作中实行“自我控制”并努力完成工作的一种管理制度或方法。目标管理一般分为三步，即目标制定→过程管理→考核激励。班组目标与企业目标相比，通常要分解到更具体的方面，如员工培训、绩效目标、合作态度、执行力、企业文化建设目标等，以这些目标的实现来保证班组层面的目标实现。班组目标管理的具体实施是一个比较复杂的过程，目标管理的关键是目标的合理设定。

二、现场管理制度

现场管理是指对生产第一线的综合管理，是围绕实现企业经营目标而对生产过程中的诸要素，包括人员、机器、材料、方法、环境和信息等，进行合理配置和优化组合，实现生产现场作业状态最优化。班组现场管理的目标是寻求团队的效率和最终的效应；现场管理更为具体的目标为提升质量水平、降低成本、确保交货期、确保人身安全、提高士气。班组生产现场管理规范包括班前班后的制度化和正规化、做好生产前的准备、生产现场的控制和管理规范、现场生产进度的管理规范、现场作业标准化管理规范、现场 5S 管理规范、目视化管理规范、定置管理和看板管理规范等。

三、设备管理制度

设备主要是指企业在生产过程中，为保证正常生产而配置的各种机械和装置，即技术装备、仪器仪表和试验、监测、控制等设施的总称。班组是设备的直接使用者，其设备管理制度的内容包括建立班组设备台账、制定设备使用管理制度、做好设备维修保养、落实设备检查制度、参与设备故障处理等。班组设备管理主要是设备的使用、检查和维修等。现场管理人员以及操作人员要正确使用设备，认真检查设备，注重维护保养，及时排除故障，使设备在生产中始终保持完好状态。

四、物料管理制度

物料是生产活动的物质因素，直接影响着工作任务的完成和产品质量。现场物料的管理是班组物料管理的重点，因为物料的使用、物料的质量等情况都可以在现场呈现出来。班组物料管理制度包括：物料的使用管理规范，物料的搬运规范，物料的整理、清洁规范，物料的领用和分级分类管理规范等。

五、质量管理制度

班组质量管理制度建设可从班组质量管理规范及质量管理小组工作规范进行。要做到班组产品质量的规范管理，还应掌握一套质量管理方法。具体包括：找出影响班组产品质量的因素；通过执行 PDCA 循环，提高班组产品的质量；运用班组质量管理数理统计方法改进质量；严抓平稳操作，减少操作波动；建立质量看板；质量问题“三不放过”；全员参与质量管理。

六、安全管理制度

安全是生产管理中的重中之重。班组安全管理制度是为了使班组员工在工作中尽量规避和消除危险因素，防止工伤和重大事故的发生，保证职工在生产过程中的安全和健康。班组安全管理制度包括：安全生产责任制度、安全生产检查制度、班前班后例会制度、安全交接制度、事故管理制度、重大危险源和事故隐患管理制度、危险作业管理制度、特种设备安全管理制度、劳动防护用品管理制度、安全档案管理制度、检修安全管理制度、安全操作规程。

七、成本管理制度

班组的成本管理是基层生产管理的一项重要内容，是指对成本实行计划及预算、核算、分析、控制的工作过程。加强班组的成本管理，控制成本上升幅度，不仅是解决资金困难的一个重要措施，而且关系到企业的生存和发展。

八、建立管理信息平台

通过班组管理信息平台，可以将班组的基础管理数据全部输入计算机，将原有的设备台账、维修台账、作业票台账及备品备件管理、材料消耗、事故管理等表格进行整合，提高工作效率和质量。

九、责任制度

班组责任制度是班组各项工作由专人负责，并承担相应责任的制度安排。该制度以岗位责任制为主要内容，明确规定班组管理者和班组成员的工作岗位、工作职责和工作标准等。建立班组责任制度是为了加强班组工作的内部管理，充分调动全班组人员的工作积极性，培养爱岗敬业精神，发挥员工在生产中的相互监督作用。

以某公司班组为例，说明班组制度建设的框架。某公司班组参照公司、车间级文件，结合本班组工作，搭建班组标准化管理框架，包括质量、安全、成本、TPM、考勤、人才育成六大模块，图 5－1 是该班组质量管理模块。

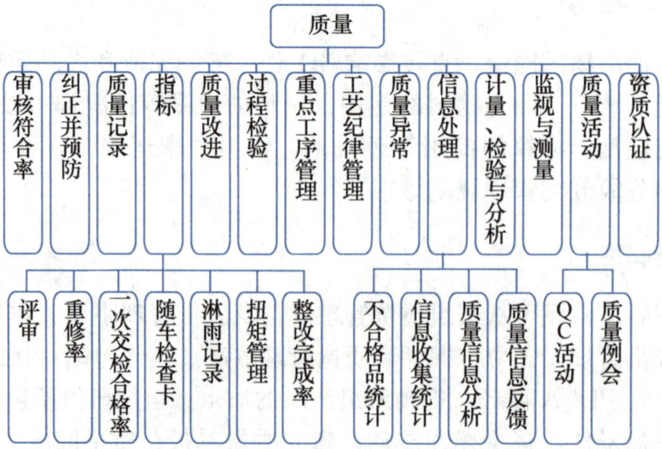

图 5－1　标准化管理框架——质量管理模块

第四节 班组文化建设

班组文化建设是现代化企业班组建设的重要内容之一。班组文化建设可以营造良好的班组生产环境，增强班组及企业的竞争力，提升班组成员的工作热情及班组团队的士气等。

一、班组文化的特点

班组文化是企业文化的子文化，是车间文化的组成部分，是班组成员在长期工作实践中所形成的共同价值观和行为规范，这种价值观和行为规范形成了班组的理念，包括班组的使命、愿景、价值观、目标及口号等。如质量信得过班组文化应以质量为中心，与质量意识和质量活动密切相关。

班组文化的基本表现形式主要包括两个方面：一是班组理念塑造，主要指用文字描述出班组与班组成员期望达到的一种价值状态、思想诉求和统一指向，班组成员都为此努力的过程；二是班组行为建设，主要指班组成员根据班组理念进行班组形象建设和个人行为约束的过程，也就是通过班组集体行为和成员个人行为来表达班组理念，塑造班组形象。

班组文化可以有意识地进行建设。班组文化是班组结合工作实际，依据班组的特点，形成具有班组特色的理念体系，如安全、质量、服务和管理等理念，并且与企业的总体发展方向保持一致，服从于企业发展战略目标。班组文化建设旨在让班组成员形成统一认识，并最终将其内化为班组员工的具体行为。建设班组文化可以有效凝聚班组人心、激发班组士气、塑造班组形象、促进班组进步。

二、班组文化的作用

班组文化一般包括制度文化、管理文化、创新文化和学习文化等。

制度文化是班组在制度制定和执行过程中形成的一种具有班组特色的，渗透到班组成员工作和生活中的，并被班组成员共同遵守的价值观和行为规范。在班组中，制度既是文化得以落实的保障，又是班组正常运行的最有力的保障。没有制度，班组的管理、生产、组织以及人员的管理都不可能正常有序地进行。

以人为本是班组管理文化的核心。建设班组管理文化，也就是在班组管理过程中要时时“以人为本”，营造出一种激发人的主动性、积极性和创造性的文化。

创新文化的内涵是创新精神。班组作为企业最前沿的阵地，是企业创新的沃土，许多重大的创新成果都是在班组完成的。建设创新文化，实质是为了推进企业或班组的创新活动。创新文化是创新的催化剂，可以有力地催生班组的创新和发明。

学习文化对于班组成员树立正确的学习理念非常重要。只有在全班组员工心中牢固筑起“全员学习、终身学习、全过程学习”的理念，才能真正带动班组员工自觉学习和不断进步，把班组打造成学习型班组。因此，要在班组中树立“学习是生存和发展的需要”的理念。

三、班组文化建设的步骤

班组管理可以通过文化的力量和作用充分调动员工的积极性和创造性，为企业的改革和发展提供精神动力、智力支持和思想保证。企业开展班组文化建设，应注意把“以人为本”作为基本观念，班组长的示范与领导是班组文化建设的关键。班组文化建设应将先进性与实用性有效结合，重在营造氛围，并适时调整。

班组文化建设主要从以下几个方面展开：班组使命、班组愿景、班组价值观、班组目标、班组口号、班组精神等。班组文化建设受班组成员的文化结构以及素质的制约与影响，是一个循序渐进、动态发展的过程，要达到文化在班组管理中的有效落实，可以先进行价值理念的定位，然后引导并将其作为行动的指南和进步的起点。通过在班组工作、学习和娱乐，营造浓厚的文化氛围，使班组成员在不知不觉中接受班组文化理念的熏陶。建设班组文化，也应当有制度作保障，进行严格的制度管理。通过制度落实，使班组文化建设推进工作更顺畅。

班组文化活动既可以加强班组成员之间的感情联系，又可以陶冶班组成员的思想道德情操，营造健康向上的文化娱乐氛围。企业应围绕班组文化建设的实质，开展灵活多样的活动，促进班组文化建设取得应有的效果。

班组文化建设的一般步骤是：第一，应该建立共同的奋斗目标，让奋斗目标把人心统一起来，亮出自己的旗帜。第二，要树立共同的价值观，提炼班组文化理念、展开班组文化建设。让班组的每一名员工都知道“为什么奋斗，怎么奋斗，奋斗之后能达到什么样的结果”，并让每一名员工都能够分享到。第三，采取切实有效的工作方式，如谈心、培训、激励、拓展训练等活动，提升班组的凝聚力、战斗力。第四，努力提高每一位班组长的组织协调能力，提高管理效率，用自己的一言一行感染员工，带动班组前进，真正显示出思想政治工作在班组文化建设中不可缺失的作用。

班组文化建设能否规范班组成员的行为是衡量班组文化建设结果的因素之一，因此，班组文化建设重在实施。首先，要抓好班组人员技能和素质培训；其次，要通过民主参与，激发和调动员工进行班组文化建设的积极性；最后，对员工的点滴进步给予肯定和鼓励。

第五节　团队建设

一、团队建设概述

团队是指为了实现某一共同目标，由相互协作、能力互补的个体进行创造性劳动，并共同承担责任所组成的正式群体。也就是说，团队是一种为了特定工作成立的，高度责任化的团体，必须具有明确的目标，并进行有效的分工与合作，同时要有不同层次的权力与责任。企业中的团队多种多样，如问题解决型团队、自我管理型团队、跨职能型团队和学习型团队等。今天的许多团队理念都可以追溯到 20 世纪六七十年代起源于日本的“品质圈”（Quality Circle）和员工参与运动。“品质圈”一般简称 QC 小组，是指在同一工作现场自主开展质量管理活动的小团体，在我国称为质量管理小组。QC 小组运动对于整个世界的企业管理都产生了巨大的影响。

当今企业现场管理之所以越来越需要团队，与团队所发挥的作用越来越重要有着直接关系。例如，问题的复杂程度超过了个人和部门的能力范围，解决复杂问题需要多种技巧，因此团队解决更有效。再有，团队合作能使团队成员满意，能通过参与和决策提高士气和主人翁精神。最后，规模较大的企业为了保持对环境的适应性和灵活性，也需要团队合作等。

团队建设主要是通过自我管理的小组形式进行，每个小组由一组员工组成，负责一个完整工作过程或其中一部分工作。工作小组成员在一起工作以改进他们的操作或产品，计划和控制他们的工作并处理日常问题。他们甚至可以参与公司更广范围内的活动。团队建设应该是一个有效的沟通过程，在该过程中，参与者和推进者会彼此增进信任、坦诚相对，愿意探索影响工作小组发挥出色作用的核心问题。

随着成员在一起工作，团队将经历成长和成熟的过程。团队建设分为形成、混乱、规范和履行四个阶段。这些阶段在强度、时间、工作环境、成员组成上各有不同。团队发展阶段的通用模型如塔克曼（Tuckman）所述，见表 5－2。

表 5－2　团队形成过程

阶段一：形成 ● 为被选为成员而自豪； ● 忐忑不安； ● 新的团队经历； ● 形成团队结构。	阶段二：混乱 ● 个人主义的思考； ● 外部忠诚的制约； ● 态度动荡不安； ● 对抗； ● 完全理解团队任务。
阶段三：规范 ● 团队融合； ● 协作； ● 愿意对话； ● 冲突较少； ● 关注团队目标。	阶段四：履行 ● 团队已经成熟； ● 高度凝聚的单元； ● 关注过程； ● 感到满意； ● 实现目标。

阶段一：形成。团队成员第一次聚集，带入个人的特征、价值和自身环境的优先级。每个团队都是一个新的经历。团队成员谨慎地进入这一环境，因为对新环境中的角色和绩效感到未知。在这一阶段，团队通常可以阐明目标，识别各个成员的角色并定义行为规范。

阶段二：混乱。在这一阶段，团队的真实任务被了解。团队成员仍然停留在个人思考，试图按照各自的经验而非其他成员的信息进行决策。尚未形成团队成员的规范，这将导致他们心态的变化并阻碍团队取得成功的机会。这一时段的行为主要表现为：争吵，考验领导的职权，试图重新定义目标，竞争性和防御性的行为。

阶段三：规范。在这一阶段团队成员逐渐形成整体，将他们个人的意见集中于应对团队的挑战。团队成员间的冲突和外界因素的吸引减少，他们更愿意讨论涉及团队利益的问题，产生更多的合作与对话。

阶段四：履行。在这一阶段，团队变得成熟，成为一个富有凝聚力的单元。团队成员能很好地理解各自的优势和劣势以及对使命的支持，有能力解决整个团队的问题。此时，欣赏团队过程并对团队成员感到满意。在这一阶段，团队努力实现目标。

二、团队建设的方法与技巧

团队的发展取决于团队的建设。团队建设是事业发展的根本保障，团队建设首先应该从班组做起，班组成员之间要亲密团结、协作到位，班组长心里始终要装着员工，支持员工的工作，关心员工的生活，用行动和真情去感染身边的每位员工，平时多与员工沟通交流，给员工以示范性的引导，捕捉员工的闪光点，激发员工工作的积极性和创造性。班组长要和员工融为一体，让员工参与管理，给员工创造一个展示自己的平台，形成一种团结协作的氛围，让员工感到家庭的温暖。

（一）团队建设的技巧

为了保证团队的健康发展，需要一定的技巧，如做好团队建设、团队推进和团队领导等。在团队形成和发展过程中包括两个重要工作：任务型工作和维护型工作。任务型工作关注团队并使其向目标前进，而维护型工作协助维护团队成员的关系。任务型工作包括的内容有：使团队目标确定并进行评估；制定每次团队会议的议程并遵守议程，如果出现需要解决的其他问题，也可以特意修改议程，或者将新的问题列入下次会议的议程；确定行动项目、职责和时机，并保持团队成员的责任感等。

维护型工作的内容在某种程度上也会影响团队的绩效。团队发展的理论和实践涉及各种学科领域，如社会学、心理学、组织发展学和政治科学。虽然团队可能具备特定的目标和议程，但由于团队成员的个性、个人生活的现有问题以及组织中正式和非正式群体意见等的不同，对事物的看法是不同的，而团队维护型工作就是要减少由此产生的各种问题。

（二）团队推进的技巧

推进者帮助一个团队进行管理和维护，其扮演的角色包括：克服困境的领路人；协助制订计划并向各管理层次提供后续工作的催化剂；团队进步的客观评价者和审核员，识别任何阻碍成功的机会和改进绩效的机会；等等。推进者的一些具体职责包括：创建公平公正的环境；确保问题的全面检测和讨论；提供目标框架；保持关注使命；协调组织中多种不同的观点；克服管理阻力；确保团队的每个成员均有机会参与讨论和决策；通过言行跟踪成员的思想观念；等等。

（三）团队领导的技巧

每个具体的团队都拥有一个发起人和团队领导者，以确保团队成功。发起人应位于管理高层并足以解决团队面临的任何困难。其职责一般包括：通过活动的授权，帮助促进团队努力；确立团队的目标和范围；协调整体的策略；为所需的额外资源进行谈判；等等。团队的领导者对团队的日常成效负责，其职责一般包括：组织和管理团队会议；与发起人共同制定和监控项目计划；保持努力的轨道；向发起人提供最新情况；等等。

三、团队的绩效评估和奖励

如果团队没有取得进展，那么团队成员和高层管理者将很快变得灰心丧气。组织应当持续地跟踪以识别问题，团队评估和沟通的有效性可以明确任务进展，而且有助于促进必要的变革以及激发改进。向管理者反馈团队实现目标的进度同样很重要。项目目标的客观测量指标可以包含以下数据：过程绩效的变化（如毛利的增长、顾客等待时间的减少等），资源利用（如投入项目的人次或时间、花费的资金），以及项目计划的时机选择等。

团队的奖励和表彰。团队和个人一样，应表彰团队的成效，以鼓励未来的进步和成功。在刚开始组建团队工作中，这可能是维持团队动力最重要的因素。有关团队奖励和表彰的做法如下：

（1）在团队汇报时，管理者应予以支持性评论并提出有帮助的建议。

（2）通过公司简讯和布告栏发表成果，进行公开表彰。

（3）进行绩效评估，以反映员工的个人进步以及作为团队成员的贡献。

（4）分红，或将节约的成本或增加的收入分发给团队成员。

（5）奖金或其他经济上的奖励。

第六节 班组结构创新

班组作为企业最基层、最活跃的执行组织，无论是在保障企业正常运转方面，还是在提高企业整体素质方面都发挥着不可替代的作用。因此创建一个持续改进、不断创新的班组既是班组建设的目标，也是企业自身发展的需要。

一、班组结构及创新类型

传统的企业组织结构多为金字塔式，强调从上到下的直线管理，信息多为纵向传达，少有横向传递。企业设置金字塔式的纵向层级结构是出于管理上的需要，不同层级的成员拥有不同的职权和职责，企业的最高管理者通过指挥链自上而下逐层控制并协调企业的各项活动。这种组织结构及管理模式在很长时间内在中国企业特别是众多制造企业中占据统治地位。在企业发展初期，规模较小、人员较少，实物管理中产生的信息量少，对于信息传递的过程没有过高要求。随着知识经济对企业的影响，企业不断发展壮大，信息量倍增，班组内外部的横向沟通日益增多。企业为应对竞争，需要班组发挥更大的能动性和创造性。在这种情况下，原有的金字塔式组织结构显露出越来越多的弊端。

班组组织结构具有相对稳定性，但也要根据企业的发展作相应的调整，传统的刚性组织结构已很难适应市场快速的变化。目前，现代企业纷纷向软结构、软管理的方向发展。班组的横向结构是指不同班组之间横向的平行结构，班组之间是协作的关系，它不同于上下级之间纵向的垂直命令与服从的关系。横向结构的班组日常工作在同一个层面、同一个级别上，只能用相互沟通、协调、联合协作等方法实施，共同为实现企业的战略目标做贡献。通过执行生产计划，合理、充分利用班组内部的生产能力和各种条件，实现均衡的、有节奏的生产，按质、按量、按期生产出顾客需要的和下道工序满意的配套产品。

无论采取何种组织结构，企业都应确保以下项目的符合性：确定现场管理过程的范围、权责、顺序和相互作用；确保企业的职能与现场管理需求相匹配；确保现场与企业整体结构协调一致；确定所需的组织结构，建立系统的现场管理制度，明确组织机构中各岗位人员的职责，以确保管理机制的有效运行。

班组的组织结构决定着班组运行的效率和质量，因此，对于班组的组织结构的探索各企业都在进行。下面介绍某公司三种班组组织结构的创新类型。

（一）倒三角模式

班组是企业的缩影，班组的管理水平是企业管理水平的具体体现。因此班组建设不应拘泥于形式，不应固定模式，不做表面文章。班组应以持续改进为目的，依据班组的特点设立具有自己特色的组织结构。如某企业整体的组织架构采取倒三角模式（即员工在企业的最上层，直接面对用户，最高层在最底部，负责为员工提供资源支持），因此其内部的班组也采用了企业整体的倒三角模式，即所有的市场问题、安全问题、5S 问题等都分解给具体的员工，由员工提出需求，班组长联系相关部门人员予以解决，问题最终是否解决也是员工说了算，因此真正做到了班组让员工做主。由于员工是岗位的主人，在对待具体问题的解决上会更有责任心。这种组织结构适合于班组已经具备基本的资质，并在向成熟方向迈进。这种组织结构要求企业对班组足够信任，而且班组成员也必须具备一定的解决问题能力。这种组织结构的优势在于真正做到企业由下至上的全面管理，使企业的活力真正由内而外散发出来。

（二）经营体模式

大多数的班组以工种相关或区域进行划分，这种班组在需要其他部门或班组相互协调或配合时有一定的局限性。如焊接班组承接一项降低焊接不良率的任务，由于在项目中要涉及上道工序的整管或管路清洁度的控制，一个班组就很难完成。有的企业尝试在传统班组的组织结构上增加了一个横向的经营体组织，如前面所说为降低焊接不合格率，焊接班组和预装班组及入厂检验员组成一个“焊接经营体”班组。组长由全体成员选举产生或者个人自荐，这个班组长不同于传统的班组长，他要带领大家完成某项科研攻关或解决技术难题，而不需要负责全面的质量、成本、效率等的管理。班组长要对内部的团队成员进行职责划分，带领班组成员定期举办团队会议，并制定相关的激励制度，保证团队的正常运行。当项目转向正常运转或技术难题已经解决后，该“焊接经营体”就可以解散。当企业有新的技术难题或项目时，随时可以成立类似的班组组织。这种班组组织结构比较灵活，而且是全流程的，因此团队成员间协同起来比较顺利，而且由于班组所面对的是同一个具体的项目，因此在研究起来会更深入，更有针对性，适用于科研攻关或解决技术难题。

（三）圆桌式模式

圆桌式班组组织结构下的班组管理具有如下特征：“人人有责”取代班组长“一人负责”。现代班组若要成为企业生机和活力的源泉，人是核心的主导因素。圆桌式组织结构及其管理模式，改变了原有班组长与班组成员之间的上下级角色，赋予每一个员工参与班组管理的权利，班组成员被赋予更多的权利、更大的灵活性和更广阔的行为空间，人人都是班组的管理者，人人都承担着班组管理的义务和责任。

以上几种班组组织结构都是在传统的班组模式基础上的一种创新性的探索和实践，但是无论何种结构，都必须要适应企业整体文化并能充分调动班组内成员的积极性。只有这样，才能保持班组和企业的生机和活力。班组的持续改进需要班组自身和企业氛围的引导，是一项长期而艰难的工作，但是一旦形成体系，理顺流程，对企业的收益也将是持续而长久的。

二、班组建设推进流程

班组的建设是一项系统的工程，需要有规划地进行，主要特点是系统规划、开发试点、塑造标杆、建模推广、分项实施、步步推进、持续改善和步步优化。图 5－2 是班组建设的一般推进流程。

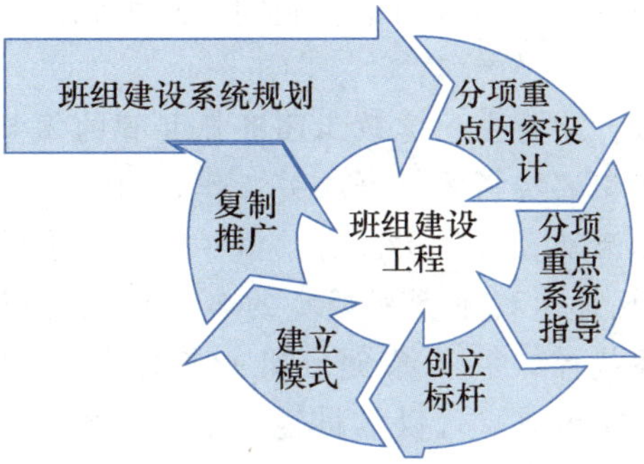

图 5－2 班组建设的一般推进流程

第一，要有班组建设的系统规划。以卓越班组的标准要求自己，找出班组在实际工作过程中的差异，在这个过程中首先要完成班组长胜任能力建设，即保证班组长是合格的。

第二，针对班组进行具体的内容规划，分项进行重点内容设计。根据班组的实际情况，完善上面提到的班组规划中的具体内容，并选择重点进行管理推进。

第三，通过与卓越班组的对比，明确班组的薄弱环节，有针对性地进行改进。

第四，待班组的系统规划内容已经完善后，可以开始创立标杆。此时班组的各项工作均已经步入正轨，班组内部分工明确，有序运行，班组的绩效也有明显的改善。班组此时要有意识地总结在推进班组建设中的经验和亮点，并将这种优秀的做法外显并固化，便于其他班组进行学习，这样做有利于班组文化底蕴的积累，对于班组后续的成长发展也是有利的。

第五，班组对自身创建过程进行总结，建立推广模式，把优秀的标杆做法进行复制推广。班组可以通过班组间的相互交流活动或其他发布形式对自身的模式进行推广。成为标杆是企业对自己班组的认可，班组所有的成员都应引以为豪，并将自己在班组创建中的体会进行分享，做到“我的增值我分享”。

第六，将一个班组的系统建设推广发展到所有班组的系统推进，从而达到整体班组能力的提高。周而复始，通过一次次的自我完善、自我颠覆，班组水平也在一点一滴的积累中得到提高，最终实现企业和个人的双赢。

综上所述，班组的组织结构对于班组的绩效和管理意义重大，任何班组都应探索并确定适用于自己的组织结构，并通过各种创新活动和管理模式调动员工的积极性，让班组所有的人员都能够围绕提高班组绩效水平而有序地工作。班组可结合实际开展质量信得过班组建设活动，可按照中国质量协会发布的《质量信得过班组建设准则》建设要求开展班组建设活动，以提高班组建设的系统性。

案例链接

某公司班组建设：开展群众性的改进、改善活动

某公司坚持以人为本，广泛吸收职工参与企业管理、开展技术革新是公司的传统。公司提出了“两参一改三结合”的管理原则，在长期实践中积累了一些有益的经验。其主要做法有以下几个方面：

(1) 确定了班组建设以行政为主、党政工团齐抓共管的领导体制，真正把班组当成企业内部的一个基层组织，切切实实抓紧抓好相关工作。

(2) 开展班组升级达标活动。具体形式有：第一，以健全管理基础工作为内容，全厂颁发了《班组工作条例》。凡是达到条例所规定的各项标准的班组，将其命名为上条例班组。第二，围绕着质量总体战略，在上条例班组的基础上又加上了自控班组和信得过班组。以开展质量“三自一控”为重点，以信得过班组为最高档次，开展了“创三组”的升级达标活动。第三，在推行精益生产方式活动中，又在“创三组”的基础上加了一个精益班组，作为班组升级达标的最高层次。精益班组的标准，除了生产和质量目标外，更加突出了培养一专多能的多面手和开展群众性改进改善的要求。

(3) 开展群众性的改进改善活动。这项活动是铸造厂灰清车间带头搞起来的。这里有一个变 800 吨为 80 吨的故事。过去有个老观念：工人生产备用半成品越多，对企业贡献越大。铸造厂最艰苦的灰清车间是老先进，一度这里的备用铸件高达 800 吨，用 5 吨载重汽车装能装满 160 辆。车间主任通过学习精益生产方式，懂得了过多的备用件实际上是一种浪费。这些堆放在车间里的铁山，长年占用国家资金高达 150 万元，它们是造成工厂效益低下的原因之一。车间立即发动员工向生产中的无效劳动宣战，通过重新规划车间布局，改进设备、工艺、管理和操作方法，做到全车间工件不落地，生产与下道工序同步进行。这一变革，不仅改变了灰清车间铸件堆积如山、遍地铁砂的旧面貌，而且使在制品从 800 吨降到 80 吨，资金占用降至 15 万元，生产能力提高了一倍。灰清车间的经验在全公司推广后，围绕消除无效劳动、减少和杜绝浪费，公司内部形成了一个群众性改进改善活动的热潮。

知识链接

某班组成员的考核评价

人是现场生产力诸要素中最关键、最活跃的因素，因此对人的管理是企业现场管理工作的核心。为体现班组工作的公开性，在班组长的带领下，制定了班组成员日常考核评价标准，通过考核评价了解班组成员的才能、知识和经验，充分激发员工的工作热情，更好地发挥员工的创造性。为让全体班组成员了解自己和他人的成就，对自己的绩效客观定位，做到心中有数，促进比、学、赶、帮、超的班组文化建设，每个班组成员每一天、每一周的正负绩效都要及时公示，一旦发现员工的闪光点，就要及时表彰和激励并进行固化，并形成长期的习惯。班组成员日常考核评价项目分为士气、生产、质量、安全、员工

提案和奖励项，见表 5－3。

表 5－3　班组成员日常考核评价表

项目	评价内容										备注
士气	出勤										
	劳动纪律										
	工作态度										
生产	作业观察										
	影响节拍										
	日常点检										
	现场管理										
质量	制造不合格品										
	发现不合格品										
安全	着装										
	不安全行为										
员工提案											
奖励项											
总计											

素养园地

员工必备的职业素养

一、像匠人一样专注

我们作为一名员工，不要只是停留在“为了工作而工作”“单纯为了赚钱而工作”等层面上。而应该站在管理层的立场上，用高标准来要求自己，像匠人那样去专注于工作，以实现自己的职场梦想与远大抱负！

二、化工作压力为动力

压力是工作中的一种常态，对待压力，不可回避，要以积极的态度去疏导、去化解，并将压力转化为自己前进的动力。人们最出色的工作往往是在高压的情况下做出的，思想上的压力，甚至肉体上的痛苦都可能成为取得巨大成就的“兴奋剂”。

三、低调做人，高调做事

工作中，学会低调做人，你将一次比一次稳健；善于高调做事，你将一次比一次优秀。在“低调做人”中修炼自己，在“高调做事”中展示自己，这种恰到好处的低调与高调，可以说是一种进可攻、退可守，看似平淡、实则高深的处世谋略。

四、设立工作目标，按计划执行

在工作中，首先应该明确自己想要什么，然后再去致力追求。一个人如果没有明确的目标，就像船没有罗盘一样。每一份富有成效的工作，都需要明确的目标去指引。缺乏明确目标的人，其工作必将庸庸碌碌。坚定而明确的目标是专注工作的一个重要原则。

五、服从第一

服从指令是员工的天职，“无条件服从”是沃尔玛集团要求每一位员工都必须奉行的行为准则，强化员工对上司指派的任务都必须无条件地服从。在企业组织中，没有服从就没有一切，所谓的创造性、主观能动性等都在服从的基础上才能够产生，否则公司再好的构想也无从得以推广。那些懂得无条件服从的员工，才能得到企业的认可与重用。

本章小结

通过本章的学习，我们掌握了有关班组建设的基本概念和观点。主要包括以下内容：班组是企业中的最基层的单位。班组建设与管理工作的主要目标是完成生产、完成上级下达的生产任务及各项指标，提高产品质量、降低成本，创造更多的经济效益。班组建设工作主要包括班组文化建设、班组制度建设、班组目标管理和绩效管理等。班组文化建设的目的是激发班组士气，塑造班组形象；班组制度建设是通过一系列的规章制度，对班组成员工作行为进行规范和约束；企业总体目标经层层分解落实到班组，班组目标管理是为了实现这些目标所进行的管理和控制工作；班组绩效管理主要是对班组成员进行绩效计划制订、绩效辅导沟通、绩效考核评价和绩效反馈的循环管理过程。

基本概念　班组　目标管理　绩效管理　文化建设　班组结构

第五章　在线练习

第六章 教育培训

学习目标

知识目标

◇了解教育培训的含义及内容。

◇掌握教育培训的形式和方法。

◇掌握教育培训的实施。

能力目标

◇ 具备进行教育培训和实施的能力。

素养目标

◇ 深化职业道德教育培训，拓展知识，增长见闻，塑造品格，涵养品质。

第一节 教育培训的含义及内容

不断变化的外部环境和日益增加的复杂技术，以及综合管理系统的出现，使得企业需要极具变革意识和应变能力的员工队伍。创建学习型组织已成为许多企业为适应现代市场竞争形势所做出的战略决策。企业员工需要建立共同的理念和价值观，需要掌握先进的管理工具和方法，需要团队良好的沟通、协调和持续改进，教育培训在这些过程中均占有重要地位。

一、教育培训的含义

教育培训泛指提供和开发知识、技术和行为以满足要求的过程。

教育是指致力于介绍新的知识和原则，帮助人转变观念、唤醒意识的学习过程，例如顾客满意及其对质量的影响、过程方法的原则。培训则是指那些致力于使员工掌握新的技术、提高某些技能，或者使个体达到规定的岗位要求的学习过程，例如学习团队技巧和促进技巧、进行 QC 成果评价、审核质量管理体系。教育侧重知识传播，培训侧重技能传授。通常所说的培训一般包括知识和技能。现场人员的教育培训内容包括知识传播，但更多的是侧重操作技能的传授。

企业竞争力的形成，既需要员工具备与时俱进的观念、意识、自我学习能力和对企业文化深刻的理解和认同，也需要员工掌握现场管理的技术方法，具有创新并持续改进的能力。全面质量管理对人素质的要求，既有通过教育可以达到的，也有必须经过培训才能形成的，教育和培训对企业发展是不可缺失的。

二、教育培训的主要内容

现场管理培训应以解决实际问题和增强解决问题的能力为重点，要围绕如何帮助各类人员更好地从事相关的工作展开，将理论与实践相结合，从而确定培训内容。大体上，教育培训的内容可进行以下分类：

（1）面向全体员工进行现场管理的意识教育和基本知识技能培训。现场管理基本知识技能培训对现场管理至关重要，具体内容包括介绍现场管理的概念、现场管理的基本原理、现场管理的基本知识、现场管理实施推进的方法、现场改善的基本知识、常用工具及其使用方法等。这些内容不仅能让各层各类员工了解现场管理的重要性，掌握必要的现场知识和技能，而且能在企业内建立对现场管理的共同认知，便于现场管理内外的沟通和协调，是现场管理体系有效运行的基础。

（2）针对基层管理人员进行系统的现场管理理论和技术方法培训。基层管理人员往往承担着现场管理理论和方法应用的使命，是各种现场管理团队最初的尝试者，他们必须理解现场管理的具体做法。对他们的培训，既要包括理论和战略层面的内容，也要包括战术的内容。

（3）针对现场操作人员和相关岗位人员进行专门的现场管理技术和方法培训。除通用的理论和知识外，员工的现场培训需针对不同的岗位进行，偏重于现场管理的实践课程，内容包括胜任工作的岗位技能和专项的技术方法。

（4）随着现场管理理论和实践的发展，要不断进行知识更新教育。由于现场管理的技术方法日益丰富，这些变化可能与现代组织的运作方式和管理水平密切相关，影响到企业的竞争力，因此，现场管理教育培训工作是无止境的。企业要密切关注现场管理领域的变化，及时吸收有关的知识，并结合实际情况应用。

第二节　教育培训的实施

现场管理教育培训是现场管理体系的一项直接的经常性工作，且日益融入现代企业的人力资源发展规划中，企业只有建立良好的组织实施系统才能保证取得预期效果。教育培训的实施一般包括四个阶段：教育培训需求分析、教育培训的设计和策划、教育培训的实施和教育培训效果的评价。

一、教育培训需求分析

（一）教育培训需求分析的内容

教育培训需求的确定是有效进行教育培训的前提，目标不清的教育培训不仅不会取得理想的效果，还会造成企业培训资源的严重浪费。企业的年度工作计划应包含现场管理教育培训的计划，识别教育培训需求的过程就是建立年度教育培训目标，形成年度教育培训计划的过程。

从企业的宏观层次看，现场管理教育培训应与企业发展战略对于人员意识、知识的潜在需求相联系。很多世界级优秀企业的最高管理者非常重视教育培训项目在完成企业目标和战略目标方面的作用，在战略目标中包括教育培训的计划和预算，并通过系统的机制把战略计划和相关的教育培训目标与企业的管理水平相结合，通过提升全员现场管理能力来增加企业在竞争中获胜的机会。

从企业的微观层次看，现场管理教育培训应针对人员现场能力和岗位需求的差距进行。因此要明确现有岗位工作的任务、目标和对人员知识能力的要求，以及未来发展和人员素质提高的需要，评价工作人员实际的绩效水平和知识、能力水平，确定绩效的差距是否由于知识技能缺乏造成的，或者未来发展是否有新的知识技能需要，如果有，根据二者之间的能力差距制订可行的教育培训计划，计划中的每一项内容应适合于特定的需求和发展目标。

教育培训需求识别是教育培训工作的首要环节，确定教育培训需求需综合考虑以上各方面，并经过适当的评审确定，而不是简单的汇总。

（二）教育培训需求分析的层次

教育培训需求分析分为以下三个层次：

（1）组织分析，即寻找企业发展的“压力点”。“压力点”是企业对战略和环境进行分析之后总结出的新的挑战，是企业创新和变革的根本。

（2）绩效分析，即工作分析或者人才成长发展分析。主要分析相关人员过去的业绩和工作方面存在的不足，以及该如何改进和提高。

（3）人员分析，即员工自己成长发展的分析。企业要为员工提供一个成长发展的平台，将企业教育培训的需求转化为员工自身的教育培训需求，将企业的发展、组织的发展转化为员工自身的发展。

（三）有效的教育培训需求分析方法

（1）员工技能矩阵图。即利用员工技能矩阵图有效分析员工技能培训需求。

（2）观察法。即到员工实际工作现场了解员工的工作技能、行为表现和存在的主要问题。

（3）面谈法。即通过与员工面对面的谈话了解员工对教育培训的认识与看法、对工作成效的评价、对工作问题或者困难解决的分析以及对教育培训的需求。

（4）问卷调查法。即通过问卷的形式了解员工的需求。

二、教育培训的设计和策划

教育培训的设计和策划是根据培训需求制订各项具体教育培训计划的过程，包括确定教育培训内容，明确教育培训的制约条件，选择适宜的教育培训方式、教育培训提供者、教育培训资料和教育培训时机，为教育培训结果评价和过程监督确定准则等。

教育培训的制约条件主要包括：企业的制度、人力资源方针、财务状况、教育培训时间和周期要求、教育培训对象的态度和水平、提供教育培训的内外部资源情况等。

教育培训方式包括参加外部公开培训、专题讲座、研讨等，企业也可以进行内部教育培训，如专题讲座、研讨，专项技能训练，工作辅导，自学等。在选择教育培训方式及其组合时应考虑的因素包括：时间和地点、设备、费用、教育培训目标、学员的基本情况、教育培训持续的时间和实施的顺序以及评估、评价和注册的形式等。

教育培训资料可以是企业自有的，也可以选择适宜的外部教材、案例；同样，教育培训教师的选择应从教育培训的目标、条件和资源的实际情况出发，可选择外部或企业内部人员，让管理者承担教育培训任务也是一种有效的方式。

（一）教育培训课程设计计划

教育培训课程的开发和教师队伍的开发是相辅相成的。课程设计计划包括教育培训课程、授课教师、培训对象、时间、地点、费用预算的选择和制定。

课程内容开发一般按照 Why—What—How—If 的原则进行。为什么（Why）体现学习课程内容的目的与价值；是什么（What）指知识和理论的要点及其详细要求；怎么做（How）是技能项目、实施步骤和实施要点；典型情形（If）是指这个任务有哪些典型工作情形。

课程内容开发中最难做的是 How 的部分，也就是具体的操作技巧，因为学员学习的目的是在实际工作中应用，所以技能的可执行性要求很高。如电信公司培训如何道歉并抓住道歉的关键点：把表示歉意的话和表示歉意的原因结合起来，才显得真诚。若要在教育培训中采用案例演示的方法，首先要保证案例的典型性。典型性不够，会影响培训的针对性，也不利于模仿。其次案例练习应与培训的知识点和技能点相结合，如果案例练习的分析讲评不能与培训内容相联系，就无法让学员理解培训内容，达不到培训效果，所以一个好的案例练习需要包括四个部分：目的、背景、练习要求和讲评要点。

（二）教育培训课程设计程序

（1）拟定教育培训项目计划，内容包括企业教育培训计划、课程系列计划、教育培训课程计划。

（2）对教育培训课程目标进行分析，确定学员必须掌握的工作知识和技能。

教育课程目标分析包括以下方面：

1）学员分析。通过采访学员、现场观察等方式来了解教育培训前学员的知识、技能和能力水平。

2）任务分析。分析学员所在岗位或目标岗位对就职人员的知识、技能和能力水平的要求。

3）课程目标分析。课程目标是在教育培训课程结束时希望学员通过课程学习能达到的知识、技能和能力水平。

4）教育培训环境分析。开展教育培训的环境和条件进行分析，进行课程内容的设计和课程方法的选择。

（3）收集信息和资料。

（4）设计课程模块。

（5）确定课程内容。

（6）课程演练与试验。

（7）信息反馈与课程修订。

三、教育培训的实施

提供教育培训是现场管理教育培训的具体实施过程。对现场管理教育培训实施过程的管理可分为培训前、培训中、培训后三个阶段。

培训前主要是为培训教学双方提供支持，包括向培训提供者简要介绍有关信息，向学员简要介绍培训的性质、目标及学习的方向等。

在培训中阶段，要向培训双方提供有关工具、设备、文件和软件等，为学员提供恰当和充分的机会应用获得技能，对培训提供者和学员双方的业绩予以过程跟踪等。

在培训后阶段，应从学员和培训提供者双方取得反馈信息，向管理者和参与培训过程的所有人员提供评价反馈信息，以不断改进企业的教育培训工作。

四、教育培训效果的评价

教育培训效果评价的主要目的是衡量企业目标和教育培训目标是否实现，着眼于教育培训的有效性和效率。简单的教育培训科目和人数统计并不能代表教育培训的效果。

教育培训效果的评价应根据教育培训的需求和计划进行，并预先确定评价规则，从长期和短期两方面开展。基于短期目标的考虑，应了解学员对有关教育培训方式、所用资源和在教育培训中所获得的知识技能的情况，评价方式可以是学员自我评价、培训提供者评价和管理者跟踪评价；基于长期目标的考虑，应评价学员的工作业绩和效率改进程度，可结合企业工作阶段性评价一起开展，如半年评价、年度评价等。

教育培训评价的要求至少应包括下述两方面。

（一）明确评价目的

评价是为了检验教育培训方案的有效性。培训提供者一定要重视以下几个问题：培训目标定得合理吗？培训是否达到了预期目标？哪些培训目标没有达到？需要采取什么样的补救措施？

（二）确定评价项目及内容

对教育培训效果的评价可以概括为以下四个方面：

（1）受训者对培训计划的反应。如受训者是否喜欢这次培训？他们是否认为培训教师很出色？是否认为这次培训对自己很有帮助？认为这次培训有哪些地方需要改进等。

（2）受训者获得的知识。将受训者培训前后进行对比，评价其受训后是否掌握了较多的知识、是否学到了预期应学到的知识和技能。

（3）工作绩效。通过上级、下级、同事、客户等相关人员对受训者的业绩的评价，主要测定受训者在受训后工作行为是否有改善，是否运用了培训中的知识、技能，是否在交往中态度更加友善了。例如，商店投诉部门的雇员对待投诉顾客的态度是否有所转变等。

（4）组织绩效。可以通过事故率、产品合格率、产量、销售量、成本、利润等指标以及顾客抱怨投诉的数量，确定教育培训方案是否已经对企业的经营运作产生了有利的影响。

案例链接

某公司教育培训工作

企业参与市场竞争的核心是人才的竞争。随着企业的全球化发展、现场管理战略的提出，企业对人才的要求也逐步提高，这就要求每一位员工不断学习，迎接变革。某公司为了构建最具竞争力和最具创新精神的人才队伍，为企业质量竞争力的提升提供人才保障，在原有的流程之上实施再造，构建以人为本的“零缺陷”教育模式，包括课程开发、培训实施、培训评估和机制保障三个部分。

一、课程开发

公司根据最佳实践及胜任能力要求进行不同层级的现场管理课程开发，具体过程如图6-1所示。

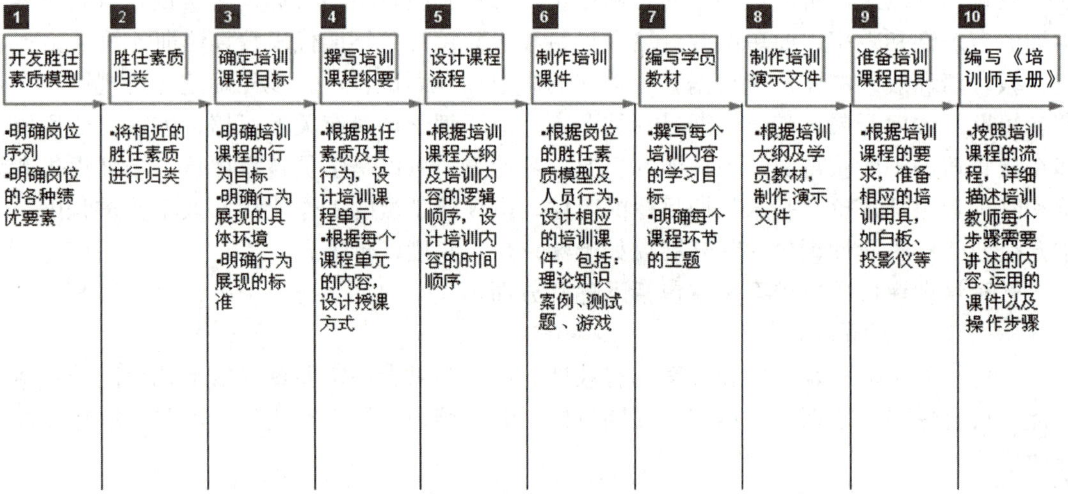

图6-1　课程开发流程

（一）基层员工培训

（1）一线员工的培训课程包括企业规章制度、企业文化、基本礼仪、安全卫生、基础课程、质量管理体系、“零缺陷”理念、5S管理、班组长建设、检验标准知识、质量意识和质量文化等。

（2）管理人员的培训课程包括企业文化、基本礼仪、安全卫生、基础课程、质量管理体系、工具方法、工艺基础、过程控制、“零缺陷”理念等。

（二）管理人员培训

（1）质量群族的培训课程包括产品知识、质量管理、标准类、基本工具4大类58门。

（2）生产群族的培训课程包括产品知识、生产管理、标准类、基本工具4大类48门。

（3）供应链群族的培训课程包括产品知识、专业管理、标准类、基本工具4大类46门。

二、培训实施

培训过程按照类别的不同分为一线员工的培训、新入职员工的培训和管理人员的培训。

（一）一线员工的培训

对一线员工进行培训，必须站在他们的立场上，用他们能理解的话进行讲解，不要用企业的“官方”语言。所以，最有效的培训内容就是：拿到手上就能用的，只要背会了就能生产或促进生产的。诊断式培训是紧密结合企业一线员工的实际情况，为企业一线员工量身定做的个性化的培训方案，缺什么补什么，以达到员工培养效率最大化、培训效果最优化。现代的精细化培训不同于传统培训方式，没有千篇一律的培训课程，也不强求培训体系的完整，而是根据一线员工的实际需求、自身的条件与层次而设计出的更为个性化、更注重实效的、基于员工立场的培训方式。

（1）人员上岗管理。其分为岗前培训、实践、评估三个阶段。人员上岗需进行系统的培训，培训内容需结合实际生产现场，人员上岗需经严格的考核，不合格者继续对其进行培训，直至达到上岗要求；同时通过学习，让员工熟知工艺流程，遵守工艺规范，尤其是重点工序的工艺规范。此外，还要建立质量优劣考评机制，以营造重视质量的氛围，并在班组内树立质量为先的理念。

（2）多技能培训。通过对员工进行“多技能”评定，提高员工在实际生产中主动掌握多种技能的意识，同时以师傅带徒弟的方式有组织地利用标杆的技术资源。一方面通过员工对生产各工序整体的把握，进一步提高员工本岗位的工作技能；另一方面通过不断提升自身的“多技能”水平，培养“全方位”工作人才，为后备人才做好技术支持。

此外，公司按照《班组长职业技能评价标准》对班组长进行测评，标准涉及职业品德、职业资格、职业成就三个方面，从而带动班组长整体技能水平的提升。同时组织《一线班组长实战技能提升》内训，帮助生产线长、效率经理、班长等人员提升管理、组织、协调等能力。此外，还搭建了技能比武平台，设立多项比武项目，从质量、节拍及5S方面制定比武评价标准，组织月度、季度、年度的技能比武，体现“以训代培、以赛促训、以测推赛、以校提效”的机制，以比武互动的形式提升员工自身技能从而实现全员增值。

（二）新入职员工的培训

新入职员工培训是员工进入企业后接触到企业人力资源管理的第一个环节。新员工只有逐渐熟悉、适应企业的环境和文化，才能明确自身角色定位，规划职业生涯发展，不断发挥自己的才能，从而推动企业的发展。对新员工实施入职“一二三培训模式”，通过入职培训阶段、定岗历练阶段、定岗胜任阶段进行分阶段的培训，结合导入期的理论培训、生产现场实践、“零缺陷”项目课题发布、图书发布分享等多方面、多角度的培训方式，提升培训效果，让新员工平稳快速地进行角色转变，提高工作积极性。

（三）管理人员的培训

以人岗匹配为基础，建立随需而变的学习体系，根据各群族、各层级的人员能力评估差距与发展需求，设计与之相匹配的学习发展方案及能力发展项目，以支持员工完成个人发展计划。员工根据自己的个人发展计划并结合《职业发展报告》，选择相应的领导力、专业能力培育项目。通用能力公开课、网上学习、教室培训和体验学习等不同的培训形式，保证员工能及时地掌握工作中所需的相关知识，实现个人能力的快速提升。

三、培训评估和机制保障

（一）建立多元化的培训反馈体系

为确保培训过程及培训实施的有效性，在培训管理工作方面建立了多元化的培训反馈体系。从培训前的培训需求信息反馈，到培训决定实施时的培训实施信息反馈，再到培训实施过程中的培训支持信息反馈，培训结束后的培训效果反馈，以及培训评价信息反馈等，每一个步骤的培训均有相应的信息反馈，以确保培训过程的受控性和有效性。

（二）建立培训与绩效相挂钩的机制

公司有一个理念："下级素质低不是你的责任，但不能提高下级的素质就是你的责任!"对于公司内各级管理人员，培训下级是其职责范围内必需的项目，这就要求班组长必须为提高员工素质而搭建培训平台、提供培训资源，定期对员工进行培训，并将班组的培训目标与负责人的报酬紧密结合。培训任务未完成，负责人要进行索赔。培训效果评估分为四层：

(1) 反应层次评估。对培训的组织和实施以及培训的效果进行评价（满意度调查）。

(2) 学习层次评估。评价学员对培训内容的掌握情况（理论考试）。

(3) 行为层次评估。评价培训给学员带来的行为上的改变（项目评价）。

(4) 绩效层次评估。评价培训是否使学员和组织的工作绩效得到提升（KPI指标）。

在当代社会，创新能力已成为企业的核心竞争力，也是企业生存和发展的关键，是企业实现跨越式发展的第一步。公司在针对培养员工自驱动、自创新、自运转的创新方式方面一直进行探索，通过为员工提供更广阔的创新空间和更完善的培训机会，使员工在提高自身素质的同时，也实现了自驱动、自创新，通过创新为自己、为企业增值。

知识链接

2021年12月，经国务院同意，人力资源和社会保障部、教育部、发展改革委、财政部联合印发《"十四五"职业技能培训规划》（以下简称《规划》）。

《规划》指出，开展大规模职业技能培训，是提升劳动者就业创业能力、缓解结构性就业矛盾、促进扩大就业的重要举措，是推动高质量发展的重要支撑。"十四五"时期要以习近平新时代中国特色社会主义思想为指导，深入贯彻党的十九大和十九届二中、三中、四中、五中、六中全会精神，认真落实党中央、国务院决策部署，立足新发展阶段，完整、准确、全面贯彻新发展理念，构建新发展格局，推动高质量发展，以深化供给侧结构性改革为主线，以改革创新为动力，推进技能型社会建设，全面实施技能中国行动，进一步健全完善劳动者终身职业技能培训制度，充分发挥市场在资源配置中的决定性作用，配合实施国家重大战略、区域协调发展战略，加大职业技能培训力度，吸引更多劳动者技能就业技能成才，为全面建设社会主义现代化国家提供有力的人才和技能支撑。

《规划》明确了"十四五"时期开展职业技能培训工作的基本原则，即坚持立德树人、德技并修，坚持就业导向、提质扩容，坚持共建共享、协同发力，坚持市场引导、政府支持。《规划》提出，到2025年，要实现终身职业技能培训制度更加完善，共建共享职业技能培训体系更加健全，创新型、应用型、技能型人才队伍不断发展壮大，职业技能培训服务更加有效等目标。

《规划》提出以下五项重点任务：

(1) 健全完善终身职业技能培训体系。深入实施职业技能提升行动、大力开展企业职工岗位技能提升培训、强化重点群体就业技能培训、加强创业培训和新业态新模式从业人员技能培训。

(2) 提升职业技能培训供给能力。加大公共培训供给、鼓励企业建设培训基地、推进院校开展培训工作、支持民办培训机构和线上培训平台规范发展。

(3) 提高职业技能培训质量。大力弘扬劳模精神劳动精神工匠精神、增强培训针对性有效性、高质量推动产训结合、加强全民数字技能培训。

(4) 加强职业技能培训标准化建设。建立健全职业培训工作多元化多层次标准框架体系、加强职业培训教材与数字资源建设、加强师资队伍建设、推动信息化建设。

(5) 完善技能人才职业发展通道。拓宽技术工人职业发展通道、完善技能人才评价体系、提高技能人才待遇水平、加强高技能人才表彰奖励、广泛开展职业技能竞赛活动。

中国力量

如何助“工”成“匠”？广州机电这样做！

技术工人队伍是支撑中国制造、中国创造的重要力量。作为一所坚持“为产业发展需求服务，为工业化发展的进程服务”办学初心的技师学院，广州市机电技师学院（以下简称广州机电）在探索适应新技术、新业态、新职业发展需要的技能人才培养新机制的路上，一直步履不停，如今成为首批获得“广州工匠学院”荣誉的 8 家单位之一。

1. 以产教融合为立足，培育实用型技能劳动者

近几年，广州机电瞄准广东加快建设制造强省对技能人才的需求，动态优化调整专业群建设，建立了与先进制造业产业转型升级相匹配的智能制造、智能控制、机电装备、数字创意、智能汽车和制造服务六大特色专业群。依托专业优势，广州机电探索出了多个适应产业工人队伍建设需要的培训工种和项目设置。

为不断促进专业建设与产业发展的高度匹配，广州机电在产教融合、工学结合上下了大功夫，牵头成立机械行业精密制造（华南）职业教育集团，推动形成了产教良性互动、校企优势互补的发展格局，与近 400 家企业建立了紧密的校企合作关系，包括华为、格力、广汽集团等世界 500 强企业。华为全国首个也是目前唯一的精密制造技师订单班花落广州机电。

在智能制造、人工智能领域，广州机电积极联合政企协开展产教联盟研讨交流，共建产业学院，打造集人才培养、技术创新、成果转化等功能深度融合的发展共同体，同时构建了一体化课程体系，建设了一批一体化教学场地，培养了一批由国务院特殊津贴获得者、全国技术能手、广东省技术能手组成的一体化教师，不断提升服务产业发展的水平和能力。越来越多从广州机电走出来的技能人才，成为创新驱动发展的骨干力量，为“制造强国”“创新强国”集聚澎湃力量。

2. 以世赛为切入点，引领高规格技能人才培养

在世界技能大赛上夺得移动机器人项目首枚奖牌和金牌，在中国第一届职业技能大赛上摘得 4 金 1 铜，广东省第二届职业技能大赛上斩获 3 金 3 银 2 铜，全国智能制造应用技术大赛连续四届摘得赛项一等奖……频频斩金夺银的广州机电师生，在各类技能竞赛舞台上让全世界看到了“机电制造”“中国制造”的巨大潜能，也推动广州机电紧紧围绕培养具有国际水平的紧缺技能人才的目标，进行了深入的探索和实践。

通过引入世赛技术标准，广州机电不断推动课程和教学改革，把原来掌握在大型企业手中的先进技术，以及只有少数参赛的精英分子可以接触到的内容，普及到全校教学，实现了人才培养规格与国际标准接轨，培育出更多具备国际视野、国际技能、国际语言交际能力的技能人才，引领高规格的智能制造技术和人工智能技术领域技术技能人才教育。

3. 以合作为突破口，协同培养国际化技能人才

近年来，广州机电对标湾区发展需求，与港澳等地合作开展技能人才培训，打造了多个深度融合的鲜活案例，同时克服疫情带来的影响，与香港职业训练局、香港机电工程署等开展线上交流培训，共建培训基地，加快推进国际一流湾区建设。

4. 以创新工作室为载体，努力让“试点”变成“示范”

为中国带来移动机器人项目金牌零突破的世赛冠军、全国技术能手、广州市优秀专家、企业技术骨干庞春自成立技能大师工作室以来，先后培养出多名技能精英，并产生了拉线式 OMS 系统以及视觉辅助识别系统等多项在物流分拣、智能识别等领域得到广泛应用的创新设计。而这只是广州机电创新工作室丰硕成果的一个缩影。

这些年来，广州机电始终把创新引领放到重要位置，以创新工作室为载体，以培养技能人才、传承工匠精神为着力点，搭建起导师带徒、技术培训、合作攻关、创新研发的平台，用“含新量”提升“含金量”。

本章小结

通过本章的学习，我们掌握了教育培训的含义、内容以及教育培训的实施过程。主要包括以下方面：

现场管理教育培训从内容上侧重于解决实际问题和增强现场人员解决实际问题的能力，包括对全体员工的现场管理意识教育和基本知识技能培训、面向基层管理人员的现场管理理论和技术方法培训、面向现场操作人员和相关岗位人员的现场管理技术和方法培训。由于培训目标和对象的不同，教育培训工作存在多种形式和方法。

教育培训实施的首要环节是需求分析，目的是明确目标，形成计划；教育培训的设计和策划是指明确教育培训内容，选择适宜的方式、教育培训提供者、教育培训资料和教育培训时机，以及制定相应的结果评价和过程监督准则的全过程；提供教育培训是教育培训的具体实施过程，包括培训前的信息沟通、培训中的互动交流、培训后的信息反馈；教育培训效果的评价一方面衡量教育培训目标的达成情况，另一方面着眼于教育培训的有效性和效率。

基本概念 教育 培训 需求分析 效果评价

第六章 在线练习

第二篇

现场管理工作内容

第七章
现场质量管理

学习目标

知识目标

◇了解现场质量管理的基本概念。

◇了解现场质量策划的主要工作。

◇了解现场质量控制的主要工作。

◇掌握现场质量分析与改进的主要工作。

能力目标

◇ 具备进行现场质量策划、控制和分析改进的能力。

素养目标

◇ 培养现场质量管理意识，弘扬对质量管理精益求精、一丝不苟的工匠精神。

第一节　现场质量管理概述

一、现场质量管理的基本理念

现场质量管理又称制造过程或生产过程质量管理，主要是指从原材料投入到成品入库的整个生产制造过程中所进行的质量管理活动。现场质量管理的影响因素包括现场操作人员、设备、材料、工艺方法和环境等。现场质量管理的任务主要包括质量策划、质量控制、质量分析和质量改进等。

现场质量管理以生产现场为对象，以对生产现场影响产品质量的有关因素和质量行为的控制和管理为核心，通过建立有效的管理机制，制定严格的现场监督、检验和评价制度以及现场信息反馈制度，强化质量保证体系，使整个生产过程中的工序质量处在严格的受控状态，同时对工序实施持续改进，从而确保生产现场能够持续稳定地生产出合格品和优质品。

二、现场质量管理的目标

现场质量管理的目标是根据企业质量指标分解而成的。这些指标包括：产品出厂检验抽样批不合格率、组装或工序直通率、批量质量事故次数、材料上线不合格率、外协入库批不合格率、产品精致度等。现场质量管理在企业发展的不同阶段应该有不同的要求，要有系统的规划，且不可不考虑企业发展现状，不可照抄照搬先进企业的管理方法，因为有些经验是不可复制的。现场质量管理的提升要一步一个脚印，稳扎稳打，这样才能取得良好的效果。

第二节　现场质量策划

策划是现场质量管理的重要组成部分，通过制定现场质量指标，并规划必要的过程、提供相应的资源，实现现场质量目标。

现场质量目标包括产品质量目标和体系方面的目标。产品质量目标一般又分为市场（客户端）质量目标、过程产品质量目标和来料质量目标。衡量市场（客户端）质量目标完成情况的指标包括顾客满意度、百台维修率、市场批量质量事故次数、开箱不合格率等；过程产品质量目标包括成品检验不合格率、组装直通率、材料上线不合格率、装配前工序不合格率、产品精致度分数等指标；衡量来料质量目标完成情况的指标包括外协入库批不合格率、供应商支持率等。现场质量策划主要包括以下几个方面的工作：

一、对现场过程进行识别

对所有影响质量的过程一一识别，对这些过程的输入和输出进行分析，并确定关键过程。过程的分析可以与过程失效模式及后果分析（PFMEA）结合起来进行，逐个对过程中存在的失效风险进行评估，通过改进设计、调整工艺、提升检测能力等手段降低高风险的生产过程，做到未雨绸缪。

二、策划和编制 QC 工程图

根据设计失效模式及后果分析（DFMEA）、过程失效模式及后果分析（PFMEA）、工艺流程图等编制产品 QC 工程图，规划产品过程关键控制点控制要求、检验要求、检测手段、检验方案及出现异常时的处理预案。表 7－1 为某企业的控制计划，表 7－2 为某企业的 QC 工程图。

表 7－1　某企业的控制计划

<table>
<tr><td colspan="2">样件
生产控制计划号</td><td>主要联系人/电话</td><td>日期（编制）</td><td>日期（修订）</td></tr>
<tr><td colspan="2">零件号/最新更改等级</td><td>核心小组</td><td colspan="2">客户工程批准日期（如需要）</td></tr>
<tr><td colspan="2">零件名/说明</td><td>供应商工厂批准日期</td><td colspan="2">客户质量批准日期（如需要）</td></tr>
<tr><td>供应商</td><td>供应商编码</td><td>其他批准日期（如需要）</td><td colspan="2">其他批准日期（如需要）</td></tr>
</table>

续表

零件/工序号	工序名称/操作描述	制造用机器设备、家具工装	特性			特性分类	方法					反应计划
			编号	产品	过程		产品/工序规范公差	评价/测量技术	取样		控制方法	
									大小	频次		

表 7－2　某企业的 QC 工程图

QC工程图	产品名称		部件名称		文件编号	
	产品图号		部件图号		共　页	

1.特性：尺寸、成分、外观等的检查项目；
2.测定方法:是机测还是目视；
3.检查频率:是全数检查还是抽查、首末检；
4.使用设备:设备、工装、模具等；
5.记号:图示若有序号，在记号栏标上相应的序号；
6.记录*:工程参数的记录由制造部门现场工人进行记录，记录表格由质保部门进行管理，选择记录或只是检查不作记录由质保部门与设备部门决定；
7.关重性:*表示关键尺寸；
8.质量特性栏担当:在制造栏画“√”表示制造需要检查；在制造、质保栏同时画“√”表示制造和质保都要进行检查(关键工序质保需要全检)

编制	校对	审核	质保会签	制造会签	批准	变更	年　月　日
						△*	
						△*	
						△*	
日期	日期	日期	日期	日期	日期	△*	
						△*	

开始、结束	工序	关键控制点	常发故障点
▽	○	◇	◇

担当：制造部门（0：必须记录检查的实测结果，--：须检查并记录判断结果，/：无须检查，　同上）

工程	作业步骤	重要性	简图	使用设备	质量特性：记号	质量特性：特性	质量特性：规格	质量特性：关重性	担当：制造	担当：质保	自检管理：测定方法	自检管理：检查频率	自检管理：担当	自检管理：记录	工程主要参数管理(设备)、工装、工具：使用设备	工程主要参数管理(设备)、工装、工具：主要参素
车架上线工位	推力杆安装	◇				推力杆支架与车架连接螺栓的拧紧力矩	M16：270±10nm	*	√	√	测定	全数	工位长	O	拧紧机(ETPS T101-500)	拧紧轴控制器
车架上线工位	推力杆安装	◇				推力杆与推力杆支架连接螺栓的拧紧力矩	475±25(内，10级普通螺母) 275±25(外，8级自)	*	√	√	测定	全数	工位长	O	拧紧机(ETPS T101-500)	拧紧轴
车架上线工位	快放阀安装	◇				直角接头弯曲方向与两初期口所在直线角度	225°		√		目测	全数	工位长	⊣		
车架上线工位	快放阀安装	◇				两直角接头拧紧力矩	120~130nm		√	√	测定	全数	工位长	O	力矩扳手	扭力值
车架上线工位	管路连接	◇				气管路、液压管路不能与电气线束捆扎在一起	/		√		目测	全数	工位长	—		
车架上线工位	管路连接	◇				所有管接头、气管口及软管安装完成后必须封口	/		√		目测	全数	工位长	—		
车架上线工位	储气筒安装	◇				放水阀与车架位置	保证放水阀在车架平面的垂线上		√		目测	全数	工位长	—		
车架上线工位	储气筒安装	◇				储气筒与车架平行度	不超过5mm		√		目测	全数	工位长	—		

三、制定标准

标准作业是质量管理的基础，制定标准是质量管理的前提。标准包括作业标准、检验标准，作业标准一般由工艺部门编写，力求简洁、准确、清晰、图文并茂，便于一线员工看懂；检验标准一般由质保部门编写，要求内容准确、全面，不产生误解，检验方法具有可操作性。检验标准的编写还包括记录表格的编制，记录表格要求既能记录关键质量数据，实现质量追溯，又要简单，便于操作者和检验员现场填写。

四、明确质量控制点

根据 QC 工程图明确质量特性，设立合理的检验点，依据产量配备检验人员。配备检验人员时，要充分考虑过程控制的难易程度、操作者的素质和质量意识。对操作人员自检、互检的要求要明确，操作人员须知道自己要自检什么项目、互检什么项目及要达到的标准，由专职检验员重点进行巡查和抽检。

五、确定生产工装夹具和专用检具

工装水平直接影响产品的质量水平，在批量生产前必须考虑工装的配备。对大型结构件来说，组对工装、变位机、机加钻模、镗模等都是必不可少的。专用检具对提高检验效率和检验准确性有很大帮助。对批量生产的产品来说，一般使用专用检具，其他通用量具或高精度量具主要用来定检。

案例链接

海尔公司营造质量文化

海尔质量文化的营造分五个步骤：

一、形成质量理念

海尔的第一个质量理念是“有缺陷的产品就是废品”；第二个质量理念是“谁生产不合格的产品，谁就是不合格的职员”；第三个质量理念是“质量改进是个没有终点的连续性活动，停止就意味着开始倒退”。

二、传播质量意识

海尔传播质量意识的第一个行动是曾轰动全国、而后被广泛传为佳话的“砸冰箱事件”。此外还有“现场质量代价”行动、供应商评比行动、质量责任价值券等。质量责任价值券的使用方法是，职员每人一本质量价值券手册，手册中详细列举了往常生产过程中出现的各种问题，然后针对每一问题，明确规定了自检、互检、专检三个环节应负的责任价值及处罚金额。质检员发现产品缺陷后，当场撕价值券，由责任人签收。工人互检发现的缺陷经质检员确认后，当场给发现者以奖励，同时对漏检的工人和质检员进行罚款。价值券分红、黄两种，红券用于奖励，黄券用于处罚。

三、强化质量意识

通过国际上通行的标准认证强化质量意识，分别通过：国际标准组织的 1S09001 认证；德国 VDE、GS、TUV，美国 UL，加拿大 CSA 等认证；加拿大 EEV、CSA 的检测水平认证。

四、形成质量文化体系

在海尔的质量文化体系中，“质量”不仅指实物产品的质量，也指服务产品的质量，海尔重视产品的质量，更重视服务的质量，提出了“零距离服务”的理念；不仅包括狭义的质量——达到检验标准，还包括广义的质量——达到用户的中意，海尔人称之为“大质量”。

五、质量文化的应用性扩散

通过多年的卓绝努力和苦心经营，现在，海尔文化已成为海尔宝贵的无形资产。海尔实现了这一无形资产的应用性扩散。海尔兼并企业时第一时间派去的是文化官员。1998年，“海尔文化激活休克鱼”的案例进入哈佛课堂，开始了海尔文化的世界性传播历程。

第三节　现场质量控制

现场质量控制的要点来自新品质量策划中 DFMEA 和 PFMEA 的输出控制计划。也就是说，在新品研发过程中，要尽可能通过设计改进和防错措施来降低未来潜在的质量风险，但仍然有一部分改进或者防错措施难以实现或者改进成本较高，这部分就需要通过现场质量控制得以保证。过程控制计划是现场作业标准书、过程检验标准书的质量检查要求的输入。

现场质量控制是现场质量管理的关键。任何优良的产品质量，必定有严格的现场质量控制。质量控制的对象主要指影响产品质量的 5M1E（人员、机器、材料、方法、测量、环境）六个要素。

一、现场质量控制的主要工作

（1）建立质量指标控制体系，从产品技术指标到岗位责任制，从统计方法、考核内容到奖惩制度都应体现“质量第一”的思想，充实现场质量责任制内容。

（2）加强生产原料及在制品质量的管理，要对上道工序的来料进行检验、交接、过程的严格把关和对在制品的控制，既保证来料质量，消除混料和不合格品投料，又要避免因在制品过多而积压大量的资金，影响企业资金周转。

（3）根据生产现场的实际需要并结合过程控制计划（或者 QC 工程图）设置质控点，对生产工序关键部位或关键质量特征值影响因素进行重点控制，保证生产工序处于稳定的受控状态。

（4）做好生产现场的质量检测工作，制定自检和互检制度，使自检与专职检验密切结合起来，要求每位员工对自己的工序质量负责，并对上道工序质量进行监督。

（5）加强现场信息管理，通过对生产原料、在制品和产成品质量以及工作质量的现状了解和数据统计，进行质量状况的综合统计分析，找出影响质量的原因，分清责任，提出改进措施，跟踪改进效果。

通过以上现场质量管理工作来增强现场员工的质量意识，强化现场质量保证能力，形成完善的现场质量管理体系。

二、产品质量检验

（一）制定产品质量检验方案

多数制造企业的生产方式是以组装为主，关键零部件自己生产，其他零部件外协外购。这类企业的现场质量管理形成了以组装为中心，以前工序和外协外购件为辅的质量管理模式。工厂内部设置进货检验（IQC）进行外协外购件进料质量把关，同时配备供应商质量工程师（SQE）进行战略供应商的质量帮扶，以实现双赢。前工序主要是指自制零部件的生产工序，比如冲压、喷涂、注塑等工序，通常配备过程检验（IPQC）实施首件检验、定时巡检及 5M1E 监督，最终检验（FQC）的设置是为了对前道工序完工产品转入下道工序前的完工产品进行抽样检查，其管理归属于质量管理部门。同时前道工序配备过程质量工程师（PQE）做过程失效分析和改善，以保证前道工序生产过程质量稳定。组装过程是将自制件和采购的外协外购件组合起来的过程，过程设置 IPQC 人员进行 5M1E 巡查，配备 PQE 进行组装过程质量问题分析和协助处理，并推动改善。上述整个过程如图 7－1 所示。

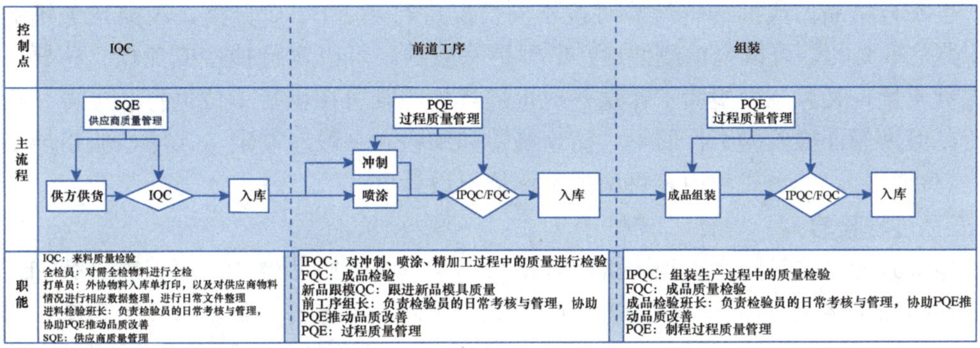

图 7－1　生产过程及控制点

（二）进货检验

进货检验主要是指对企业购进的原材料、外购配套件和外协件进行的检验，用于验证零部件是否符合要求，这是保证生产正常进行和确保产品质量的重要措施。

企业应制定检验与免检运营标准，建立检验和免检清单，实现动态管理。对质量稳定的产品实行免检或放宽检验。建立检验基准书和特别检查表，检验基准书又可分为 A 类基准书和 B 类基准书。A 类基准书主要确定检验的项目和标准，而 B 类基准书则是指导检验员对一种或几种产品特性如何进行检验。特别检查表是检验员根据后道工序反馈的信息不断增加检验要点而组成的表。一部分项目因为质量稳定可以从特别检查表删除，一部分重要的检验点应定期纳入检验基准书。

进货检验包括首件（批）样品检验、小批量检验和成批进货检验三种。

1. 首件（批）样品检验

首件（批）样品检验的目的主要是对采购或生产的产品质量水平进行评价，并建立具体的衡量标准。所以首件（批）检验的样品必须有代表性，以便作为以后进货的比较基准。通常在以下情况下应对供货单位进行首件（批）样品检验：

（1）首次交货；

（2）设计或产品结构发生重大变化；

（3）工艺方法（包括检验方法）有重大变化，如采用了新工艺或特殊工艺；

（4）零部件停产半年以后重新恢复生产；

（5）关键零部件的二级关键供应商发生变化；

（6）零部件的生产现场发生变更；

（7）零部件的模具发生变更或新增。

2. 小批量检验

小批量检验介于首件（批）样品检验和成批进货检验之间，一般数量为100～200个单位，用于验证零部件在批量生产时的稳定性，可以通过合格率或者CPK（PPK）来评价。该方法可有效验证零部件批量生产时的质量风险，降低对成品的影响。同样品确认一样，在上述7种情况发生后，其应该按小批量检验流程执行。

3. 成批进货检验

成批进货检验是为了防止不合标准的原材料、外购件、外协件进入企业的生产过程，以免产生不合格品。成批进货检验可按不同情况进行A、B、C分类，A类是关键的，必检；B类是重要的，可以全检或抽检；C类是一般的，可以实行抽检或免检。这样，既能保证进货质量，又可减少检验工作量。成批进货检验既可在供货单位进行，也可在购货单位进行，但为保证检验的工作质量，防止漏检和错检，一般应制定《入库检验指导书》或《入库检验细则》，其形式和内容可根据具体情况设计。

（三）过程检验

过程检验的目的是防止出现大批不合格品，避免不合格品流入下道工序进行加工。过程检验要明确步骤及目标，一切以客户的需求为导向。工艺部门提供QC工程图，明确检查要点，并编制基准书，现场的质量管理人员严格执行检查。过程检验不仅要检验产品，还要检查影响产品质量的主要工序要素（如5M1E）。下面介绍两种做法：

（1）停线完工检查。对于流水线作业工序，要求每个作业人员在流水线临时停线或者机台临时停机后，完成本道工序的所有动作，避免因重新开线后遗忘工序动作。

（2）新员工作业成熟度检查。在没有过程防错的工序中，新员工出现质量问题的概率往往远高于老员工，为此对于入职半年内的新员工的作业成熟度应该每个月实施检查，并对不达标的新员工进行再培训和训练。

不同发展阶段的企业，为了适应现代社会的快速发展，都会有新的项目不断融入，由于产品的质量有一定的波动性，不能做到维持稳定的效果，因此在过程检验中需要把工作重心从质量稳定的项目逐渐转移到发生异常的项目，并且逐步改善发生异常的项目，这样便可以有效地防止发生重大责任事故。

为规范制造过程的检验方式、时机和方法，确保产品质量符合要求，某工程机械集团制定了过程检验管理制度，对首末检、自检、互检、巡检、专检五种检验方式进行了规定。工序首末检查表见表7-3。

表7-3　工序首末检查表

<table>
<tr><td rowspan="2">××传动
设备有限公司</td><td>零件名称</td><td></td><td>工序名称</td><td></td><td>工作中心</td><td></td></tr>
<tr><td>零件图号</td><td></td><td>设备编号</td><td></td><td>班组</td><td></td></tr>
<tr><td>序号</td><td>检验项目</td><td>检验标准</td><td>自检记录</td><td>自检人</td><td>专检记录
（检验员）</td><td>判定</td></tr>
<tr><td></td><td></td><td></td><td></td><td></td><td></td><td></td></tr>
<tr><td></td><td></td><td></td><td></td><td></td><td></td><td></td></tr>
</table>

(四) 最终检验

最终检验是指对某一加工或装配车间全部工序结束后的半成品或成品的检验。对于半成品来说，往往进行的是零部件入库前的检验。半成品入库前，必须由专职的检验人员根据具体情况实行全检或抽检，如果在工序加工时生产工人实行100%的自检，一般在入库前可实行抽检，否则应由专职检验人员实行全检后才能接收入库。

三、过程异常处理

由于产品质量存在随机性，在产品质量控制过程的各个阶段都会有不合格品出现，因此应按照不合格品控制程序对各个阶段的不合格品进行处理。

根据不合格品对后续工作的影响程度，可分为以下三类：

(1) A类不合格品。这类不合格品可能会造成成品停机维修，影响成品的最终使用和安全性能。

(2) B类不合格品。这类不合格品不影响成品的性能指标，但影响下道工序加工、产品安装、最终成品保养次数，或严重影响产品外观。

(3) C类不合格品。这类不合格品不影响成品的性能指标，不影响成品的最终使用，如外观表面（非配合面、密封面）轻微不合格、轻微划碰伤等。

根据不合格品的种类，可采用不同的处置方法：

(1) 返工，指为使不合格产品满足要求而对其所采取的措施。

(2) 返修，指为使不合格产品满足预期用途而对其所采取的措施。

(3) 让步接收/让步放行，指对于质量不符合标准的原材料或成品、半成品，经评审不对最终产品质量产生影响，得到有关授权人员批准并征得客户同意后，可投入使用。

(4) 退货，指将不符合标准的产品退回供方。

(5) 报废，指为避免不合格产品原有的预期用途而对其所采取的措施。

应注意，不合格品经过返工或返修后，必须再接受检验。某公司不合格品控制程序如图7-2所示。

四、4M管理

4M管理源于日本五十铃汽车公司，这种管理方法的思想是对影响产品最关键的4M（人员、机器、材料、方法）进行有效控制，从而控制质量异常发生的源头。4M管理要求当生产中出现4M异常时，制造部门及时申报，质保部门针对异常情况采取适当的对策，预防质量事故的发生。4M管理的具体要求如下：

(1) 制定4M管理表（见表7-4），要求每个制造班组上班前1小时内将异常情况申报，检验员在1小时后进行确认，并根据异常情况进行处理。

(2) 人员。当人员发生变化时，如休假替换人员、新员工等，要求上岗人员必须进行资格确认，防止不合格人员上岗。

(3) 机器。包括机器完好状态、精度情况。要求机器处于正常状态，且精度在允许范围内，如有异常必须报修，重新验证合格后方可生产。

(4) 材料。包括原材料代用、材料批次变更等情况。如有异常，必须查阅是否有合法的审批手续及材料检测合格报告。

（5）方法。包括生产工艺变更及执行情况。如有变更，必须进行初物检查，并做好工艺变更跟踪记录等。

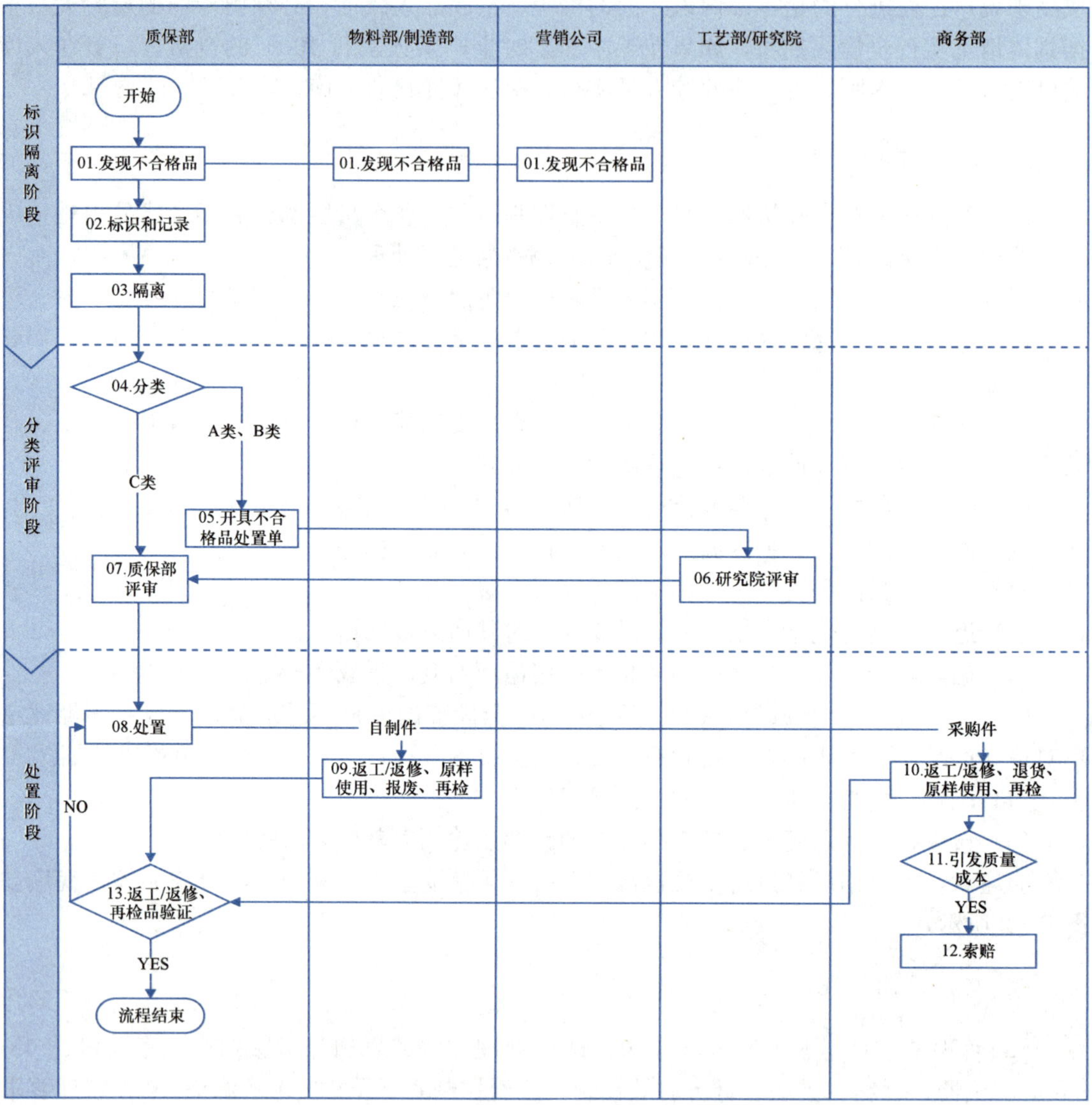

图 7-2　某公司不合格品控制程序

表 7-4　4M 管理表

车间：　　　　班组：　　　年　　月　　日

管理要点	变化内容	对策	通知事项
Man 人员	休假人： 替换人： 新员工：	资格确认：	
Machine 机器	完好状况： 精度状况：		

续表

<table>
<tr><th>管理要点</th><th>变化内容</th><th colspan="2">对策</th><th colspan="2">通知事项</th></tr>
<tr><td>Material
材料</td><td>变更情况：
批次情况：</td><td colspan="2"></td><td colspan="2" rowspan="3"></td></tr>
<tr><td>Method
方法</td><td>变更情况：
执行情况：</td><td colspan="2"></td></tr>
<tr><td>Other
其他</td><td>生产产品变化情况：
其他变化情况：</td><td colspan="2"></td></tr>
<tr><td colspan="2">说明：班组长每天上班前填写此表，并在班前会上宣讲，张贴在看板上。检验员每天上午 9:00 前确认签字。</td><td>班组长</td><td></td><td>检验员
确认</td><td></td></tr>
</table>

在 4M 管理中，对于"人员"的检查有一种行之有效的办法——盲点测试。使用该方法的目的是提高员工的品质意识，同时也可促进生产线员工在线自我检查和互检。

盲点测试的操作流程如图 7-3 所示。具体过程为：(1) 根据市场质量（或者后道工序）信息反馈，确定盲点测试的测试项目，如标签贴错；(2) PQE 将贴错的不合格品委托 IPQC 悄悄放入流水线，并进行跟踪；(3) IPQC 观察对应自检、互检岗位是否能够发现并做好记录；(4) IPQC 拿出不合格品，并将结果通报给 PQE；(5) PQE 组织检讨，制定改善措施。

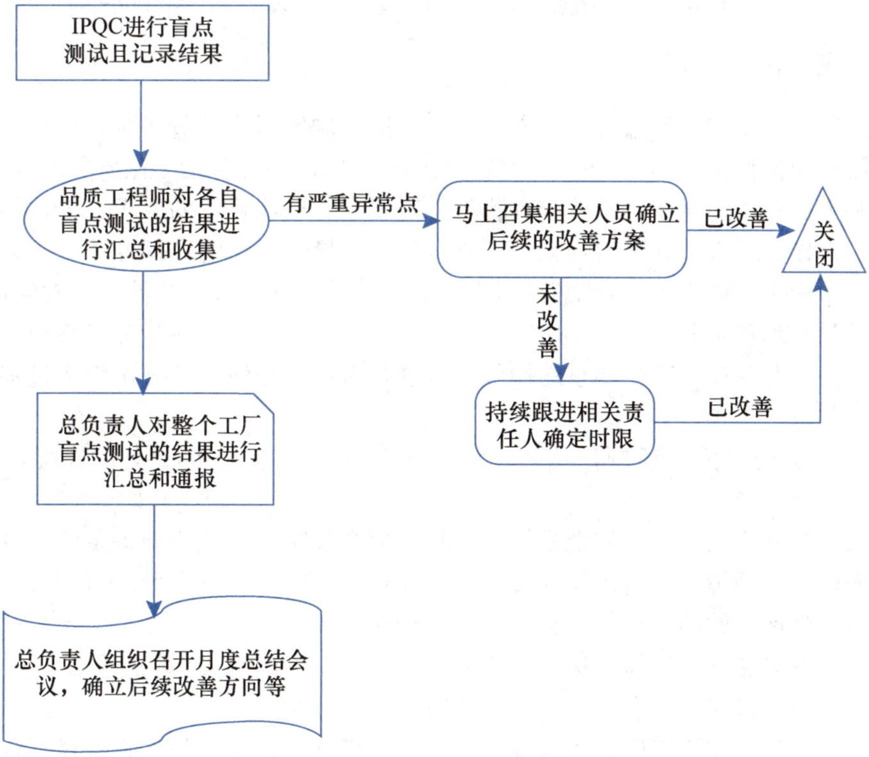

图 7-3　盲点测试的操作流程

五、三级巡查制

企业应建立部长、科长、工程师三级现场巡查机制，对关键控制点分级进行现场检查，部长每月一次，科长每周一次，工程师每天一次，这样可以有效控制关键点的质量。某公司的关键控制点监控记录见表 7-5。

表 7-5　某公司关键控制点监控记录

序号	故障代码	控制部位	检验日期														
			1	2	3	4	5	6	7	8	9	10	11	12	13	14	15
1	A3	转塔台与斜板之间															
2	A4	转塔台与转塔座结合处															
3	A5	转塔座狭长封板															
4	A9	转塔座下筋板															
5	A14	上下封板															
6	A15	滑道外侧侧弧板															
工程师（每天一次）																	
科长（每周一次）																	
部长（每月一次）																	
备注																	

注：检验正常，在记录栏内画“√”；检验发现问题，在记录栏内画“×”，并在备注栏内说明。

六、现场质量控制流程

为了规范地落实现场质量管理要求，企业一般会制定对应的管理控制程序，如 QC 工程图的应用是质量控制中典型的管理办法。QC 工程图的内容包括工位质量内容，具体为：工艺标准和人员资质、设备工艺要求、物料特殊要求、环境管理的要求、工位标准的管理频次、工位操作责任人、管理责任人、检查责任人及异常问题的处理办法。工艺部门负责 QC 工程图的编制，按照统一要求格式编制 QC 工程图，并报批、会签、下发给质量经理；各道工序质量经理负责各道工序 QC 工程图的实施检查，建立工序管理目视化看板，将日巡检结果公示，并对违反工艺要求的操作人员进行考核和培训。某公司生产过程的现场质量控制流程如下：

（1）建立健全岗位责任制，及时制定或修订并严格执行各项操作规程，遵守生产纪律。

（2）认真搞好文明生产，特别是保持良好的生产秩序，合理地配备工位器具，保证生产通道畅通。绿化环境，防止污染和灰尘。加强现场管理，大力推行 5S 管理。

（3）做好生产前的准备工作，合理安排生产作业计划。

（4）组织好设备维修工作，保持设备的技术状态良好，修理后的设备要达到质量标准。要搞好工装，确保工、卡、量、刃具的精度符合标准。

（5）做好材料、物资供应的质量管理。严格入库物资的检查和验收，对不合格和不符合规定的物资，可退货或拒收；加强物资保管，防止损坏、变质；提高服务质量，保证供应及时；凡是由物资部门统购包销的产品，物资部门要对物资、材料的质量负责到底。

（6）运用体系文件对质量活动进行监督检查并尽量统计各类信息。质量体系中设置对质量活动的监督检查，以便及时把不合格因素清理出来，并查明其产生的原因，并积极采用相应的纠正和预防措施，把不合格因素彻底消除，以防止再次发生。当发现不合格品时，就要对其进行控制，而且要求分析原因，举一反三，防止不合格品再次出现。

（7）改进包装质量。要根据产品特点，制定包装标准，严格按标准进行包装和检验，产品包装不合格的必须返工。要不断改进产品包装，达到美观大方。

（8）定期进行内部质量审核。做好审核质量体系的建立和实施，保证审核质量体系的持续性和有效性。查出不符合格项时，要审核纠正措施的制定和执行情况。

第四节　现场质量分析与改进

一、现场质量评定

现场质量评定是质量改善的基础。现场质量评定是指通过对现场的过程、产品进行监督、抽查，使工序质量处于稳定状态，保证产出合格产品。进行现场质量评定时，通常采用过程审查、关键工序 CPK 评价、产品评级等方法。

（一）过程审查

对过程进行现场定期审核，发现过程中存在的不符合标准的情况，并采取相应的纠正措施。过程审查可采用内部审核的方式。因该审查主要目的是自查、自评和自纠，因此可以由本部门人员审核，也可以由其他部门与本部门人员共同审核。

（二）关键工序 CPK 评价

对于重要零部件关键尺寸的关键加工工序，可利用 CPK 进行测评，CPK 在 1.33 以上，可确保关键尺寸合格。

（三）产品评级

对于大型零部件，不易简单地判定其好坏，一般可采取评级的方法对其进行测评。

二、现场质量分析

为了更好地保持并稳步提升产品的质量，需要对过程的质量信息进行统计分析，为此需要开展以下工作：现场测量系统分析（MSA）、质量信息记录、质量统计分析。这里简要介绍前两项。

（一）现场测量系统分析

测量是质量管理的基础，测量的准确性直接影响产品合格与否的判断。测量前必须选用合适的量具或仪器，同时需要对量具或仪器是否准确做出评价。对现场测量系统的要求包括：检验、测量及测试的设备、量具和仪器按计划进行校验并符合相应的标准要求；制订每年的书面量具校验计划；用于监视和测量的检验、测量及测试的设备精度要达标；分析测量系统的重复性与再现性，并确认允许误差（百分比）；批量生产的测试设备的校验记录完整（包括量具/试验设备名称、存放地点、检验频度等）。

（二）质量信息记录

进行质量信息记录是质量信息管理的基本要求，是统计分析及改善的基础，是质量故障溯源的依据。具体记录的格式和内容根据企业现状和管理需求不同而不同。表 7 - 6 是某公司组装质量信息记录表。

表 7-6　某公司组装质量信息记录表

编号：　　　修理点：☐ 部装　☐ 流水线　　　生产部门主管：　　　　工单号：

产品线	☐ 快速热水器				生产线	☐ A线 ☐ B线		生产日期				
生产总数					修理总数			不合格率				
产品型号	客户	产品状态	产品数量	故障现象	不合格原因 （故障零部件＋ 不合格原因/现象）	责任单位	修理方式	不合格分类	修理数量	是否重流	修理者	电话通知人/时间
审核意见（生产主管）：					审核意见（质量主管）：			审核意见（客户代表）：				

注：1. 不合格分类。A：装配不合格；B：外协外购件不合格；F：设计不合格；G：工艺不合格；H：其他。2. 当同一种缺陷连续在生产中累计≥3 时，修理师须通知生产主管和质量主管。3. 修理方式。R：修理；C：更换。4. 产品状态：如果是前 500 台，定义为“新品”。

通过记录修理信息，可以清楚地记录故障现象、发生的频次和责任单位，通过车间主管（或制造工程师）和质量主管（或质量工程师）的审核后录入数据库，以备进行后续统计分析。

三、现场质量改进

现场质量改进是质量管理的重要组成部分，致力于提高满足要求的能力。由于要求可以是任何方面的，因此质量改进的对象可能会涉及企业的质量管理体系、过程产品等诸方面。当产品或服务质量不能满足规定的质量要求时，质量改进可以提高质量水平，并使产品或服务满足质量要求。当产品或服务质量已满足规定要求时，质量改进的作用是致力于满足比规定要求更高的要求，从而不断提高顾客的满意程度。

现场质量改进与现场质量控制是相互联系的。根据质量策划的要求，现场质量控制的重点是防止差错或问题的发生，充分发挥现有的能力；而现场质量改进的重点是提高质量保证能力。若要做好现场质量管理首先要搞好现场质量控制，充分发挥现有的控制系统能力，使全过程处于受控状态。然后在控制的基础上进行质量改进，使产品从设计、制造、服务等方面满足顾客要求，达到一个新的水平。朱兰的质量管理“三部曲”（质量策划、质量控制和质量改进）展示了质量控制和质量改进的关系，如图 7 - 4 所示。

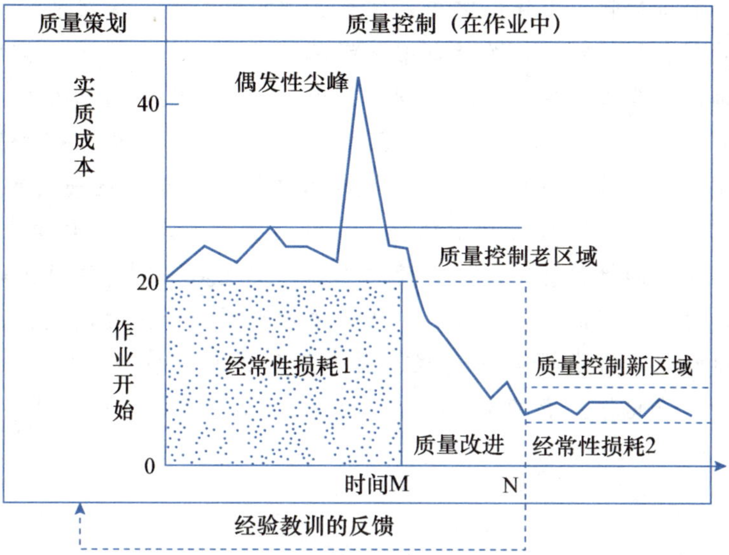

图 7 - 4　质量管理“三部曲”

目前，企业开展的现场质量改进活动包括合理化建议、QC 小组、六西格玛改进等形式，企业可根据实际情况进行组织，具体方法详见第十七章。

案例链接

某集团现场质量管理

某集团现场质量管理内容包括质量教育培训工作、标准化工作、计量管理工作、质量责任制和质量信息管理等，并通过五步卓越法（如图 7 - 5 所示），逐步建立并实施标准化作业体系、检查质量体系、保证质量体系、预防质量体系和卓越质量体系，最终达到现场质量卓越管理。

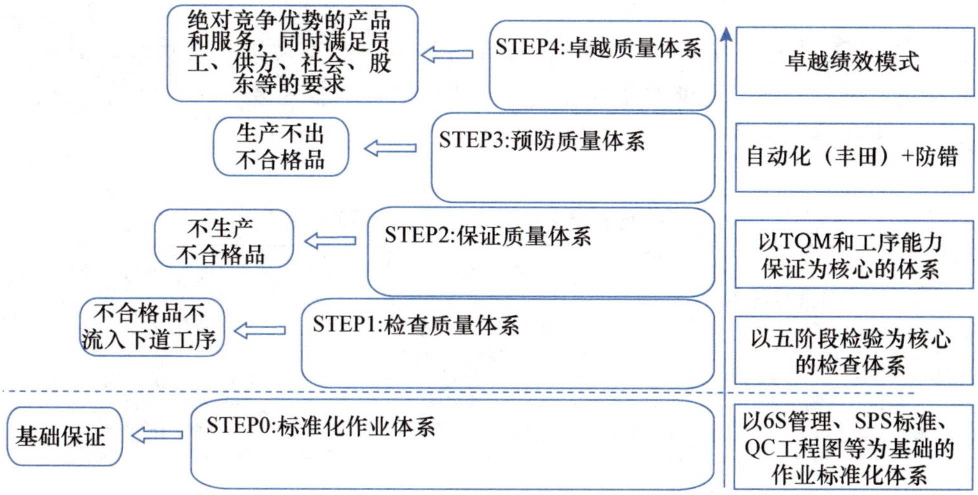

图 7 - 5　五步卓越法

第一步：建立标准化作业体系。

做好现场全面质量管理工作，首先是完善各项规章制度，建立基于ISO9001的作业标准、作业指导书和检验标准、检验基准书等基础标准。所有工序必须有作业标准，所有关键、重要零部件及工序要有检验标准。为规范现场管理与基础标准，应用工序分析法、时间观测等IE方法对员工的作业步骤及顺序进行详细观测，剔除等待等不必要的动作，制定科学、合理的作业标准。为了提高工作质量，集团统一制定检验管理制度，修订生产管理“专项检查”检验和考核标准、现场管理制度、装置和班组工作条例等，做到现场有行之有效的检验标准。通过建章立制，使现场工作有章可循，杜绝习惯性违章。从价值创造过程（产品研发与设计过程、采购过程、产品制造过程、市场营销服务过程）和支持过程（人力资源管理过程、财务管理过程、设备管理过程、信息管理过程）梳理并执行标准化作业最基本的核心文件和相关制度。标准化作业体系如图7－6所示。

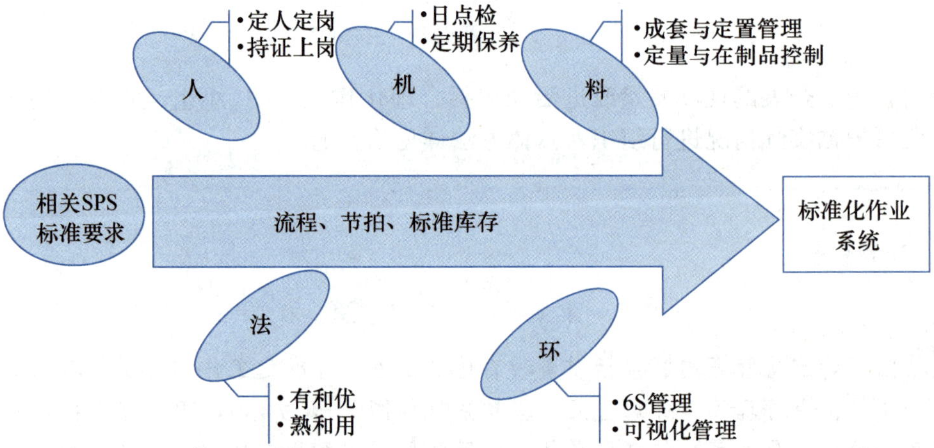

图7－6 标准化作业体系

表7－7为集团现场质量管理的检验基准指导书。在差动阀、继动阀的安装过程中，要明确关键控制点，建立关键质量控制点的管控标准，包括安装方式、有无干涉、力矩要求和是否画力矩标示等。

表7－7 某集团现场质量管理的检验基准指导书

<table>
<tr><td colspan="2" rowspan="2">检验基准指导书</td><td>文件编号</td><td></td><td>适用机型</td><td>全机型</td></tr>
<tr><td>版本号/修订次</td><td>S/1</td><td>适用工位</td><td>装配</td></tr>
<tr><td>文件类别</td><td>检验文件</td><td>修订日期</td><td></td><td>文件页数/页次</td><td>1/1</td></tr>
<tr><td>文件名称</td><td>整车检查作业指导书B</td><td>实施日期</td><td></td><td>修订记录</td><td>/</td></tr>
</table>

续表

<table>
<tr><th>图示</th><th colspan="5">差动阀、继动阀检验基准书</th></tr>
<tr><td rowspan="11">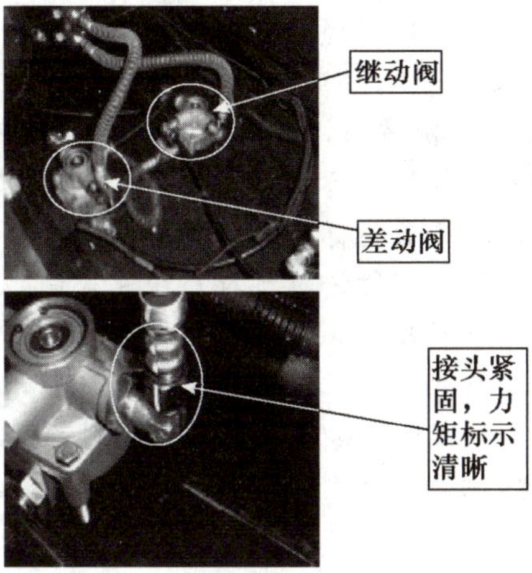
</td><td>序号</td><td>项目</td><td>标准</td><td>方法</td><td>工具</td></tr>
<tr><td>1</td><td>固定螺栓</td><td>紧固：弹垫压平、无变形。</td><td>目视</td><td>/</td></tr>
<tr><td>2</td><td>管接头</td><td>接头紧固，力矩标示清晰。</td><td>目视</td><td>/</td></tr>
<tr><td>3</td><td>管路密封</td><td>各接头要求打胶密封。</td><td>目视</td><td>/</td></tr>
<tr><td></td><td></td><td></td><td></td><td></td></tr>
<tr><td></td><td></td><td></td><td></td><td></td></tr>
<tr><td></td><td></td><td></td><td></td><td></td></tr>
<tr><td></td><td></td><td></td><td></td><td></td></tr>
<tr><td></td><td></td><td></td><td></td><td></td></tr>
<tr><td>检验说明</td><td colspan="4">1. 固定螺栓紧固，弹垫压平，防止松动。
2. 各管接头紧固，用白色记号笔标示，要求清晰。
3. 气管走向合理，无扭曲、干涉，接头须打胶密封。
4. 阀体、胶管、气管表面无破损。</td></tr>
<tr><td colspan="2">批准</td><td>审核</td><td colspan="2">编制</td></tr>
</table>

第二步：建立检查质量体系。

生产作业开始时或者工序调整后，操作人员要对第一件产品和最后一件产品进行检验，对自己生产的产品做到自检，检查合格后，方能转入下道工序。下道工序的操作人员要对上道工序的产品进行检查，对不合格产品有权拒绝接收，同时，检验员要在制造过程中对产品进行巡检。如发现质量事故要做到查不清不放过、事故原因不排除不放过、预防措施不制定不放过，认真执行首末检、自检、互检、巡检和专检。从产品检验标准、零部件检验、检验人员技能提升、检验设备、检验设备管理、在线检测信息化六个方面规范该集团检验体系，并提升检验能力，从而确保不合格品不流入下道工序或用户。质量检查体系如图 7-7 所示。

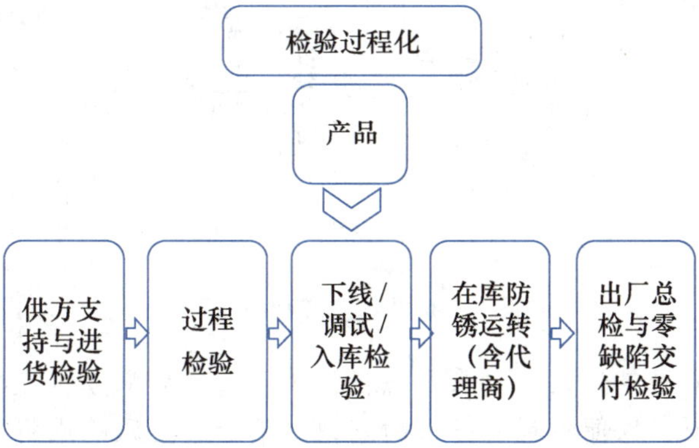

图 7-7　质量检查体系

第三步：建立保证质量体系。

产品质量应符合产品标准并适应用户需求，该集团以QC工程图为基础，对关键重要质量特性要素进行控制。通过实施质量方针目标管理和统计技术，使现场做到不生产不合格品。质量方针是企业的导向性要求，是企业各类重点目标的归总和概括。每一年度该集团都根据实际情况选择重点、关键项目制定目标。例如，该集团下属某公司2018年质量方针目标是根据集团董事会五年规划及“一强二化三优三建控”经营策略制定的，从质量(Q)、成本(C)、效率(D)、6S与环境(6S&E)、培训(T)五个方面展开。

按照PDCA循环的管理原则，逐步完善产品和管理评价体系，对集团现状进行诊断，并根据诊断结果制订计划进行改善。不断完善现有的各项故障指标，如满意度、首次故障率、早期故障率、维修换件率、索赔率、质量成本、内部质量指标等；完善集团质量奖标准，从质量指标、体系、满意度、人才等方面进行综合评价，使评价标准系统化；制定集团供应商、经销商、代理商、海外公司等统一的质量系统标准；以QC工程图为标准，建立下料、成型、焊接、机加、表面处理、涂装、装配、调试八大工艺的质量控制体系，确保各过程都严格按照质量保证体系运行，并进行评价。该集团QC活动参与度达到80%以上，由被动、强制参加QC活动逐步形成自主开展QC活动，此外，集团还定期组织QC发表会并进行表彰。

第四步：建立预防质量体系。

预防质量体系是以防错技术为核心的源流管理，做到不出不合格品和保证用户满意。对全体职工分层次地进行质量管理知识的教育培训，广泛开展群众性质量管理活动。通过全员参与、全过程、全企业自上而下实施质量管理，创造性发挥一线员工的个人能力，推进质量管理和改善，将产品质量指标明确化，积极开展质量指标管理，以达到预防质量问题、提高顾客满意度以及为社会创造更多价值的目的。在产品开发过程中，利用质量功能展开将用户的要求转换为质量特性、产品构型、设计参数、技术特性及制造过程参数等，在开发阶段就实施质量保证。质量功能展开图如图7-8所示。

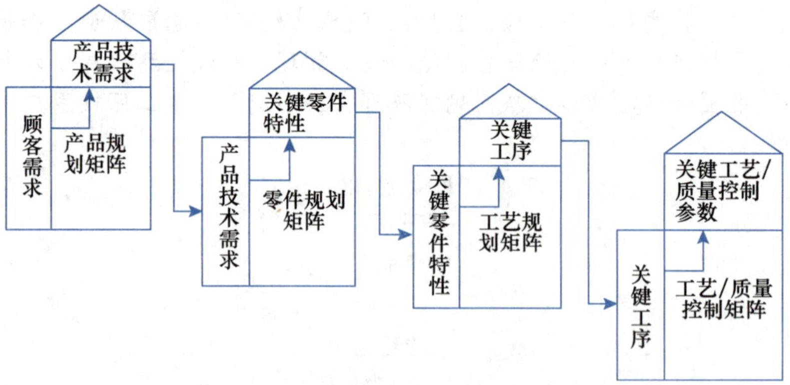

图7-8 质量功能展开图

在设计阶段，做好可靠性设计，采用潜在失效模式与后果分析模式，对各种可能发生的风险进行评价、分析，以便在现有技术的基础上消除这些风险或将这些风险减小到可接受的水平，从而保证做到不生产不合格品。

第五步：建立卓越质量体系。

该集团更多地关注用户隐性需求，具备卓越创新能力。现场紧紧围绕质量经营开展，综合考虑顾客、员工、供应商、社会等各个相关方的满意程度，企业的质量方针和质量目标有力支持企业的长期发展战略，以达到不断满足顾客潜在需求、超越顾客期望的目标，使新产品或服务达到顾客意想不到的质量水平。如图 7－9 所示，建立用户、员工、供应商、社会等各个相关方共赢的发展模式，保证组织发展与资源环境相协调的可持续发展。

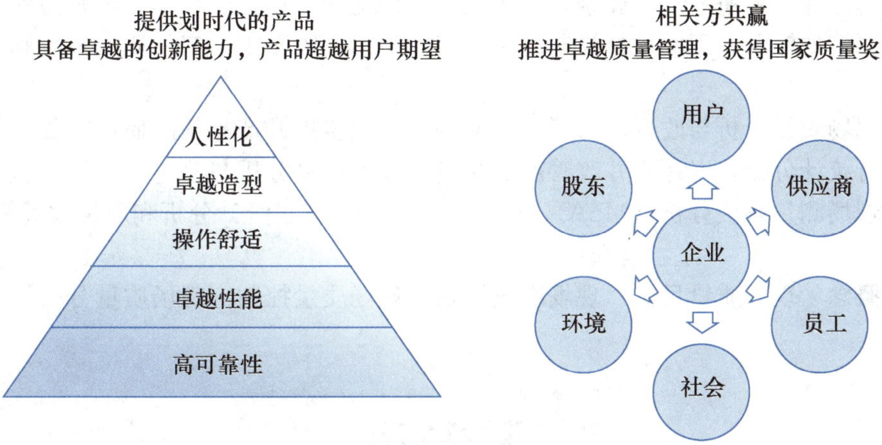

图 7－9　各个相关方共赢的可持续发展

素养园地

弘扬工匠精神

工匠精神的核心就是精益求精，注重细节，追求完美和极致，反复改进产品，把 99% 合格率提高到 99.99%；一丝不苟，确保每个部件的质量，不达要求绝不轻易交货；专注、坚持，不断提升产品和服务，不断完善使用材料、设计、方案、生产流程。工匠精神的目标是打造本行业最优质的产品，生产出其他同行无法匹敌的卓越产品。从发展的角度看，有了工匠精神，我们庞大的制造业在产业转型、产品升级、工艺转型中实现“质的飞跃”才成为可能。同样，我们的消费品市场渴求的个性化需求也会逐步得到满足。

从长远的角度看，工匠精神需要良好的培育土壤，在各个行业领域形成自主创新、精益求精的良好氛围，在全社会大力营造能够让工匠精神得以传播和认同的良好的人文生态环境，让全社会上下都对工匠精神怀有一颗崇尚和敬仰之心。

本章小结

通过本章的学习，我们掌握了有关现场质量管理的基本概念和主要工作。主要包括以下内容：

（1）现场质量策划。策划是现场质量管理的重要组成部分，一般需要制定现场质量目标，规划必要的过程和资源等。现场质量管理的目标包括产品质量目标和体系管理方面的目标。现场质量策划的主要工作包括现场过程的识别、QC 工程图的策划和编制、作业标准的制定、质量控制点的设立、生产工装夹具和专用检具的确定等。

（2）现场质量控制。现场质量控制是现场质量管理的关键。任何好的产品质量，必定有严格的现场质量控制。质量控制的对象主要指影响产品质量的 5M1E（人员、机器、材料、方法、测量、环境）六个要素。过程控制计划是现场作业标准书、过程检验标准书的质量检查要求的输入。现场质量控制的主要工作包括三级巡查、产品质量检验和过程异常处理等。

（3）现场质量分析与改进。为了持续地保持并稳步提升产品的品质，需要对过程的质量信息进行统计分析，以评定并改善产品质量。现场质量分析与改进主要工作包括现场质量评定、现场测量系统分析（MSA）、质量信息记录、质量统计分析和质量改进等。

基本概念 现场质量目标 现场质量策划 现场质量控制 现场质量分析 现场质量改进

第七章 在线练习

第八章
现场物流与库存管理

学习目标

知识目标

◇了解现场物流的基本概念。

◇掌握物流管理的基本流程。

◇掌握库存管理的基本要求。

◇掌握库存控制的基本方法。

能力目标

◇ 具备掌握物流管理、库存管理和控制流程方法的能力。

素养目标

◇ 通过增加对于物流管理和库存管理的知识见闻，提升整体物流系统思维，培育实施精准库存管理的职业素养。

第一节　现场物流概述

一、现场物流的概念

物流的概念最早是在美国形成的，当初被称为“Physical Distribution”，译成汉语是“实物分配”或“货物配送”。我国国家标准 GB/T18354－2021《物流术语》中对物流的定义是：“根据实际需要，将运输、储存、装卸、搬运、包装、流通加工、配送、信息处理等基本功能实施有机结合，使物品从供应地向接收地进行实体流动的过程。”

现代物流按照物流系统性质进行分类，分为社会物流和企业物流。企业物流是指在生产经营过程中，物品从原材料供应，经过生产加工到产成品的销售，以及伴随生产消费过程中所产生的废弃物的回收及再利用的完整循环活动，包括物料在仓库与车间之间每个环节的流转、移动和储存（含停滞、等待）及有关的咨询管理活动。根据物流系统的时间与顺序，可将企业物流系统分为四部分：供应物流、生产物流、销售物流和回收废弃物流，形成物流系统构成的水平结构，如图 8－1 所示。

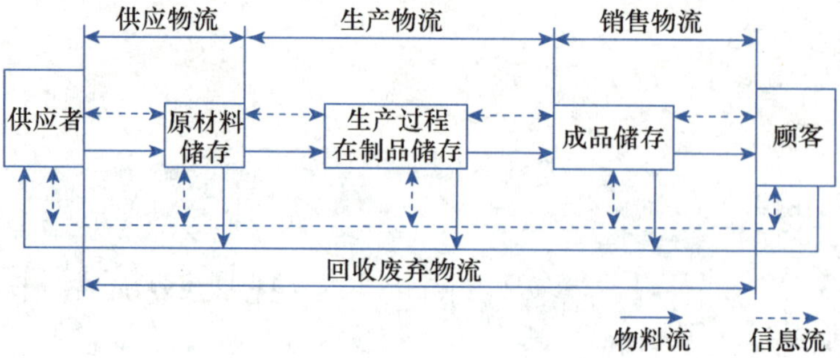

图 8－1　企业物流系统

现场物流也称生产物流，是企业物流的关键环节，生产物流包括车间之间物流、生产线物流和受入物流，如图 8－2 所示。生产物流是企业生产活动与物流活动的有机结合，其流程的优化离不开对生产要素的考虑，即生产流程对物流线路的影响、生产能力对物流设施配备的要求、生产节拍对物流量的影响。

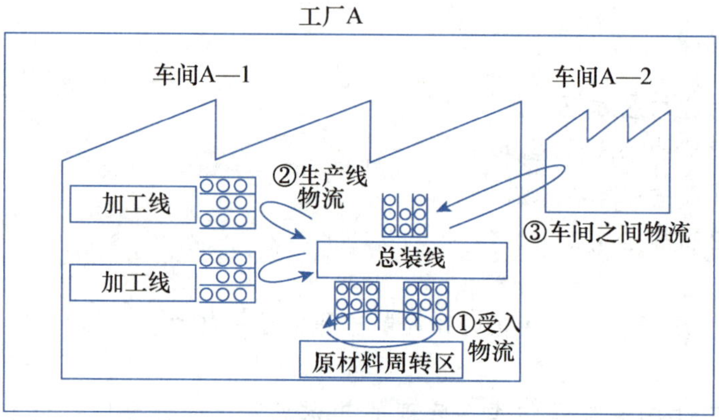

图 8－2　生产物流

二、物流管理

物流系统作为一个整体，其内部要素是不可分割的。系统论的一个主要观点是局部的最优不等于全局的最优。所以，只有将物流系统内部各要素综合考虑，使其紧密配合，服从物流系统整体的功能和目的，才能使物流系统达到最优。

物流系统通过合理规划功能区域，合理设计搬运路线，可以降低员工的搬运工作量，减少中间在制品的在库量。通过科学的作业配置，可确保员工在工序作业中降低劳动强度，提高作业效率，并通过工序与工序之间的作业改善，提高整体的物料流动速度和效率，缩短交货周期。

物流系统的有效运行需要相关要素的支撑。物流系统的要素是指物流系统所具有的基本能力、支持手段和技术装备手段等，通过这些要素的支撑确保物流系统的目标得以实现。物流系统的要素包括功能要素（如储存保管、包装、装卸搬运、配送、物流信息等）、支撑要素（如制度、规章、命令和标准化系统）和基础要素（如物流设施、物流装备、物流工具、信息技术及网络、组织及管理）。

(一) 物流管理的基本流程

从现场物流的定义可知，物流管理包含一系列的活动，它不仅是对实物流通的管理，也包含了对服务的管理。它强调对各项物流活动进行集成化管理，贯穿产品价值形成和实现的全过程。生产物流的管理流程如图 8-3 所示。

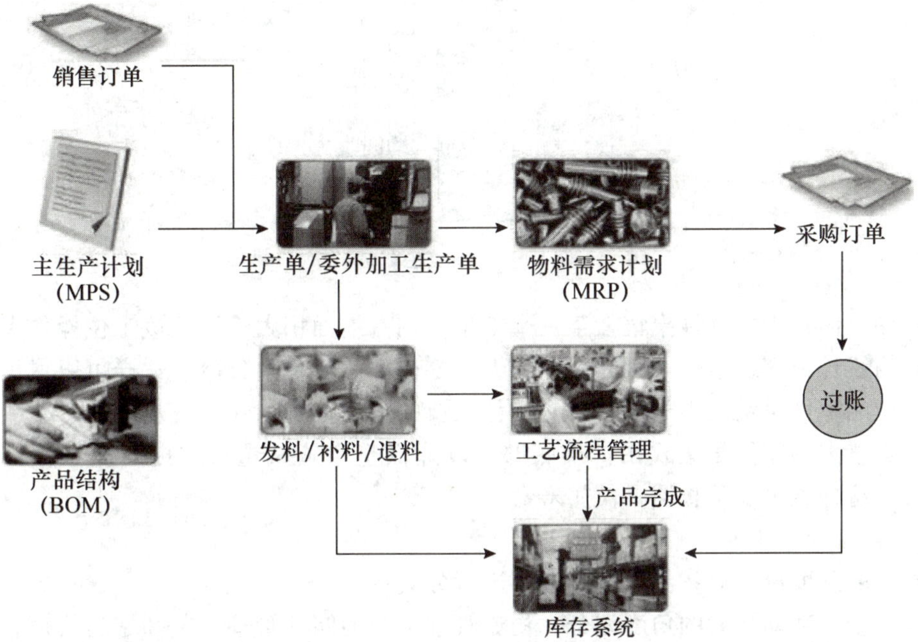

图 8-3　生产物流的管理流程

设计生产物流的管理流程时，需要注意以下几点：

(1) 操作人员安排尽量紧凑，这样可以减少相邻工位间的走动浪费。如果生产线上操作人员比较分散，易导致以下不良后果：

1) 因为相邻操作者之间距离较大，所以送货者停车次数多。

2) 因为相邻工位间距大，所以物流人员走动较多。

(2) 每段物流量要均衡。物流量均衡化有利于均衡物流人员劳动强度，为实现准时化物流创造了条件。例如，在图 8-4 (1) 中，物流配送人员要配送三次物料，其中第一次需要 16min，第二次只需要 4min，第三次则需要 10min。可以看出，三次配送的劳动强度相差很大，员工要不断适应变化的工作量，易产生生理和心理上的疲劳。因此，首先要使物流配送人员在每段的作业时间基本相等，如图 8-4 (2) 所示，从而达到均衡人员的劳动强度的目的。

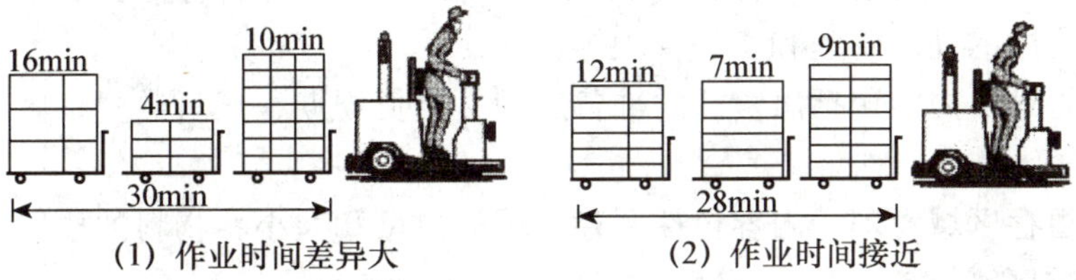

图 8-4　物流配送人员的配送形式

（3）利用物流山积表均衡每位物流配送人员的作业时间，并使其满负荷，在节拍内满负荷就可以达到少人化的目的，如图 8－5 所示。

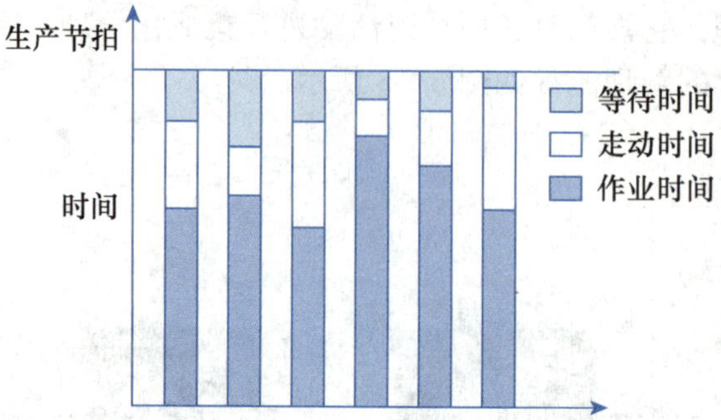

图 8－5　物流山积表

（4）如果体积大的零件聚集在某一个工位，则占地面积大，导致该工位操作者走动浪费，而且路线长，容易越位。因此，体积大的零件部件要尽量分散，这样可以尽可能多地将同一工位的零件尽量集中放置，减少操作人员的走动浪费。

（5）重量大的零件尽量放在货架底部，以降低整个货架重心，提高操作人员的安全性；同时，这样做可以延长器具使用寿命。

（二）物流管理的内容

从不同的角度可以对物流管理的内容进行分类：

（1）从物流活动要素的角度划分，物流管理可分为储存管理、装卸搬运管理、包装管理、配送管理、物流信息管理。

（2）根据物流系统诸要素的组成划分，物流管理可分为人的管理、物的管理、设备管理、方法管理和信息管理。

（3）根据物流活动的职能划分，物流管理可分为物流计划管理、物流质量管理、物流技术管理和物流经济管理。

（三）物流管理需要关注的问题

企业在进行现场物流管理时，需要考虑以下问题：

（1）到货的现场管理问题。包括车辆到货顺序、装卸货时间和顺序、叫号系统等。

（2）对检验过程中的待检物料、检验中物料（待判）、合格品和不合格品等的管理，涉及时间、数量、人员、设备和场地面积问题。

（3）库存的位置管理。如对于零部件、成品、半成品等的时间和数量，如何做到可视化和简单化管理。

（4）分拣管理。内容包括分拣指令、人员、设备等信息的传递与对应，FIFO（先进先出）实施过程中的迂回管理和实物管理等。

（5）备货管理。内容包括出货前的准备过程、出货周期、出货数量、区域划分、与信息系统的对接等。

（6）车间暂存区域管理。内容包括暂存区域的数量和大小、物料的放置时间和放置方式、物料周转顺序等。

这些问题的解决不仅取决于现场物流管理本身，还取决于企业的文化、员工的素养和领导的执行力等。

第二节　库存管理概述

一、库存管理的含义及任务

库存是指企业生产经营活动所需的备用物品。库存的主要功能是：在供给和需求之间建立缓冲，减缓供需矛盾；在生产或销售的两次进货期间便于周转，避免物资短缺；适应预期或不可预测的市场变化。也就是说，库存可以提供各项物料，以保障从原材料→半成品→成品→用户的物流畅通。

库存管理的基本任务是根据企业规定的生产经营任务，以提高经济效益为核心，做到供应好、周转快、消耗低、费用省。有效地进行库存管理可以提高实物供应与实物分配系统的效率，具体体现在以下几个方面：

(1) 保证有计划、保质保量、及时地按品种、规格供应生产所需要的各类物料，使生产经营活动不间断地进行。

(2) 通过有效的组织形式和科学管理方法，控制物料的合理库存量，减少和消除积压物料，加速物料和资金周转。

(3) 监督和促进企业生产部门制定合理的材料定额，降低物料消耗。

(4) 有利于顺利地进行运输管理，也有助于有效地开展仓库管理工作。

此外，还应把经常使用的物料以及危险性物料分开保管，以保证工厂的安全生产等。

二、库存管理的内容及与物流的关系

(一) 库存管理的内容

库存管理除了对库存物料的数量管理，还包括合理安排库存物料的入库时间、存放的起止日期等一些库存控制的传统方法，以及零库存、供应链管理环境下的库存控制等。

(二) 库存管理与物流的关系

物流是一门新兴的学科，是指有形物品流动、储存活动，具体包括运输保管、包装、装卸、搬运、信息处理。它是由若干相互依赖、相互制约的部分紧密结合而形成具有特定功能的有机整体，所以物流是一个系统。而库存管理只是物流的一个子系统。物流系统作为一个整体，其内部要素是不可分割的。

三、库存的类型

在实践中，人们往往根据企业的不同情况选择适合自身特点的库存管理类型，并结合实际经验进行修正，以期达到优化客户服务、降低总成本的物流管理目标。

(一) 按产品性质与存货的用途划分

按产品性质与存货的用途划分，库存可分为库存原材料、委托加工材料、包装物和低值易耗品、在产品、自备半成品和产成品。

(二) 按库存在企业生产经营过程中的特性划分

按库存在企业生产经营过程中的特性划分，库存可分为独立需求库存和相关需求库

存，如图 8－6 所示。

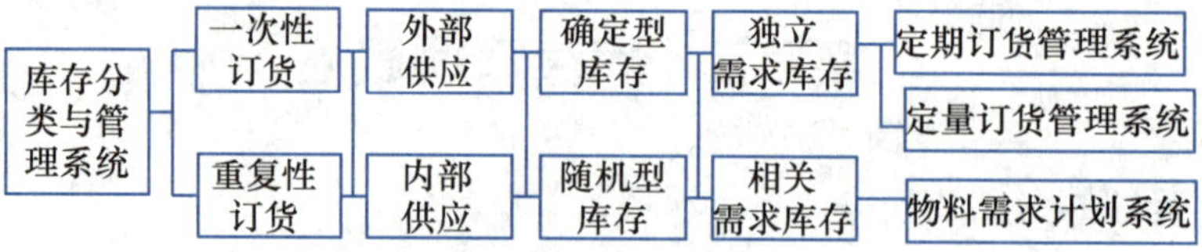

图 8－6　库存按其特性进行的分类

其中，独立需求是指需求变化独立于人们的主观控制能力之外的、与市场状况有关的需求，这种需求是一种不确定的、随机的、企业自身所不能控制的需求，需要进行预测。如用户对产成品、消耗品和维修用品等的需求，无论在数量上还是在时间上都具有很大的不确定性。为应付独立需求而建立的库存，称为独立需求库存。相关需求是指企业对某项物品的需求与对更高层次上的物品需求有一定的相互关系，可以通过一定的数字关系推算得出，前者的需求量由后者决定。如自行车厂生产的车轮和轮胎的需求就是相关需求，轮胎的需求量是由自行车需求量决定的，而自行车的需求则是独立需求。为满足相关需求而建立的库存，为相关需求库存。

四、库存管理的基本要求

（一）快速反应

快速反应是指关系一个企业能否及时满足顾客需求的能力。信息技术的提高为企业创造了在最短的时间内完成物流作业并尽快交付的条件。快速反应的能力把作业的重点从预测转移到以装运和装运方式对顾客的要求做出反应上。

（二）最小变异

变异是指破坏物流系统表现的任何想象不到的事件，它可以产生于任何一个领域的物流作业。在充分发挥信息作用的前提下，采取积极的物流控制手段可以把这些风险减少到最低限度，从而提高物流的生产率。

（三）最低库存

保持最低库存的目标是把库存减少到与顾客服务目标相一致的最低水平，以实现最低的物流总成本。零库存是企业物流的理想目标，物流设计必须把资金占用和库存周转速度当成重点来控制和管理。

五、零库存管理

由于企业组织与管理模式的变化，促进了适应不断变化的库存管理的新方式的出现。零库存管理有着许多新的特点和要求，该理念增强了企业的敏捷性和响应性，也体现了库存管理的新思维和新思想，从而具有实用性和可操作性。

（一）零库存的概念

零库存是指使某种或某些货物不以库存形式存在，即库存数量为零。它的基本思想是杜绝生产等工、多余劳动、不必要搬运、加工不合理、库存及不合格品返工等方面的浪费，以降低生产成本，达到零故障、零缺陷、零库存。从表 8－1 可以看出，零库存管理与传统的库存管理有许多不同之处。

表 8-1　零库存管理与传统的库存管理的比较

比较项目	零库存管理	传统的库存管理
库存行为认识	库存是一种浪费	库存对企业极为重要
库存管理区域	应对整个供应链系统的存货进行控制	只对企业内部的物流进行控制
库存管理重点	强调对存货质量和生产时机的管理	强调管理库存成本
采购批量	小批量，送货频率高	大批量，送货频率低
供应商选择	长期合作，单源供应	短期合作，多源供应

(二) 零库存管理的主要形式

1. 委托保管方式

该方式是指接受企业的委托，由受托方代存代管货物，从而使企业不再保有库存，从而实现零库存。受托方可以利用其专业的优势，实现较高水平和较低费用的库存管理。采用委托保管方式，企业就不再设仓库，减去了仓库及库存管理的大量事务，可以集中力量在生产经营上。

2. 协作分包方式

协作分包主要是制造企业的一种产业结构形式，这种结构形式可以通过若干分包企业的准时供应，使主企业的供应库存为零；同时在主企业集中销售库存，使若干分包劳务及销售企业的销售库存为零。

3. 准时化方式

准时化方式（JIT）是由丰田英二和大野耐一在日本丰田汽车公司首先采用的，又译为即时生产或即时生产制。随着这一管理模式的不断完善，JIT 不仅是一种组织生产的新方式，而且是一种旨在消除无效劳动与浪费、实现企业资源优化配置、全面提高企业经济效益的物质资源配置技术。

第三节　常用库存控制方法

不同领域的企业对于库存管理有着不同的具体要求，诸如库存成本最低、使用库存保证程度最高、不允许缺货或限定库存费用等，这对于库存控制方法会形成一定的影响。但无论哪一种库存控制的具体要求，都需要企业精心策划，制定相应的库存控制方法，并施以有效的管理手段才能达到。归根结底，库存控制解决三个主要问题：确定库存检查周期；确定订货量；确定订货点（何时订货）。下面简单介绍几种库存控制的方法。

一、ABC 分类管理法

ABC 分类管理法是先根据品种和占用资金大小对库存进行分类，再按各类库存的重要程度分别对其控制，抓住重点和主要矛盾，进行重点控制。

ABC 分类管理法源自意大利经济学家帕累托的理念，也称为 20/80 法则。帕累托认为，在企业管理中，存在着重要的“少数”和不重要的“多数”，企业应将管理资源致力于重要的“少数”而不是不重要的“多数”。

ABC 分类管理法正是基于上述原理，按物品的价值、重要程度、耗用情况等加以分类。一般A类为高价值货物，其价值占全部库存价值的70%以上，而品种数不及库存品种总数的20%；B类货物的价值约占库存总价值的20%，品种数不到库存品种总数的30%；而C类货物的价值只占库存总值的10%以下，品种数却占到了库存品种总数的50%以上。图8-7是一种典型的ABC库存分类图。这是一种人为的分类，每个企业可视具体情况对库存做出不同的分类。

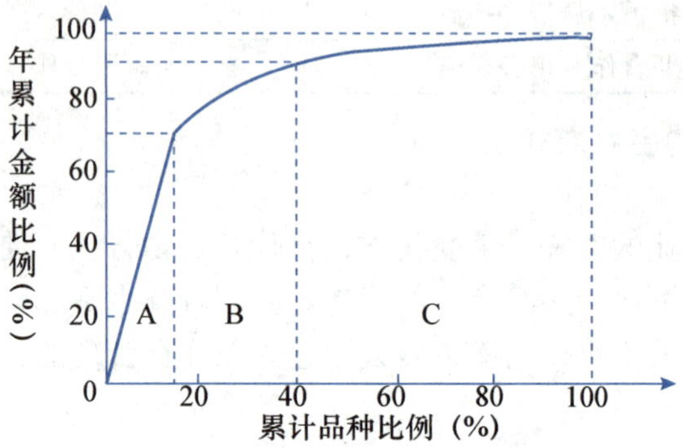

图8-7 ABC库存分类图

（一）A类货物的库存管理

对A类货物要重点、严格控制。A类货物库存品种不多，占用资金量大，必须对其实行精确的定期订货控制。对A类库存货物，需要有详细的进出库记录，经常检查其库存情况，随时提供准确的库存信息，尽量缩短供应间隔时间，选择最优的订购批量，在满足企业内部需要和客户需要的前提下维持尽可能低的安全库存量。在库存配置上，应把A类货物储存在靠近客户的配送中心，客户一订货就能马上将其送到客户手中，以便提供及时优质的服务。

（二）B类货物的库存管理

对B类货物应引起重视，并进行适当控制。在订购中，既可用定期订货法也可用定量订货法，视具体情况而定，可适当照顾到供应企业，确定合理的生产批量以及选择合理的运输方式。在库存配置上，可以把这类货物分别在工厂仓库和配送中心保管，库存的数量可以按照具体情况来确定。

（三）C类货物的库存管理

对C类货物放宽控制或进行一般控制。C类货物库存品种多，但占用资金量较少，用比较简单的订货点法进行控制即可。在库存配置上，可以经常性地放置在工厂仓库中加以保管。

表8-2显示的是企业对货物进行ABC分类后的不同管理方法。

表8-2 ABC货物库存管理表

物品等级	控制程度	库存配置	订货方法	记录要求	安全库存量	库存检查
A类	严格	配送中心	定期订货法	详细	较低	经常
B类	一般	仓库或配送中心	定期订货法或定量订货法	一般	较大	一般
C类	稍弱	工厂仓库	订货点法	简单	大量	很少

二、定量订货法

定量订货法是指当物资储备下降到某一规定数量时，由仓库立即发出订货要求，物资供应部门及时组织订货，以保证消耗掉的物资得以再次储备。

（一）订货点法

预先制定一个订货点的库存量水平，当库存量降低到订货点的库存量水平时，自动发出某一固定的补充库存量的订货单。订货点的库存量可用以下公式确定：

订货点的库存量＝平均每日需用量×订货时间＋保险储备量

该方法只适用于物资需求率不变的情况，即各次订货时间的间隔相等。

（二）经济订购批量法

采用经济订购批量法可使一次订货所订的货物数量较为经济、合理。一次购入的货物数量过多，会多占用流动资金，增加存储费用和库存成本；一次购入的货物数量过少，会增加订购次数而增加订购费用。订购多少为宜，可采用经济订购批量法来确定。

对于一个相对独立的企业，其产品是独立的需求变量，因为其需求的数量与需求的时间对于作为系统控制主体——企业管理者而言，一般是无法预先精确确定的，只有通过一定的预测方法才能得出。常见的独立需求库存控制模型包括确定型库存模型和随机型库存模型。每一种模型又可分为连续性检查和周期性检查两种情形。其中确定型库存模型的两种情形分别又分为不允许缺货、允许缺货、实行补货三种情况，每种情况又分瞬时到货、延时到货两种情形。

随机型库存模型要解决的问题是：确定经济订购批量或经济订货期；确定安全库存量；确定订货点和订货后的最大库存量。

三、定期订货法

定期订货法是一种按固定检查和订货间隔期为基础的库存控制方法。这种方法是从时间上来限定订货周期，从而达到控制库存量的目的。只要订货周期控制得当，既可以不造成缺货，又可以控制最高库存量，并达到节省库存费用的目的。可按下述公式确定订货量：

$$订货量=\frac{平均每日}{需用量}\times\left(\frac{订购}{天数}+\frac{订购}{间隔}\right)+保险储备定额-实际库存量-订货余额$$

定期订货法的订货时间固定不变，因此物资采购的时间间隔相同（如图 8-8 所示）。

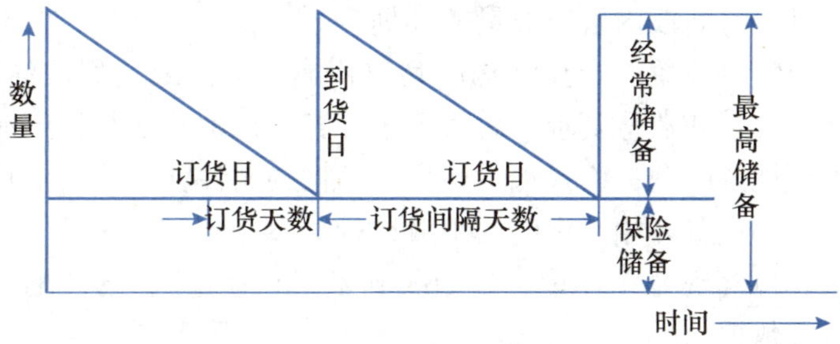

图 8-8 定期控制时间间隔

采用定期订货法可以省去许多库存检查工作，在规定订货的时候检查库存，简化了工作。其缺点是如果某时期需求量突然增大，会发生缺货现象，所以这种方法主要用于重要性较低的物资。

定期订货法和定量订货法的区别见表8-3。

表8-3 定期订货法与定量订货法的区别

比较内容	定期订货法	定量订货法
订货数量	每次订货数量变化	每次订货数量保持不变
订货时间	订货间隔期不变	订货间隔期变化
库存检查	在订货周期到来时检查库存	随时进行物资库存状况检查并记录
订货成本	较低	较高
订货种类	多品种统一进行订货	每个货物品种单独进行订货
订货对象	B类货物、C类货物	A类货物，有时是B类货物
缺货	在整个订货间隔期内以及提前订货均有可能发生缺货	只是发生在已经订货但货物还未收到的提前订货期间内发生缺货

四、物料需求计划

物料需求计划（Material Requirement Planning，MRP）是一种以计算机为基础的生产计划与库存控制系统，它是处理和解决相关需求库存问题的有力工具。

（一）物料需求计划的概念及构成

1. 物料需求计划的概念

物料是一个广义的概念，它不仅指原材料，还包含自制品（零部件）、产成品、外购件和服务件（备品备件）。对于各种物料的管理并非仅仅是对物料的库存管理，而且包括制订科学的、系统的物料需求计划，协调和控制各部门保持适当数量的物料。

前面介绍的方法是根据需要量、提前期和安全库存量而决定何时订货的。下面介绍物料管理中的另一种方法，即物料需求计划。

物料需求计划产生于20世纪60年代的美国，并于70年代发展起来。MRP是根据主生产计划表上何时需要物料来决定订货和生产，从理论上来看，是比较科学的一种方法。

2. 物料需求计划的构成

（1）主生产计划。主生产计划是确定每一种具体的最终产品（最终完成的、要出厂的产成品）在每一个具体时间段内生产数量的计划。

（2）产品结构与物料清单。产品结构应列出构成产成品或装配件的所有部件、元件、零件等的组成、装配关系和数量要求。为了便于计算机识别，必须把产品结构转换为规范的资料格式，这种用规范的资料格式来描述产品结构的文件就是物料清单。它必须说明元件（部件）中各品种的数量和相互之间的组成结构关系。

（3）库存信息。包含现有库存量、计划收到量（在途量）、已分配量、提前期、订购数量和安全库存量等数据。

根据以上介绍，可以用以下公式计算某项物料的净需求量：

净需求量＝毛需求量＋已分配量

或　　净需求量＝计划需求量－计划收到量－现有库存量

(二) 物料需求计划的原理

MRP原理是根据需求和预测来测定未来物料供应和生产计划与控制的，它提供了物料需求的准备时间和数据。

并非所有的不使用订货点方法的物料管理都属于MRP系统，因为MRP系统并不是仅仅代替订货点方法开出订单的库存管理系统，而是一种能提供物料计划及控制库存，决定订货优先度，根据产品的需求自动地推导出构成这些产品的零件与材料的需求量，将产品的交货期分解为零部件的生产进度日程和原材料与外购件的需求日期，即将主生产计划转换为物料需求表，并能为需求计划提供信息的系统。

(三) 物料需求计划的目标

MRP的目标是提高对顾客的服务水平，尽可能地降低库存成本，提高生产效率。其出发点是根据产成品的需要，自动地按产品结构展开，计算出组成产成品的所有零件、部件、原材料的相关需求量，再根据产成品的交货期，按反工艺顺序方向推算出每个零部件在各车间的投入产出日期与外购件的采购日期。同时，在这一运算过程中，应查询存储状态记录，并及时更新记录，根据生产能力情况做出调整。

案例链接

某公司的零库存管理

某公司借助先进的信息技术，发动了一场管理革命：以市场链为纽带，以订单信息流为中心，带动物流和资金流的运动。通过整合全球供应链资源和用户资源，逐步向“零库存、零营运资本和（与用户）零距离”的终极目标迈进。

公司认为，企业之间的竞争已经从过去直接的市场竞争转向客户的竞争。公司的CRM系统就是要实现端对端的零距离销售。公司已经实施的ERP系统和正在实施的CRM系统，都是要拆除影响信息同步沟通和准确传递的阻隔。ERP系统拆除了企业内部各部门之间的“墙”，CRM系统拆除了企业与客户之间的“墙”，从而达到快速获取客户订单，快速满足用户需求的目的。

传统管理下的企业根据生产计划进行采购，由于不知道市场在哪里，所以是为库存采购，导致企业里有许多“水库”。公司实施的信息化管理，通过三个JIT打通这些“水库”，把它们变成一条流动的河，不断地流动。JIT采购就是按照计算机系统的采购计划，需要多少，采购多少。JIT送料是指将各种零部件暂时存放在公司立体库，然后由计算机进行配套，把配置好的零部件直接送到生产线。公司在全国建有物流中心系统，无论在全国什么地方，公司都可以快速送货，实现JIT配送。

库存不仅会占用资金，还会形成很多的呆账及坏账。现在电子产品更新很快，一旦产品换代，原材料和产成品价格跌幅均较大，产成品积压的最后出路就只有降价，从而导致市场上的价格战。不管企业说得多么好听，降价的压力都来自库存。公司采用JIT配送来满足用户的要求，最终消灭库存。

公司采用的零库存管理方式是“在需要的时候，按需要量生产所需的产品”，是一种有效利用各种资源、降低成本的准则。其中心思想是寻求、消除在生产过程中形成浪费的一切根源和任何不产生附加价值的活动。实现这一思想的控制方法和原则是：将必要的材料，以正确的数量和完美的质量，在必要的时间，送往必要的地点。公司追求的是利润最大化，基本目标是努力降低成本。

JIT 库存管理法由三部分组成：适时适量生产、分散转移库存、转移库存。JIT 生产策略就是，只在需要的时候（既不提前，也不推迟），按照客户需要的质量和数量，生产客户所需的产品，将产品“即进半售”或“超期即送”。转移库存就是利用本企业的优势将库存分散地转移到供应链的上方或下方，由原材料供应商及销售商或终端用户来负担库存成本。该方法将库存向前放置和靠后放置，也就是说，尽量把成品库存储放在靠近用户的仓库配送中心，或放置在批发商或零售商处，将原材料储放在生产厂家的仓库，不保持成品库存。这样就有效地降低本企业的库存成本，进而达到或接近零库存。

公司的零库存管理在采购、生产、物流、销售等经营活动中环环相扣，大大降低了资金占用量，提高了经济效益。

本章小结

通过本章的学习，我们掌握了有关现场物流和库存管理的基本概念和主要工作。主要包括以下内容：

（1）物流系统作为一个整体，其内部要素是不可分割的。通过合理规划功能区域、合理设计搬运路线、科学的作业配置，可以降低员工的搬运工作量，减少中间在制品的在库量。只有服从物流系统整体的功能和目的，综合考虑各个要素，物流系统才能达到最优。

（2）库存管理是物流的一个子系统，除了数量管理之外，库存管理还应考虑合理安排库存物料的入库时间、存放的起止日期，以及零库存、供应链管理环境下的库存控制等。常用的库存控制方法包括 ABC 分类管理法、定量订货法和定期订货法。

基本概念　现场物流　物流管理　库存管理　库存控制方法

第八章　在线练习

第九章
全面生产维护

学习目标

知识目标

◇ 了解全面生产维护的基本概念。

◇ 理解全面生产维护的推进。

◇ 掌握设备保全的主要工作。

能力目标

◇ 具备掌握全面生产维护实施步骤的能力。

素养目标

◇ 适应新时代发展要求，努力提升设备全面生产维护专业技能，培养良好的职业道德规范。

第一节　全面生产维护的起源、概念及特点

20 世纪 50 年代初期，美国企业进入快速发展时期，工厂急于在短期内完成大量订货，这使得设备负荷过重。由于设备故障造成的停机损失，因设备故障产生的废品损失，以及因紧急排除故障支付的加班费用等，使得美国企业家不得不考虑完善设备修理和维护的体制，从而产生了设备的预防维护（Preventive Maintenance）。之后，美国通用电气公司和杜邦公司又针对预防维修仍存在的既有过剩维修和维修不足等问题进行了改进，发展成为生产维护（Productive Maintenance）。

在此背景下，日本电装公司在 1961 年导入生产维护保全活动。由于日本 QC 等小组活动的广泛开展，使得公司形成了“由自己对自己的工作自主地进行管理”的理念。7 年后，公司决定让所有员工参与该活动，进行全员保全。经过两年多的努力，公司取得了非常巨大的成功。这种在美国产生的生产维修在日本就发展成为由一切部门全体人员参加的全面生产维护（Total Productive Maintenance，TPM）。

一、TPM 的定义

TPM 是通过以设备为导向的管理，使设备在其生命周期内保持生产能力最大化，维持设备的稳定性，以消除设备变动对产品质量、产量干扰的系统方法和过程。具体特征体现在以下几个方面：

（1）追求生产系统的综合效率，以提高企业的素质为目标。

（2）延长生产系统的生命周期，预防灾害损耗、不合格损耗、故障损耗等一切损耗，并在现场落实具体措施。

（3）涉及以生产部门为首的开发、经营、管理等一切部门。

（4）从高层领导到一线工作人员都要参加。

（5）通过小团队活动，追求零损耗。

（6）以 5S 管理和目视化管理为基础。

二、TPM 的目标

可将 TPM 的目标概括为四个“零”，即零停机、零废品、零事故、零速度损失。

（1）零停机，是指计划外的设备停机时间为零。计划外的设备停机会对生产造成相当大的冲击，造成资源闲置或浪费。计划时间要有一个合理值，不能为了满足计划外停机为零而使计划停机时间值很高。

（2）零废品，是指由设备原因造成的废品为零。完美的质量需要完善的机器，设备是保证产品质量的关键，而人是保证设备好坏的关键。

（3）零事故，是指设备运行过程中事故为零。设备事故带来的危害非常大，不但影响生产，还可能造成人身伤害，严重的可能会机毁人亡。

（4）零速度损失，是指设备速度降低造成的产量损失为零。由于设备保养不好，设备精度降低而不能按高速度使用，等于降低了设备性能。

第二节　开展全面生产维护的支柱和步骤

一、生产过程中的设备损失

TPM 在优秀企业发展很快。目前，TPM 在过去以设备为中心的六大损失的基础上，增加了新的损失，将内容扩大为以设备效率化为主的八大损失。从生产系统的效率化来看，增加了阻碍原材料效率化的三大损失，整个构成了 16 大损失（如图 9－1 所示）。在这种损失结构下，使损失为零的改善手法，可以实现生产系统的极限效率，成本结构也会随之改变，甚至还会影响反映经营成果的活动。

二、TPM 的开展

目前，TPM 活动由过去的五大支柱，即自主保全、计划保全、教育训练、设备的初期管理和逐项改善，逐渐增加了质量保全、业务部门的效率化和安全与环境三大支柱，发展成为八大支柱（如图 9－2 所示），使 TPM 的内容更广泛、更充实。

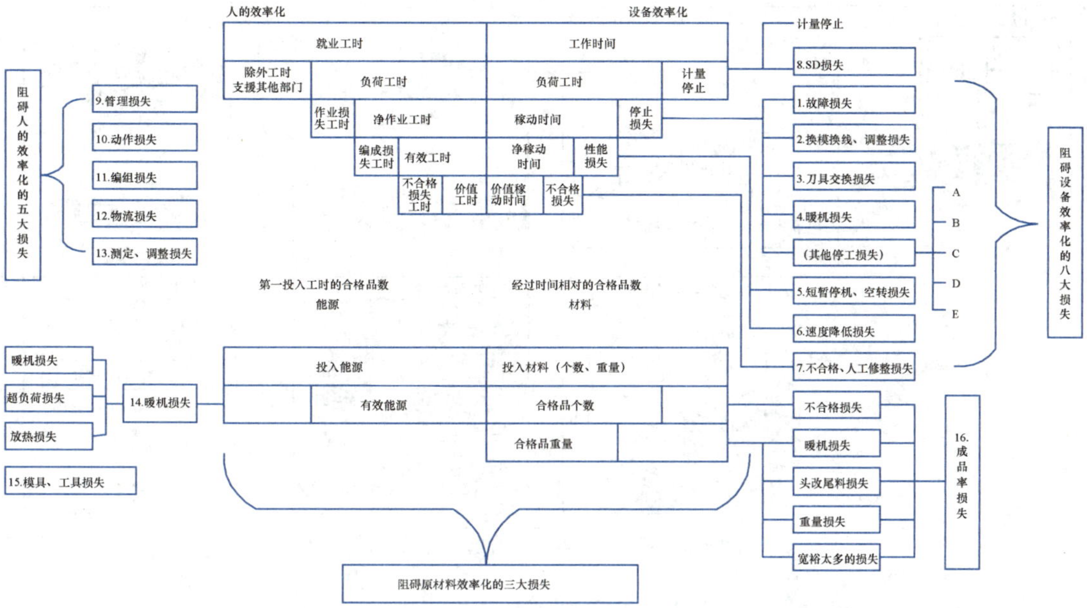

图 9－1　生产活动中的损失结构（16 大损失项目）

1. 生产效率化的逐项改善
2. 建立操作人员的自主保全体制
3. 建立保养部门的计划保全体制
4. 提高操作、保全技能的训练
5. 建立新制品、新设备的初期管理体制

（生产部门的五大支柱＋追加的三大支柱）

6. 建立质量保全体制
7. 建立业务部门的效率化体制
8. 建立安全与环境的管理体制

图 9－2　TPM 的八大支柱

TPM 不是单纯地提高生产量或减少设备故障的改善局部利益的活动，而是追求整体利益的综合性管理。因此，推行 TPM 需要几个支柱活动并行，应将“把生产线员工培养成操作能手；把设备人员培养成维修人员；把技术人员培养成各方面的专家”作为改善员工和企业素质的根本目标。八大支柱活动的工作内容如下所述。

（一）建立自主保全体制

“自己的设备自己保全”，自主保全活动是以使用部门为中心，通过七个步骤展开。自主保全的关键在于真正使员工做到自主，使现场设备的保全、维护成为操作人员的自觉行为。自主保全的中心是防止设备的劣化。只有使用部门承担了防止设备劣化的活动，设备主管部门才能发挥其所承担的专职保全职能，使设备得到真正有效的保全。

自主保全活动的七个步骤示例如图 9－3 所示。

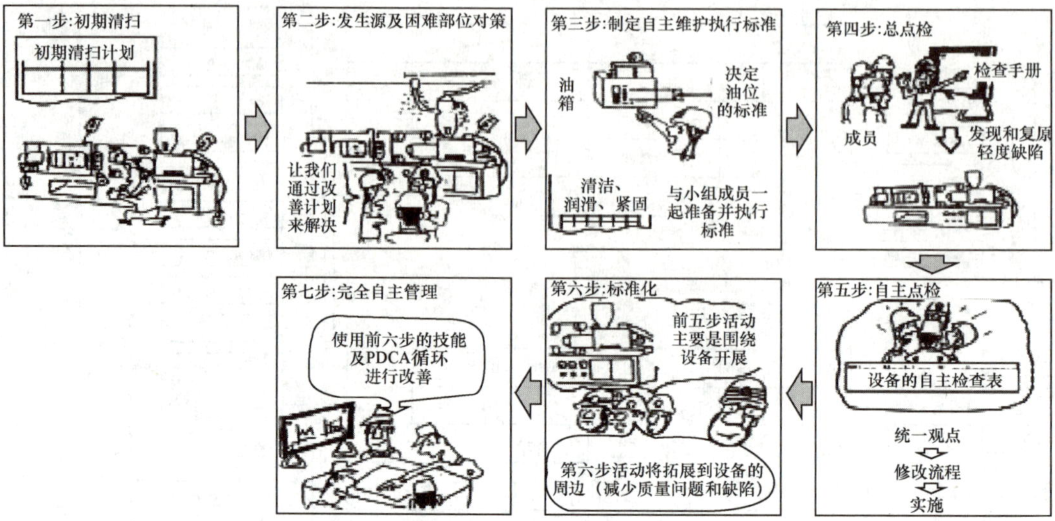

图 9-3　自主保全活动的七个步骤示例

（二）建立设备主管部门的计划保全体制

在设备使用部门自主保全的基础上，设备的主管部门应有计划地对劣化的设备进行复原，对其他设备进行改善保全。计划保全是设备保全部门以专业立场来减少故障及不良行为的活动。

（三）建立质量保全制度

为了保持产品的所有特性处于最佳状态，要对与质量有关的人员、设备、材料、方法、信息等因素进行管理，对废品、次品和质量有缺陷的产品防患于未然，从结果管理变为要因管理，使产品的生产处于良好的受控状态。如以不产生不合格品为设备管理的目标，设定“零不良”的条件，并按时进行点检及测定该条件，预测不合格品的发生，并采取防患对策。

（四）成立改善小组

为达到设备效率的最大化，最大限度地发挥设备的性能和机能，需要不断消除影响设备效率化的各种损失，因此，应建立改善小组，对造成效率低下的原因进行分析，然后针对具体问题进行逐项改善，不断消除引起设备综合效率下降的 16 大损失。

（五）提升业务部门的效率

在非生产部门推进全面生产维护时，需要不断减少三大损失，即时间损失、工作质量损失和物品数量损失，从而不断提高管理部门的工作效率。业务部门的效率主要体现在两个方面：一方面要有力地支持生产部门开展 TPM 及其他生产活动；另一方面应不断有效地提高本部门的工作效率和工作成果。

（六）制定设备初期管理制度

为了适应生产的发展，必定有新设备的不断投入，因此企业要形成一种机制，即能按少维修、免维修思想设计出符合生产要求的设备，按性能、价格、工艺等要求对设备进行最优化规划、布置，并使设备的操作和维修人员具有与新设备相适应的相关能力。总之，生产所需的设备，从一开始的计划、设计、制造或采购就要考虑设备的保全方法，尽量把原始的故障降低到最少。

（七）建立现场安全、环境等管理体制

“安全第一”是大家一贯的认识，但仅有意识是不够的，必须要有一套有效的管理体制才能确保现场安全。对环境也一样，企业要在不断提高环境意识的同时，建立起一种机制来确保环境的不断改善。就目前情况而言，建立和实施 ISO14000 环境管理体系不失为一计良策。

（八）开展运转保养的技能教育训练

不论是设备的使用部门还是主管部门，仅有良好的愿望还难以把事情做好，还必须加强技能的训练和提高。需要说明的是，教育训练不仅是培训部门的事情，也是每个部门的职责，并且应成为每个职工的自觉行动。

以上八大活动相互联系、相互补充，以便取得整体的综合效果，任何局部的活动都很难取得巨大成果。

三、全面生产维护实施的步骤

TPM 的内容非常丰富，企业不可能一下子把它们全部抓好，只能一件一件地做、一步一步地深入。因此，在设计 TPM 体系时切忌一刀切，要以“总体规划、分步实施、全面推进、重点突破”为原则，抓住关键和薄弱环节，突出重点和难点。考虑到与 ISO9000、ISO14000 以及全面质量管理活动之间融合性的问题，企业开始可以选择点检定修、改善提案、自主维修、教育培训等作为活动体系的主要支柱，并以 5S 管理活动为突破口，在较短的时间内使推进工作取得明显的效果。具体实施步骤可参考以下内容：

（1）识别维修需求及标识缺陷，实施初始的机器清洁和检查。

（2）识别并标示设备缺陷或泄漏等项目，消除影响失效的因素。

（3）提出预防性维护计划，TPM 小组建立操作工和维修工的生产维护计划。

（4）指导操作工掌握生产维护方法，以便及早发现问题。

（5）指导维修工掌握生产维护方法，在机器失效前进行维修。

（6）实施 5S 管理及目视化管理等活动，确保计划的有效执行。

（7）监控设备综合效率（OEE），建立 TPM 指标、TPM 评价系统。

第三节　设备保全需要开展的工作

推进 TPM 是企业全员、全过程的管理活动，要使推进 TPM 工作做到有计划、有部署、见成效，必须做好基础工作。推进 TPM 的主要工作应按照一定的顺序展开，使之程序化、规范化，以利于目标计划、管理运行、检查评估等一系列 TPM 推进举措连贯有序、协调一致、高效运行。

一、设备 ABC 分类

对使用中的设备应实施预防保养，使突发故障次数减为零。另外，为了使自主保养顺利推进，缩减保养时间，应对设备进行改良，使其易于保养。在推进过程中，必须对设备所发生的各种异常现象进行完整记录，以便作为预知保养或计划保养的依据，避免

造成过度保养的浪费。而对于一些重要程度低的设备，基于经济性考虑，宜采用事后保养的方式，以节省成本，因此必须要对设备的重要程度进行分析。为便于设备管理部门宏观控制，设备维修部门应把精力用于关键环节，充分提高设备的综合利用率。

目前，一般将设备分为 A、B、C 三类。

（1）A 类设备。包括：关键、重点设备；进口设备；独有设备；高价值设备；直接影响总装均衡生产的设备；直接影响产品品质的设备。

（2）B 类设备。包括：普通设备；直接影响分厂内部均衡生产的设备；直接影响零件质量的设备；停机 2 天会直接影响总装、分厂的设备。

（3）C 类设备。包括：结构简单的设备；多台同型号的设备；停机 3 天对均衡生产影响不大的设备；对零件品质没有直接影响的设备。

案例链接

某公司 TPM 重点设备划分

某公司 TPM 重点设备判定表见表 9-1。

表 9-1　TPM 重点设备判定表

<table>
<tr><td rowspan="2">单位</td><td colspan="3" rowspan="2"></td><td rowspan="2">审核</td><td rowspan="2"></td><td>设备名称</td><td>设备名称</td><td>设备名称</td><td>设备名称</td><td>设备名称</td><td rowspan="4">备注</td></tr>
<tr><td></td><td></td><td></td><td></td><td></td></tr>
<tr><td rowspan="2">制表日期</td><td colspan="3" rowspan="2"></td><td rowspan="2">制表者</td><td rowspan="2"></td><td>财产编号</td><td>财产编号</td><td>财产编号</td><td>财产编号</td><td>财产编号</td></tr>
<tr><td></td><td></td><td></td><td></td><td></td></tr>
<tr><td>区分</td><td colspan="2">项目</td><td>重要度系数（α）</td><td>评价的因素</td><td>评点（β）</td><td>评分 α×β</td><td>评分 α×β</td><td>评分 α×β</td><td>评分 α×β</td><td>评分 α×β</td><td></td></tr>
<tr><td rowspan="8">生产上</td><td rowspan="3">A</td><td rowspan="3">故障发生停机损失的程度</td><td rowspan="3">10</td><td>会影响到客户</td><td>3</td><td></td><td></td><td></td><td></td><td></td><td></td></tr>
<tr><td>可用在库量应付</td><td>2</td><td></td><td></td><td></td><td></td><td></td><td></td></tr>
<tr><td>未停工，但生产力水平降低</td><td>1</td><td></td><td></td><td></td><td></td><td></td><td></td></tr>
<tr><td rowspan="2">B</td><td rowspan="2">生产中故障发生的程度</td><td rowspan="2">8</td><td>经常发生故障的设备</td><td>3</td><td></td><td></td><td></td><td></td><td></td><td>每月 15 件以上（每件 10 分以上）</td></tr>
<tr><td>没有经常性故障的设备</td><td>1</td><td></td><td></td><td></td><td></td><td></td><td>每月 14 件以下（每件 10 分以上）</td></tr>
<tr><td rowspan="3">C</td><td rowspan="3">备品更换的难易程度</td><td rowspan="3">6</td><td>无法取得预备品</td><td>3</td><td></td><td></td><td></td><td></td><td></td><td></td></tr>
<tr><td>备品更换困难</td><td>2</td><td></td><td></td><td></td><td></td><td></td><td></td></tr>
<tr><td>备品更换容易</td><td>1</td><td></td><td></td><td></td><td></td><td></td><td></td></tr>
</table>

续表

质量上	D	每月不合格率	10	0.10%以上	3						
				0.09%以下	1						
	E	故障发生对产品质量损害的程度	8	质量的恢复需要较长时间	3						24 小时以上
				质量的恢复需要较短时间	2						24 小时以下
				故障与产品质量无关	1						
保养费用上	F	故障维护费用	6	15 万元以上	3						以年度合计计算
				低于 15 万元	2						
				3 万元以下	1						
使用频度上	G	开机使用时间	8	48 小时/周以上	3						
				25～47 小时/周	2						
				24 小时/周以上	1						
设备成本上	H	购入价值	8	50 万元以上	3						
				20 万元～150 万元	2						
				低于 20 万元	1						
工程必要性	I	在公司内该设备占有数量	8	公司内唯一设备	3						
				可由其他设备取代	2						
				设备性能可轻易由人工取代且不影响质量	0						
评分											
等数											

二、制订设备周期性维护计划

生产设备能否在其生命周期内良好地运转，除了合理地使用外，在很大的程度上还取决于对设备的保养。设备的保养工作依据其工作量大小、难易程度可划为三级，即日常保养（例行保养）、一级保养和二级保养。

(一) 日常保养

日常保养分为实时检查和润滑保养两类。

（1）实时检查。具体项目如检查皮带是否松动，检查制动开关是否正常，检查安全装置是否完整，检查设备易松动的部件是否坚固，检查设备运转环境是否清洁、有无障碍物。

（2）润滑保养。润滑保养是日常保养的重要内容。企业应做好设备润滑保养的“五定管理”工作，即定点、定时、定质、定量、定人，把日常润滑保养管理工作规范化、制度化，以保证润滑保养工作的质量。

设备维修保养部门往往会编制润滑保养“五定管理”规范表和设备润滑基准表，具体规定哪台设备、设备的哪个部位用什么油，以及加油（换油）日期、用什么加油装置、由谁负责等。

（二）一级保养

一级保养又称定期保养。实施一级保养以操作人员为主，维修人员为辅。一级保养的内容包括：

（1）清扫、检查电器箱、电动机，做到电器装置固定整齐，安全防护装置牢靠。

（2）清洗设备相关附件及冷却装置。

（3）按计划拆卸设备的局部和重点部位，并进行检查，彻底清除油污、疏通油路。

（4）清洗或更换油毡、油线、滤清器、滑导面等。

（5）检查磨损情况，调整各部件配合间隙，紧固易松动的部位。

（三）二级保养

二级保养的内容为：

（1）对设备进行部分解体检查和修理。

（2）对各主轴箱、变速传动箱、冷却箱进行清洗并换油。

（3）修复或更换易损件。

（4）检查、调整、修复精度，提高校正水平。

进行二级保养后，要保证主要精度达到工艺要求。二级保养的周期视设备具体情况而定。

案例链接

某公司机械设备保养计划

某公司交流弧焊机的保养计划见表 9－2。

表 9－2　某公司交流弧焊机的保养计划

编号	名称	型号	保养内容
11	交流弧焊机	BX1－500	日常保养：1. 内外部检查和清扫电焊设备。2. 吹扫电焊变压器、电动机、发电机、磁放大器、输出电抗器上的积灰。3. 检查各连接点是否过热，拧紧各连接点螺丝。4. 检查各线路及零部件是否完好。5. 检查保险丝是否符合要求，如发现已氧化、严重过热、变色，应更换。

续表

编号	名称	型号	保养内容
			一级保养：1. 完成A级保养全部内容。2. 检修变压器、磁放大器、输出电抗器，必要时进行浸漆烘干。3. 完成电动机、发电机和电磁开关二保有关内容。4. 根据运行可疑情况，测量各元件有关参数。(1) 测量二极管正反向电阻值，主回路每边三只二极管的反向阻值应基本相同，在装有节电装置的硅整流机上，主回路二极管反向阻值低于80K应予以更换。无节电装置焊机可降至30K。(2) 检查电阻、电容值。5. 必要时进行全部解体，清理二次小线更换重排，并涂防腐油漆。 二级保养：1. 完成A级保养和B级保养全部内容。2. 全部解体清理，涂防腐油漆，更换不能用的易损件，整理次线，二次小线全部更换。3. 必要时重绕变压器，磁放大器绕组，输出电抗器绕组。4. 检查电动机、发电机和电磁开关。5. 组装调试机器达到额定输出功率并满足焊接工艺要求。

三、建立设备点检制度

设备点检是利用人的感官或简单的仪表工具，按照标准定点、定期地对设备进行检查，找出设备的异常，发现隐患，掌握设备故障的初期信息，以便及时采取对策，将故障消灭在萌芽阶段的一种管理方法。

点检制度是以点检为中心的设备维修管理体制，就像人要做身体检查一样，主要利用一些检查手段，对设备进行早期检查、诊断和维修。每个企业可根据自己的实际情况制定点检制度，如“三位一体”点检制度及五层防护线。“三位一体”是指将岗位操作员的日常点检、专业点检员的定期点检、专业技术人员的精密点检三者结合起来的点检制度。五层防护线包括：第一层防护线是指岗位操作员的日常点检；第二层防护线是指专业点检员的定期点检；第三层防护线是指专业技术人员的精密点检；第四层防护线是指对出现问题通过技术诊断等找出原因及对策；第五层防护线是指每半年或一年的精密检测。

点检制度要求实现八“定”：

(1) 定人：设立兼职和专职的点检员。

(2) 定点：明确设备故障，明确点检部位、项目和内容。

(3) 定量：对劣化设备进行定量化测定。

(4) 定周期：针对不同设备、不同设备故障点给出不同点检周期。

(5) 定标准：指出每个点检部位是否正常的依据。

(6) 定计划：做出作业卡，指导点检员沿规定的路线作业。

(7) 定记录：制定固定的记录格式。

(8) 定流程：制定点检作业和点检结果的处理程序。

四、建立设备台账

对现场仪器设备均应建立设备台账（可采用Excel表格的形式），并按下述制度进行从投入到报废的全生命周期的管理。

（一）设备定号

设备定号就是按照设备目录为每台设备依顺序统一编号，使每台设备都有自己的固定号码。号码好比人的姓名，将标有号码的标牌固定在设备上，设备有了“姓名”，就便于查找核对，避免产生乱账、错账，防止差错。

（二）保管定人

保管定人就是根据“谁用谁管谁负责”维护保养的原则，把设备的保管责任落实到使用人，使每台设备都有专人保管，丢失损坏都有专人负责，将设备管理纳入岗位责任制。

（三）管理定户

管理定户就是以使用区域为单位，把全区域的设备编为一个“户”，区域计量负责人就是“户主”，要求“户主”对本区域全部设备的保管、使用和维护保养负全面责任。

五、开展自主保养

TPM 的目标是通过改善人和设备的素质来改善企业的素质。所谓人的素质，就是要使全体员工都具有兢兢业业的思想、不断改善的意识，同时具备岗位所要求的知识和技能。具体来说，除了干劲和意识，操作人员还应具备自主保养的能力。TPM 将设备的操作人员也当作设备维护中的一项要素，这是 TPM 的一种创新，因此那种“我只负责操作”的观念就不再适用了。而例行的日常维修检查、少量的调整作业、润滑保养以及个别部件的更换工作都成了操作人员的责任。在操作人员的协助下，专业维修人员主要负责控制设备的过度耗损和主要停机问题。即使聘请了外部或工厂内部维修专家，操作人员也应在维修过程中扮演重要角色。

先进的设备管理是制造企业降低成本、增加效益的最直接、最有效的途径。TPM 就是以全员参与的方式，创建设计优良的设备系统，提高现有设备的运行效率，实现安全性和高质量，防止错误发生，从而使企业达到降低成本和全面提高生产效率的目的。

六、建立设备早期管理体制

设备的早期管理，一般包括设备设计、安装、试运转到初期流动管理等各阶段，主要是防范以上各阶段可能发生的故障。尤其在初期流动管理方面，对于运转开始阶段的故障及不顺畅，应进行记录并拟定对策，使其早日进入正式生产。当然，将必要的资讯回馈至原设计单位，作为下次设备设计的参考，这种保养预防（PM）设计的做法是非常值得重视的。

TPM 追求的目标是使设备效率达到最高，换言之，最好使设备始终处于“免保养”的状态。一般来说，设备设计阶段几乎决定了设备生命周期成本的 90%，因此，如何建立一个免保养的设备系统非常重要。

案例链接

某公司的 TPM 活动

某公司为确保设备完好率，在班组中全面推行 TPM，制定班组 TPM 工作等级目标，从浅入深，从低到高，从 TPM 活动的导入设备自主点检，从微小缺陷的解决到 TPM 重点问题分析，将 TPM 工作真正做到实处，最终实现降低设备停台时间，减少故障，提高设备开动率。

1. 建立班组 TPM 组织机构

由班组中三名精通设备的生产工人和维修工人组成班组 TPM 推进小组，确定 TPM 小组的工作职责，如图 9－4 所示。

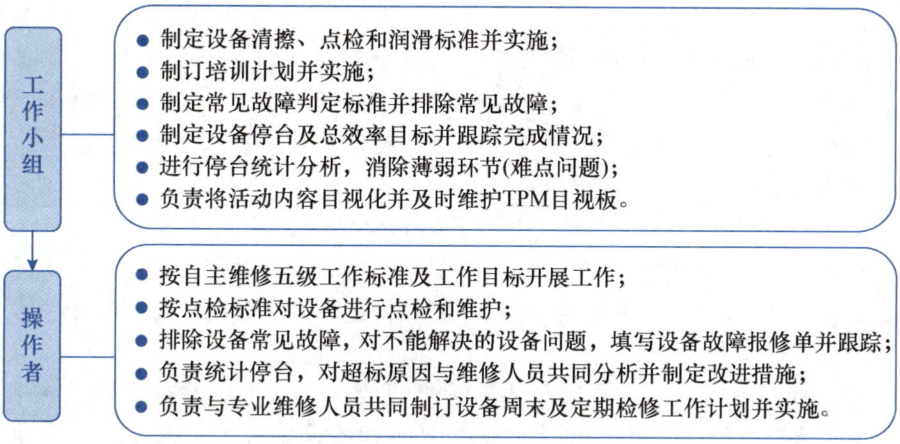

图 9－4　TPM 小组的工作职责

2. 班组成员设备维修技能培训

正确按照规定使用设备是设备正常运行的前提，设备点检和保养是设备完好率提高的关键。为提高设备开动率，班组制定了员工设备维修技能素质表，并按照素质表开展员工设备维修培训，还聘请设备保全人员传授新设备的正确使用方法，并编制设备操作指导书。

3. 设备停台分析

针对设备故障引发的生产线停台问题，班组要对发生原因进行详细分析和分类，明确哪些故障是突发故障、哪些故障是频发故障、哪些故障是可防止的、哪些故障是不可防止的。频发故障是生产班组和维修班组设备管理中应重点关注并解决的问题。针对可防止的设备故障，制定再发防止措施，并将再发防止措施与班组自主保全台账管理联系起来，将能通过操作者日常自主保全预防的故障纳入自主保全台账管理中。

针对不可预防故障，要运用改善或 QC 活动等手段，逐步转化为可预防故障，并逐一消除；无法转换为可预防故障的，则通过开展班组长课题活动或 TPM 样机活动等逐步解决。

4. 微小缺陷查找

开展微小缺陷查找工作，结合平时对设备微小缺陷的查找和消除，班组不断完善班组的设备点检表，建立清擦、点检、润滑标准，要求操作者每天开机前按照点检表内容认真点检，每周定期进行设备保养工作。班组执行红、蓝卡制度，对于简单的问题，由生产线自己解决，填蓝卡；遇到疑难问题填红卡，与专职维修人员共同解决。班组成员与维修人员共同成立 TPM 小组，每周召开 TPM 会议，将疑难问题作为 TOP 项目立项解决。

中国力量

管延安："深海钳工"第一人

中国"深海钳工"第一人、全国五一劳动奖章、全国技术能手、全国职业道德建设标兵、全国最美职工、中国质量工匠、大国工匠、齐鲁大工匠……一系列沉甸甸的荣誉集于一身，他就是中交第一航务工程局第二工程有限公司总技师管延安。

在山东青岛，管延安从学徒做起，练就了精湛的钳工技术；在南伶仃洋，他参与建设举世瞩目的港珠澳大桥，凭借一丝不苟、追求极致的工匠精神，实现了拧过的60多万颗螺丝零失误，确保这一世界首条外海沉管隧道"滴水不漏"。如今，他仍坚守在生产一线，传承工匠精神，随时听从派遣，到祖国建设最需要的地方去。

1. 追求卓越：毫米之间见"匠心"

管延安出生在农村，1995年初中毕业后，跟随亲戚来到青岛当学徒成为钳工。从那时起，他就发现自己对机械维护、设备安装等工作特别感兴趣。管延安要求自己"干一行，爱一行，钻一行"，工余勤学苦练，遇到不懂的就请教，或者翻书查找资料，慢慢练就了一身过硬技术。

2013年，管延安受命前往珠海牛头岛，带领钳工团队参与建设港珠澳大桥岛隧工程。长达5.6千米的外海沉管隧道，由33节巨型沉管连接而成。在最深40米的海底实现厘米级精确对接，在业内人士看来，其难度系数丝毫不亚于"神九"与"天宫一号"的对接。

管延安和他的团队主要负责沉管舾装和管内压载水系统等相关作业。虽然此前参与过国内最大集装箱中转港——前湾港、青岛北海船厂等大型工程建设，有着丰富的工程建设经验，但是面对港珠澳大桥所采用的大量高科技、新工艺，以及120年使用寿命的高质量要求，管延安还是从零开始虚心学习，不断积累经验。

管延安有一项工作是负责安装沉管阀门螺丝。如果在陆地作业，只要拧紧螺丝就够了。但要在深海中完成两节沉管的精准对接，确保隧道不渗水不漏水，沉管接缝处的间隙必须小于1毫米。1毫米的间隙，根本无法用肉眼判断。可管延安硬是通过一次次拆卸练习，凭着"手感"创下了零缝隙的奇迹。为了找到这种"感觉"，他拧螺丝时从不戴手套，为的是有"手感"。经过数以万计次的重复磨炼，管延安练就了一项骄人的高精准绝技：左右手拧螺丝均实现误差不超过1毫米。

在一次次操作中，他甚至还练就了"听感"，通过敲击螺丝，从金属碰撞发出的声音，判断装配是否合乎标准。在他的听觉中，不一样的安装，会发出不一样的声音。管延安从此获得中国"深海钳工"第一人的美誉。

2. 精益求精：60万颗螺丝零失误

管延安知道，建设港珠澳大桥是一项重大国家战略，对全面推进内地与香港、澳门互利合作具有重大意义。作为这项工程的参与者，他有着至高的荣誉感和责任感。也正是秉承着筑造精品的匠心，他和团队成功建造了世界首条"滴水不漏"的外海沉管隧道，为"超级工程"提供了坚实的保障，也助推中国从桥梁建设大国走向桥梁建设强国。

在参建港珠澳大桥的5年里，管延安和工友们先后完成了33节巨型沉管和6 000吨最终接头的舾装任务，做到手中拧过的60多万颗螺丝零失误，创造了中国工匠独有的技艺技法。

工作上，管延安的较真是出了名的。以蝶阀安装为例，安装前检查蝶阀和各个零部件三遍。安装后，再检查三遍，最后还要调试检验。指导新人时，他最常挂在嘴边的话是“再检查一遍”，强调最多的是“反复检查”。

在长期的工作中，管延安养成了一个习惯：给每台修过的机器、每个修过的零件做记录，将每个细节详细记录在施工日志上，遇到任何情况都会“记录在案”，里面不但有文字还有自创的“图解”。在港珠澳大桥建设期间，他同样制作了“图解档案”，其中的几本被收录进港珠澳大桥沉管预制博物馆。

港珠澳大桥管理局副局长余烈曾这样评价管延安：“凡他经手的每个螺钉紧固、设施测试都安全可靠，这种作风是‘工匠精神’的具体体现，也正是这种精神，成就了港珠澳大桥这一世纪工程的高品质。”

3. 不忘初心：带领团队研发创新

港珠澳大桥建成通车后，管延安回到位于青岛的中交第一航务工程局第二工程有限公司。公司专门成立了“大国工匠管延安创新工作室”，他作为领衔人，与工作室成员一同从事沉管、船舶研究。

“津平1号”是目前世界上最大的外海抛石整平船，对四条90米高的桩腿进行润滑保养，一直是操作工人解决不了的难题。管延安带领工友和技术人员攻关研讨，提出了自主研发润滑加油装置的思路，在船上攻关1个多月，成功研制出“桩腿齿轮喷淋加油润滑装置”。这是一项涵盖了设备制造、技术创新和船机改造等不同业务的创新成果，总制造成本不到3万元，比最初引进德国进口设备的方案，节省资金240多万元。

管延安尽管已经是公司的总技师，但仍然忙碌在生产一线，平时最喜欢听的仍是机械加工和锤子敲击声。20多年的钳工生涯，他乐此不疲。“宝剑锋自磨砺出”，他觉得只有扎根一线，不断精益求精，技艺才能臻于至善。

参与港珠澳大桥建设的经历，也让管延安更加深刻体会到工匠精神和技术创新的重要性。已过不惑之年的他，仍保持着勤于学习的劲头。在他工作的地方，厚厚的技术书籍摞了高高一摞。工作闲暇之余，他经常拿出自己攒下的工作日志，仔细琢磨研究，将其中的技术要领和心得传授给年轻的工友。

“不能在荣誉面前止步不前。作为一名共产党员，我将不忘初心，砥砺前行。”管延安说。目前公司还承接有深中通道、大连湾海底隧道等重大工程项目，他将随时听从派遣，到祖国建设最需要的地方去，坚守并传承工匠精神，把新时代产业工人的名片擦得更亮。

本章小结

通过本章的学习，我们掌握了企业全面生产维护的基本概念和主要工作。主要包括以下内容。

1. 全面生产维护的主要内容

全面生产维护是以 5S 管理和目视化管理为基础，以八大支柱为依托，通过小组活动来实现意识的更新和行为的改善，从而达到最佳的设备综合效率和经营效率。

2. 全面生产维护的八大支柱

全面生产维护的八大支柱分别为自主保全、计划保全、质量保全、逐项改善、业务部门的效率化、设备的初期管理、安全与环境、教育训练。

3. 设备保全需要开展的工作

设备保全需要开展的工作包括设备 ABC 分类、制订设备周期性维护计划、建立设备点检制度、建立设备台账、开展自主保养、建立设备早期管理体制等。

基本概念 全面生产维护 TPM 目标 TPM 的八大支柱

第九章 在线练习

第十章
现场安全管理

学习目标

知识目标

◇了解现场安全管理的基本概念。

◇了解主要的安全法规。

◇掌握安全教育的内容和方式。

◇理解危险预知活动（KYT）的主要工作。

能力目标

◇ 具备现场安全管理能力。

素养目标

◇ 树立正确的现场安全管理理念，培养“生命至上，安全第一”的意识，推动形成现场安全人人有责、人人尽责的良好氛围。

企业应让员工具有安全意识并按章操作，特别是通过现场改善，消除安全隐患，创造一个令人安心的生产环境，使员工能够有序地开展作业，不会产生不适感和威胁感。企业在生产经营中，只有遵循人、物、事三方面安全的三安原则，才能保持员工高昂的士气。

现场安全管理，是对人的不安全行为与物的不安全状态的管理，是为了消除人身伤害、财产损失，针对生产、产品使用、设备维护等过程中的安全隐患，充分利用相关资源，通过安全决策、计划、组织、控制等活动来降低或消除。现场安全管理包括安全生产管理、安全劳动保护管理、作业人员安全管理、设备安全管理、作业环境安全管理等。在生产过程中，在处理安全与生产、质量、效益的关系上，企业应坚持“安全第一、预防为主、综合治理”的方针，始终把安全放在首要的位置。

第一节　安全法律法规及应用

企业应建立和有效运行安全管理体系，消除物的不安全状态和人的不安全行为，并进行有效管理，防微杜渐。安全职能管理部门应组织相关部门对适用的安全法律法规和其他要求进行识别，并定期评价员工遵守情况，履行对合规性的承诺。

一、安全法律法规的识别

企业在遵守国家相关安全法律法规的同时，应主动建立职业健康与安全、质量管理等管理体系，根据企业的安全因素对国家相关安全法律法规、管理标准及其他要求进行充分识别并加以控制，防范安全风险。生产管理者需要承担相应的安全管理责任，将安全责任和具体的要求写进每个员工的岗位说明书中，通过有效的手段进行安全管理。

二、安全法律法规的合规性评价

为确保安全管理体系的有效运行，企业应定期评价适用的安全法律法规和其他要求的遵循情况。企业安全职能部门应定期组织安全合规性评价，如举办年度管理评审，并将评价结果上报管理者审批。

案例链接

某公司的合规性评价流程

合规性评价流程如图 10－1 所示。

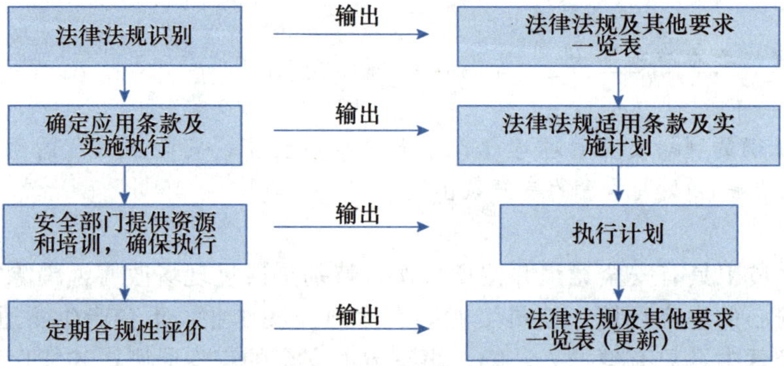

图 10－1　合规性评价流程

三、企业安全制度的合规性

安全生产制度是企业依据安全法律、法规、规章、标准和方针政策，结合生产、经营的实际情况，以企业名义起草的、用以规范安全生产、防范安全风险的规范性文件。

如某公司拟制定《劳动防护用品管理规定》，先识别适用的法律法规和标准：《个体防护装备配备规范》（GB 39800－2020）、《防砸安全鞋（保护足趾安全鞋）技术要求》（LD50-94），然后根据法律法规及企业实际情况制定《劳动防护用品管理规定》，其发放标准见表 10－1。

表 10－1　劳动防护用品发放标准

作业类别	适应工种	防护用品与使用年限	备注
低压带电（1 200V 以下）	电工	绝缘鞋（2 双/年）、手套（3 双/月）、安全帽（配备）、防护镜（2 副/年）、工作服	
	电气保焊工	焊工手套（3 双/月）、帆布手套（6 双/月）、防护镜（2 副/年）、帆布工作服（2 套/年）、普通纱布口罩（4 个/月）、皮袖套（2 件/年）、皮护腿（2 副/年）、皮围腰（2 件/年）	焊工手套油箱班没有，直管、弯锥管（4 双/月）
高噪声作业	钎焊工、油箱焊接校形工	耳塞（2 副/月），防砸鞋（2 双/年），帆布手套（6 双/月），帆布工作服（2 套/年），普通纱布口罩（8 个/月），安全帽（配备），冷拔工、冲床工、切管机下料工耳塞（2 副/月）	钎焊工配头戴式面罩（按原规定）

第二节　安全教育及培训

造成安全事故有三大因素：一是物的不安全状态导致潜在的危险；二是人的不安全行为使得发生违章现象；三是在平时管理当中对相关的隐患和人员的状况没有及时地去排除和检查。企业应根据国家《中华人民共和国安全生产法》的要求，定期组织安全管理相关人员开展培训，通过安全教育及培训，全面提高从业人员的安全意识和操作技能，规范作业行为，杜绝违章指挥、违章作业和违反劳动纪律的“三违”行为，从根本上防止事故的发生。

一、安全教育及培训的对象

安全教育及培训的对象主要为新员工、生产经营单位主要负责人、安全生产管理人员、特种作业人员。

（一）新员工的安全教育及培训

新员工进行作业时较易发生事故，企业应安排新员工及时了解现场、岗位安全隐患及安全操作技能。新员工的安全教育及培训一般分为厂、车间、班组三级。

（1）厂级安全教育及培训。主要内容包括：本单位安全生产情况及安全生产基本知识；安全生产规则制度和劳动纪律；员工安全生产的权利和义务；相关事故案例；等等。

（2）车间级安全教育及培训。主要内容包括：车间安全状况和规章制度；工作环境及危险因素；工种的安全职责、操作技能及相关标准；应急方法、紧急情况的处理；安全设备、个人防护用品的使用及维护；职业病预防及相关措施；相关事故案例；等等。

（3）班组级安全教育及培训。主要内容包括：岗位安全操作规程；岗位之间工作衔接的安全与职业卫生事项；相关事故案例；等等。

新员工岗前安全培训时间不得少于 24 学时。煤矿、非煤矿山、危险化学品、烟花爆竹、金属冶炼等生产经营单位新上岗的从业人员安全培训时间不得少于 72 学时，每年再培训的时间不得少于 20 学时。

除进行课程培训外，企业还应编制安全培训手册，并结合员工上岗证考取过程中的安全考核进行综合安全培训及教育。安全培训手册通过介绍安全基本知识、分析各种事故案例，对企业重大安全隐患，如吊装安全、交通安全等进行重点讲解，使得员工尽快了解现场隐患及防范措施。

此外，企业还可举办上岗证操作考试，将员工的安全技能纳入考核，对所有岗位的员工根据其作业内容，考核员工对作业现场危险、有害因素的识别以及实际操作过程中的安全技能。如折弯工，通过学习安全培训手册及参加上岗证操作考试，可以了解搬运、吊装、折弯及作业现场的安全隐患及注意事项。

（二）生产经营单位主要负责人、安全生产管理人员的安全教育及培训

《中华人民共和国安全生产法》第二十七条规定：生产经营单位的主要负责人和安全生产管理人员必须具备与本单位所从事的生产经营活动相应的安全生产知识和管理能力。

生产经营单位主要负责人及安全生产管理人员必须按照国家有关规定进行安全生产培训，经培训单位考核合格并取得安全培训资格证书后方可任职，培训时间不得少于 32 学时。同时，生产经营单位主要负责人及安全生产管理人员每年应进行安全生产再培训，培训时间不得少于 12 学时。

煤矿、非煤矿山、危险化学品、烟花爆竹、金属冶炼等生产经营单位主要负责人和安全生产管理人员初次安全培训时间不得少于 48 学时，每年再培训时间不得少于 16 学时。

生产经营单位主要负责人及安全生产管理人员的安全教育及培训内容主要包括：国家安全生产政策、相关法律法规及标准；安全生产管理、生产技术、职业卫生等知识；事故统计、报告及职业危害的调查处理方法；重大危险源管理、重大事故防范相关要求；应急管理、应急预案的编制、处置要求等内容；国内外先进的安全生产管理经验；等等。

（三）特种作业人员的安全教育及培训

特种作业过程中易发生伤亡事故，对操作者本人及其他人的安全有重大危害。

特种作业主要包括电工作业、焊接与热切割作业、高处作业、制冷与空调作业、煤矿安全作业、金属非金属矿山安全作业等内容。

特种作业人员上岗前，必须进行专门的安全技术及操作技能的培训和考核，经培训考核合格，取得特种作业操作证后方可上岗。

二、安全教育及培训的主要形式

（一）员工安全教育及培训的主要形式

安全教育及培训可通过早会和晚会、安全活动、安全生产会议、专题培训班、应急预案、安全宣传标语及标识、安全知识竞赛等多种形式说明安全注意事项。安全培训的方法有课堂讲授、实操演练、娱乐宣传等。

（二）安全宣传

安全宣传的方式包括可视化安全看板、条幅、安全知识手册及安全报、电台广播、安全活动等。

（1）可视化安全看板示例如图 10－2 所示。

图 10-2　可视化安全看板示例

(2) 条幅示例如图 10-3 所示。

图 10-3　条幅示例

(3) 安全知识手册及安全报示例如图 10-4 所示。

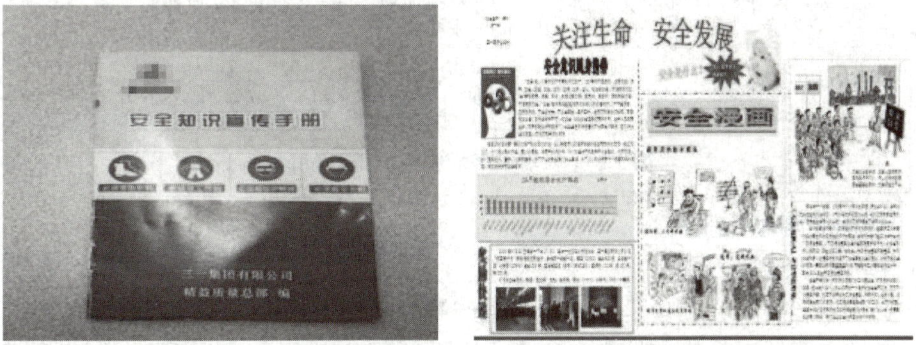

图 10-4　安全知识手册及安全报示例

(4) 安全活动（安全知识竞赛）示例如图 10-5 所示。

图 10－5　安全活动示例

第三节　安全生产责任制

《中华人民共和国安全生产法》第五条规定：生产经营单位的主要负责人是本单位安全生产第一责任人，对本单位的安全生产工作全面负责。这是企业安全管理必须实行的一项基本制度，用于规范企业全体员工的安全职责，确保安全生产。

一、安全生产责任制的建立

（一）建立安全管理组织机构

建立、落实安全生产责任制，首先必须建立安全管理组织架构，明确安全生产职责。图 10－6、图 10－7 分别为某集团公司及其分公司的安全管理组织机构图。

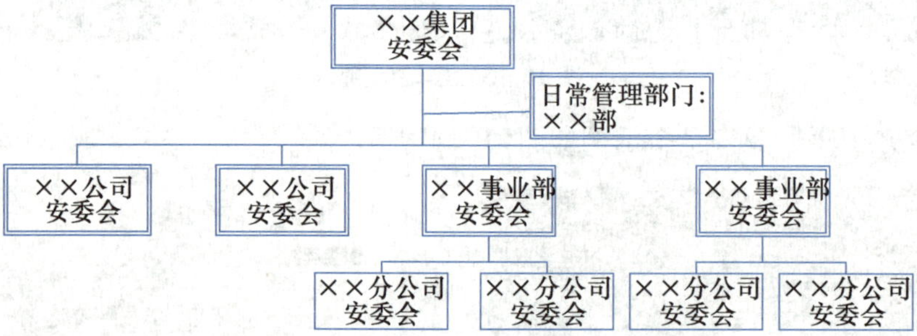

图 10－6　某集团的安委会组织机构

（二）明确安全生产职责

安全生产委员会职责包括：

（1）安全生产委员会主任是企业安全生产第一责任人，对安全生产全面负责；

（2）安排和部署安全生产检查和安全生产专项治理工作，安排部署、制定和建立安全预警机制；

（3）定期进行工作汇报，及时研究解决或审批有关安全生产中的重大问题；

（4）组织审定并批准企业安全生产规划、计划、安全规章制度、安全技术规程和重大安全技术措施，提供安全费用；

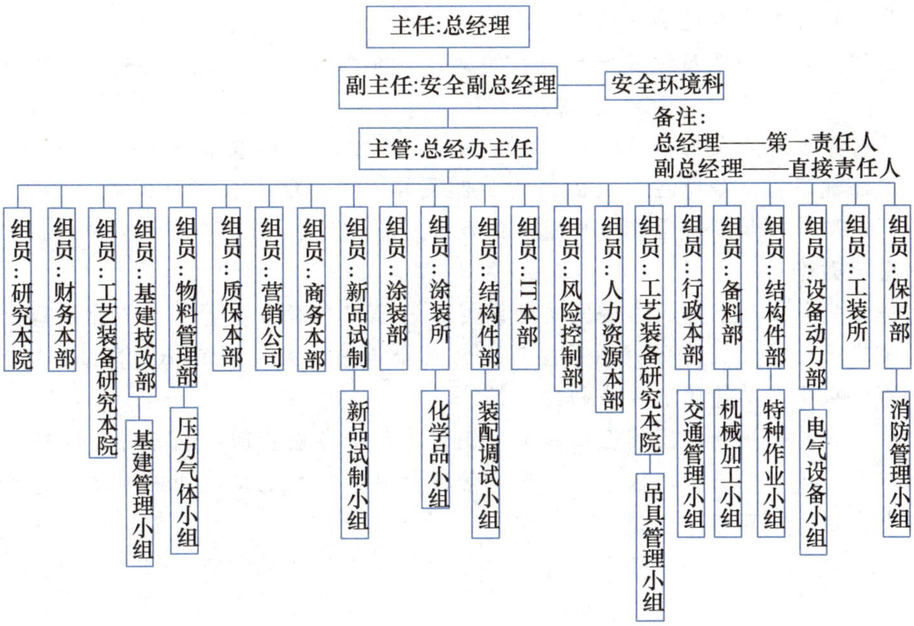

图 10-7 某集团分公司的安委会组织机构

(5) 组织制定各种应急预案并进行应急演练。

二、安全指标分解、责任落实、考核

安全责任重在落实，必须将安全指标分解到各个部门，分解到个人，实行安全指标超标一票否决制，使管理人员明白自身所承担的安全职责，做到安全生产“三个必须”（管行业必须管安全、管业务必须管安全、管生产经营必须管安全）。同时，也能使员工明白安全生产的重要性，以便达到人人为安全、人人管安全、人人讲安全的效果，做到安全生产全民参与，从而更好地杜绝安全事故。

案例链接

××集团安全责任制考核方案

一、适用范围

本考核方案适用于××集团各事业部/子公司生产现场、作业现场发生的人员伤害事故（包括售后服务、外部安装事故、责任交通事故），各职能总部参照执行。

二、考核方式

××集团各事业部/子公司的安全事故考核，按年度千人负伤率、事故超标进行双层考核。

1. 年度千人负伤率考核

年度千人负伤率超过3‰，处罚事业部/子公司20万元。

2. 事故超标考核

(1) 年度千人负伤率超标或出现死亡事故，责任追溯到公司总经理或部门总监；

（2）责任追究方式为经济处罚与行政处罚相结合；

（3）年度千人负伤率超标或发生死亡事故，对单位处罚20万元，并对责任个人进行处罚；

（4）实行年度千人负伤率超标或死亡事故一票否决权，即取消当年一级部门、二级部门及人员的评优资格，且所在二级部门的干部及其上级主管、公司总经理1年内不提拔、不加薪，同时取消本年度集团制造质量奖的评选资格。

三、考核实施

（1）每年2月1日前由人力资源总部和财务总部配合精益质量总部统计汇总上年度的安全费用及安全目标完成情况（包括上年度伤员未治愈或未处理完毕的事故），出具年度人员安全事故报告，呈集团安委会领导审批；

（2）每年3月1日前集团安全归口部门制定本年度各事业部、子公司人员安全目标；

（3）发生人员伤害事故，由本单位安全管理员第一时间上报集团安委会，并于事故发生2日内提交事故调查与处理报告。

第四节 危险预知活动

危险预知活动（Kiken Yochi Training，KYT）是针对生产特点和作业全过程，以危险因素为对象，以作业班组为团队开展的一项安全教育和训练活动，它是一种群众性的“自主管理”活动，目的是控制作业过程中的危险，预测和预防可能出现的事故。

KYT是以班组或作业小组为单元，以预防（预防为各项工作之首，强调技术措施的重要）、先行（发现问题、隐患立即解决、消除，并建立持续改善的机制）及参与（发动员工积极参与现场安全管理，增强自觉意识和能力）为原则。

一、KYT的内容

KYT包括劳保用品配置标准化、安全巡视、标准作业、作业前KY、手指口述、“吓一跳、冒冷汗”、事故快递与共享等内容。KYT开展的要点是围绕主题，通过小集团活动以解决问题，其四步循环见表10-2。

表10-2 KYT的四步循环

			KYT	实施要点
观察	1R	把握事实（现状把握）	存在什么潜在危险	基本是现场的现物
考虑	2R	找出本质（追究根本）	这是危险的关键点	不遗漏任何危险部位
评价	3R	制定对策	要是你的话怎么做	可实施的具体的对策
决定	4R	决定行动计划（目标设定）	我们应当这么做	将……做成……（唱和）
实践				责任者、日程
总结/评价				全体成员

二、KYT的实施过程

KYT活动的实施过程为KYT标准班组培训、班组KYT训练与实施、KYT实施情况的检查与评价、PDCA循环和维持管理。

（一）KYT标准班组培训

进行KYT标准班组培训，主要内容为熟悉并了解KYT的含义、目的和4R基本方法，评价班组的培训效果。

若班组长受过培训可由其直接对班组成员实施培训。

（二）班组KYT训练与实施

班组KYT训练内容包括：进行KYT基础练习和4R训练；对新员工开展KYT培训并进行记录；每月至少一次结合工作岗位开展KYT训练。

班组KYT实施的过程包括：

（1）以班组为单位，通过对每个班组、每道工序的危险源辨识、分级之后，以班组为单位通过看板进行目视化管理，使得现场安全隐患清晰明了，使每个员工都了解现场的安全隐患、每个隐患都知道怎么预防。老员工须更加注意，新员工要立即进入安全的工作状态。表10－3是某公司班组制定的危险源分级表。

表10－3　某公司班组制定的危险源分级表

序号	场所/过程	危险因素	描述	后果	发生可能性（L）	暴露的频繁程度（E）	后果（C）	风险值（D）	风险级别
1	翻转作业场所	物理性危险因素	翻转、吊装大件无配套专用吊具	起重伤害	6	6	15	540	一级
2	吊装作业	物理性危险因素	行车存在点检不及时的情况	起重伤害	6	6	15	540	一级
3	吊装作业	行为性危险因素	行车操作人员普遍是非指定起重人员，违规操作行车	起重伤害	6	6	15	540	一级
4	吊装作业	物理性危险因素	随意在物料上焊接吊环进行吊运	起重伤害	6	6	15	540	一级
5	吊装作业	物理性危险因素	行车操作人员无证上岗、歪拉斜吊等不规范使用和违章操作	起重伤害	10	10	15	1 500	一级

续表

序号	场所/过程	危险因素	描述	后果	发生可能性（L）	暴露的频繁程度（E）	后果（C）	风险值（D）	风险级别
6	用电作业场所	物理性危险因素	电气柜门不关好，里面有杂物	触电	6	6	15	540	一级
7	用气、切割作业	化学性危险因素	丙烷、氧气气管接头处漏气	火灾、化学性爆炸	6	6	15	540	一级

（2）现场管理标准化，针对每个班组危险源辨识情况，制定每个班组安全管理标准，将安全管理工作由工厂级分解为车间级、由车间级分解为班组级，使得每个员工能够根据安全标准自主进行安全隐患的识别与排除，做到早期预防。表 10－4 是某公司班组制定的安全管理标准。

表 10－4　某公司班组制定的安全管理标准

序号	作业种类	安全行为标准
1	劳保防护	进车间戴安全帽、穿防砸鞋
2	吊装作业	吊装作业前检查吊具的完好性
3	吊装作业	吊装作业前检查行车关键部位的完好性
4	吊装作业	吊装作业必须遵守行车“十不吊”规定
5	吊装作业	不得私自在工件上焊接吊环
6	吊装作业	焊割作业前检查气箱、气管是否漏气
7	吊装作业	翻转作业前检查钢丝绳、插销等关键部位是否完好
8	吊装作业	不得悬空焊接车架
9	吊装作业	在车架上作业时要小心跌落
10	吊装作业	翻转时人员必须离开翻转区

（三）KYT 实施情况的检查与评价

可通过以下项目对 KYT 实施情况进行检查与评价：KYT 小组活动全员参与率；每人至少提出一条危险因素；流程正确，过程清楚，自主实施对策能得到落实。表 10－5 为某企业 KYT 等改善活动月统计记录。

（四）PDCA 循环和维持管理

企业应鼓励全员参与安全活动、PDCA 循环和维持管理并持续开展（每周至少一次）。员工应将岗位 KYT 分析纳入日常安全活动之中，通过识别危险源、制定相应控制措施、教育培训等系列工作，持续不断开展 KYT，最终实现安全标准化生产。此外，企业在开展 KYT 时，要注意做好记录以备检查。表 10－6 为某班组的 KYT 记录。

表 10－5　某企业 KYT 等改善活动月统计记录

单位名称：　　　　　　　　　　　　　　　　　　　　示范班组数量：　　个

公司级安全巡视	巡视人：　　　发现危险因素：　　项 实际对策：　　项　实际对策完成：　　项				岗位标准化作业文件	当月完成：　　个　累计建立作业 KY 卡： 累计完成：　　个　（　）个				
序号	部门/工作中心的班组总数（个）	开展 KYT 活动的班组数（个）	KYT 活动开展次数	KYT 活动开展率	主要隐患挖掘数	主要隐患整改数	“吓一跳、冒冷汗”事件起数			
							A 类	B 类	C 类	对策实施数
1										
2										
3										
4										
5										
6										
…										
合计										

批准：　　　　审核：　　　　编制：　　　　日期：

表 10-6　某班组的 KYT 记录

员工危险预知训练（KYT）记录				中心主任	安全员
				李××	张××
时间	××××年×月×日×时	班组	××中心××班组	作业内容	金属棚架侧面钻孔
参加人员（签名）王××、陈××、朱××、周××、雷××、洪××					
危险类型： 1. 被夹；2. 被刺、被切；3. 被卷入； 4. 滑倒；5. 摔倒；6. 跌落； 7. 烫伤；8. 触电；9. 异物入眼； 10. 异（吊）物掉落；11. 其他危险。					
成员	存在的危险因素（由于……导致……）	危险类型	对策措施	实施方式（自主或委托实施）	确认人/确认日期
陈××	1. 由于踏过人字梯顶部作业导致掉落危险	6	3-1. 检查梯子是否牢固	自主实施	王××/2018.5.19
朱××	2. 由于电钻绝缘性不好导致漏电危险	8	5-1. 安排监护人员	自主实施	王××/2018.5.19
周××	3. 由于梯子不牢固导致坠落危险	6			
雷××	4. 由于梯子摆放不平稳导致滑倒危险	4			
洪××	5. 由于旁边无监护人员导致意外时不能及时处理	11			
行动目标	（为了防止……我们应该……）：为了防止在登梯钻孔作业时摔落，我们应该检查梯子、有人监护作业			共同确认 “……好!”连呼三遍	
效果评价	较好（√） 一般（ ） 较差（ ）	改进方式： 班组成员应进一步积极发言、提出更多的危险因素		班长：王×× ××××年×月×日	

注：
（1）KYT 以班组为单位每月至少一次，由班组长负责组织；
（2）针对训练内容，每个成员提出一条自己认为非常重要的危险因素及对策措施，并进行确认签字；
（3）班组长汇总大家意见，形成班组共同的行动目标，并组织成员共同确认；
（4）班组长在训练后或对策落实及训练内容的实施效果进行评价，最后由安全员、工作中心主任进行确认。

第五节　安全目视化管理

一、员工安全操作标准目视化

为了提高员工的安全操作技能，需要对所有的作业编制安全操作规程，以规范员工行为，尤其对实习生和特种作业人员。某公司安全操作规程目录如图 10-8 所示。

目　　录

图 10－8　某公司安全操作规程目录

二、设备运行状态目视化

从设备点检表着手，随时记录设备的运行状态，防止设备带故障作业，特别是行车等特种设备，一旦发生故障将会带来严重的后果。通过设备运行状态目视化、设备点检能及时地发现隐患，消除危险因素。

三、起重吊具色标管理

起重作业作为特种作业，其安全性必须得到保证，这就要求吊具在使用过程中必须完好无损。为了形成吊具定期检验机制，应进行吊具色标卡管理，对吊具定期进行更改、点检，及时有效地排查吊具安全隐患。图 10－9、图 10－10 为吊链吊具色标卡和吊链吊具台账的示例。

图 10－9　吊链吊具色标卡示例

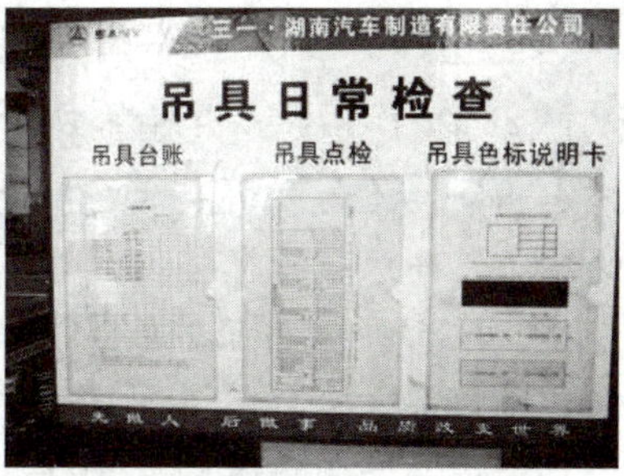

图 10－10　吊链吊具台账示例

四、安全警示标识

针对人员、机器、材料、方法、环境五个方面的危险因素设置安全警示标识，例如，高空楼梯处张贴“禁止攀爬”警示标识；钻床上张贴“不得戴手套”警示标识；电控柜上张贴“高压危险”警示标识；物料摆放设有安全警示线；装配下线处设有“人员作业、不得启动”警示标识；密闭空间设有“受限空间，不得进入”警示标识。

五、工艺、方法安全性目视化

从作业标准、指导书入手，在下发作业标准之前，必须进行安全审核，以确保作业方法的安全性。例如，在装配过程中启动下线工序的标准（见表 10－7）中，必须注明要放置异常启动等。

表 10－7　装配启动下线工序标准

<table>
<tr><td colspan="6">QY20C\QY25C\STC250H 质检交车作业标准</td><td colspan="2">编号</td></tr>
<tr><td>安全审核</td><td>制造审核</td><td>工艺审核</td><td>质量审核</td><td colspan="2">签发</td><td colspan="2">版本</td></tr>
<tr><td>张贤凯</td><td>杨学林</td><td>姚绪华</td><td>黄江平</td><td colspan="2">陈保辉</td><td colspan="2">编制时间</td></tr>
<tr><td>序号</td><td>作业项目</td><td colspan="2">作业顺序及方法</td><td>作业时间</td><td>工具/工装</td><td>记号</td><td>关键特性值</td></tr>
<tr><td rowspan="2">1</td><td rowspan="2">质检检查</td><td colspan="2">1. 静态检测</td><td rowspan="2">30′</td><td rowspan="2">3m 卷尺</td><td></td><td></td></tr>
<tr><td colspan="2">2. 动作检测</td><td></td><td></td></tr>
<tr><td rowspan="3">2</td><td rowspan="3">排故</td><td colspan="2">1. 确认检验员所检故障</td><td rowspan="3">50′</td><td rowspan="3">扭矩扳手；
开口扳手</td><td></td><td></td></tr>
<tr><td colspan="2">2. 排除检验员所检故障</td><td></td><td></td></tr>
<tr><td colspan="2">3. 通知质检员验证排故情况</td><td></td><td></td></tr>
<tr><td>3</td><td>交车</td><td colspan="2">通知调试接车</td><td>20′</td><td colspan="3"></td></tr>
<tr><td colspan="4">周期时间</td><td>100′</td><td colspan="3"></td></tr>
<tr><td colspan="2">安全提示</td><td colspan="6">1. 作业员工需佩戴安全帽，穿防砸鞋；
2. 确保作业范围内无人；
3. 操作时，密切注意整车以及周围人员和物品情况，避免发生碰撞；
4. 排故过程中确保不启机；
5. 下线时必须鸣笛确保车下无人。</td></tr>
</table>

中国力量

大国工匠郑桂杰：维护电力系统安全的“哨兵”

2016 年 12 月 8 日，人社部召开第十三届高技能人才表彰大会。在领奖者中，一位身材娇小的女性格外吸引观众的目光。她就是华能集团北方联合电力公司达拉特发电厂继电保护工、高级技师郑桂杰。

中华技能大奖获得者、全国技术能手、华能集团公司第一批“首席专家”、集团公司劳动模范，内蒙古自治区五一劳动奖章、自治区“草原英才”，获批成立国家级技能大师工作室，享受国务院政府特殊津贴……这些含金量十足的荣誉，是郑桂杰用 20 多年不断执着追求换来的，更是她践行工匠精神、精益求精结出的硕果。

1. 专注“立”身——干继电保护必须有过硬的本领

1994 年，郑桂杰从湖南大学毕业，正好赶上达拉特发电厂进入基础建设的高潮期。刚刚走出大学校门的郑桂杰，就这样与继电保护工作结缘。

继电保护工是电力系统最前沿的“哨兵”，时时刻刻守护着电力系统的安全。这就要求从事继电保护的人具有一定的专业理论基础和认真严谨的工作态度，而且要在日常工作中通过现场不断的锻炼，从理论到实践，从实践到理论，在日积月累中练就过硬的专业技能。

2011年，达拉特发电厂一项名为“5-2联变拆除”的工程项目马上要启动。这项工作关系到电厂相关系统的安全运行，保护二次回路极其复杂，每一根电缆都至关重要。在拆除过程中考虑稍不周全，就可能导致电网减供负荷等严重后果。很多人对这项工作任务感到“压力山大”。关键时刻，郑桂杰以“敬畏之心”挑起了这关乎全厂安全的重担。为了确保安全，3周的时间里她每天都查看大量的图纸，将与运行设备相关的每一根二次线、每一个端子都查清脉络、落实到点，写出完善的安全技术措施，并核实现场情况，确保运行设备安全。

由于前期准备工作充分，拆除工作很顺利，3周后圆满结束。郑桂杰的嘴唇上，却布满了深深的、干裂的口子。“郑工的身上有一股钻研的劲头，一种不达目的誓不罢休的求真精神，深深地感染着我们。”熟悉她的一位同事这样评价。

继电保护是一项非常耗费脑力和耐心的工作。为了弄清主要设备的保护及控制回路，为了把每一个回路的来龙去脉搞清楚，郑桂杰每次领受任务后都对照设计图纸及厂家资料，把保护的所有回路串一遍，做到对每一个回路、每一个压板、每一个端子都清清楚楚。此外，她还掌握保护原理、逻辑、调试方法，并在检修时去现场一一核实。

郑桂杰闲不住，只要有时间就研读图纸，阅读专业书籍，学习规程规范。她说只有这样，当出现设备异常或故障时，才能心中有数，做出判断并迅速处理，保障设备安全，将损失降到最低。

多年来，在电厂的很多生产操作环节，都能看到郑桂杰的身影。从安全措施及技术方案制定，到图纸设计、现场施工、调试投运，再到隐患排查、事故处理等，郑桂杰都亲力亲为，从不缺席。

2. 敬业“修”身——对继电保护要有敬畏之心

郑桂杰不仅技术过硬，敬业精神也同样“过硬”。在达拉特发电厂，她参与加班、夜间抢修的次数在班里一直名列前茅。她常说，敬业其实也是修身，是对工作的尊重，更是对自己人格和品质的尊重。

说起郑桂杰的敬业，达拉特发电厂的很多老员工都对她在2005年发生的那起事故中的表现记忆深刻。

那个雨夜，达拉特发电厂220千伏变电站全部停电，4台机组几乎同时跳机。事故之严重、情况之危急前所未有。“立即回厂抢修！”夜半时分接到厂里的电话，她和同事冒雨打车30多千米赶到电厂。心急如焚的她，满脑子装的是“问题到底出在哪里”“该如何迅速处理”……

来到电厂，郑桂杰和同事立即展开事故原因分析调查。气氛很紧张，郑桂杰反倒变得沉稳起来。靠着多年来的经验积累，她相信自己能在同事的配合下很快找出故障所在。最终，经过数据分析、现场勘查，郑桂杰和同事在最短时间找到了故障点，机组顺利重启，使事故对电网的冲击降到了最低。

“对继电保护工作要有敬畏之心，只有这样，我们才能在制定安全措施时考虑更周全，在现场工作中更精心。”郑桂杰说。

郑桂杰把美好的青春献给了达拉特发电厂，献给了她所钟爱的继电保护专业。回顾这 20 多年的工作，她用“累并快乐着”来表达她对这份工作的真实感受。

本章小结

通过本章的学习，我们了解了现场安全管理的基本概念、主要活动和形式。主要包括以下内容：

（1）安全教育及培训。企业应根据《中华人民共和国安全生产法》的要求，定期组织安全管理相关人员开展培训，通过安全教育培训，全面提高从业人员的安全意识和操作技能，规范作业行为。

（2）危险预知活动（KYT）。KYT 是针对生产特点和作业全过程，以危险因素为对象，以作业班组为团队开展的一项安全教育和训练活动。员工应将岗位 KYT 分析纳入日常安全活动之中，通过持续地识别危险源、制定相应控制措施等活动，最终实现安全标准化生产。

（3）安全目视化管理。安全操作规程、设备运行状态、安全警示和安全作业方法等均可通过目视化管理，提高员工的安全意识，规范员工的日常行为。

基本概念　安全生产　安全法规　安全生产责任制　危险预知活动

第十章　在线练习

第十一章 精益生产

学习目标

知识目标

◇理解精益生产的基本原则。

◇了解企业生产过程中的七种典型浪费。

◇理解精益生产的两大支柱。

◇掌握价值流分析图的基本构成。

能力目标

◇ 具备运用“精益”眼光看待事物的能力。

素养目标

◇ 培养“精益”思维，感悟“精益”思想的真谛，培养运用“精益”管理理论解决现场问题的社会主义建设者和接班人。

第一节　精益生产概述

一、精益生产的定义

精益生产源于日本丰田生产方式（TPS）。第二次世界大战后，丰田公司在对美国福特工厂大批量生产方式进行调研后，结合日本国情和丰田公司的特点，提出了一系列改进生产、消除浪费的方法：准时化生产、自动化生产、标准化作业等，经过近 30 年的实践和发展后，逐步形成了一种独特的多品种、小批量、高质量和低消耗的生产方式，即丰田生产方式。

美国的詹姆斯 · P. 沃麦克（James P. Womack）等学者在 20 世纪 80 年代中后期对日本汽车工业的生产方式进行深入研究、总结后，将其命名为精益生产（Lean Production）。精益生产是一种识别和消除浪费（非增值活动）的系统方法，它通过基于客户需要的拉动和追求完美的持续改善来实现。与传统方式相比，它更关注速度、过程的有效性和客户的真正需求。其核心是“以客户的观点定义价值”，企业生产的产品必须满足客户在时间、价格和质量上的需求。

二、精益生产的核心思想

精益生产以消除浪费为核心思想，在生产经营活动中对最终产品及顾客没有意义的行为均视为浪费。也就是说，凡是超出增加产品价值所必需的绝对最少的物料、机器、人力资源、场地、时间等各种资源的部分都是浪费。浪费包括很多类型，如库存、不必要的工序、不必要的运输、超出需求的生产、人员的不必要动作、各种等待等，这些在日常活动中很少为人们所注意但大量存在，它们是精益生产所致力消除的。

生产过程中的浪费可以分为两种：（1）生产中不创造价值，但在现有技术与生产条件下不可避免的作业内容，称为Ⅰ型 Muda，如必要的在线检验、物料运输等；（2）不创造价值且可以立即去掉的作业内容，称为Ⅱ型 Muda，如不必要的等待、多余的动作、不必要的审批等。在精益生产中，首先努力消除Ⅱ型 Muda，降低成本，然后使产品在整个流程中流动起来。通过连续流动，进一步消除Ⅰ型 Muda，优化流程，并且流动越快，所暴露出的浪费越多，越有利于精简流程和降低成本。

根据消除浪费的基本思路，可将作业分为纯作业（产生附加价值的作业）、附加作业（不能产生附加价值但在现有的条件下无法去除的作业）和浪费作业（不产生任何附加价值的作业），对作业的分类可由图 11－1 进行描述。

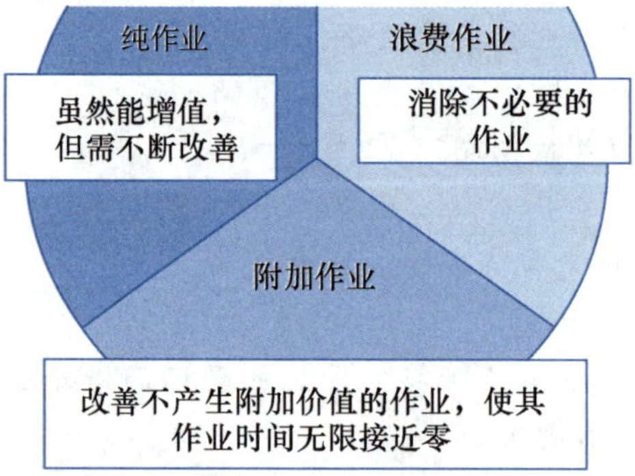

图 11－1　作业的分类

在企业管理及生产活动中存在七种典型的浪费，即生产过多/过早的浪费、不合格品的浪费、等待的浪费、动作的浪费、搬运的浪费、加工本身的浪费和库存的浪费，详见表 11－1。精益管理强调“以人为本，以简化为手段，以尽善尽美为最终目标”，以整体优化的观点，科学、合理地组织和配置企业的生产要素。精益生产的最终目标是：通过消除浪费，不断改善，追求尽善尽美，实现企业利润的最大化。

表 11－1　七种典型浪费的识别

浪费类型	识别因素	产生的原因	对策
生产过多/过早的浪费	（1）生产过多/早 （2）妨碍生产流程 （3）库存增加 （4）资金周转率低下	（1）未以市场为导向 （2）人员、设备过剩 （3）大批量生产 （4）生产负荷变动 （5）生产过程出现问题 （6）生产速度提高	（1）以市场为导向 （2）生产计划标准化 （3）均衡化、一个流生产 （4）小批量生产、拉动式生产 （5）按节拍生产 （6）快速换模

续表

浪费类型	识别因素	产生的原因	对策
不合格品的浪费	(1) 原材料的浪费 (2) 设备利用率低下 (3) 质检的浪费 (4) 售后故障，企业信用受损 (5) 库存增加 (6) 返修的浪费	(1) 质量意识薄弱、过程质量控制不严 (2) 质检标准不完善 (3) 教育训练体制不健全，客户对于产品质量要求过多 (4) 缺乏标准作业管理	(1) 检查贯彻自动化、三现主义 (2) 制定培养质量意识的对策 (3) 实行 5W1H，防止问题再发生 (4) 引进防错措施 (5) 确立产品质量保证体制 (6) 改善活动与质量体系融合
等待的浪费	(1) 未按作业标准作业 (2) 设备的监视 (3) 表面作业 (4) 停工等活 (5) 机器设备、人员等有富余	(1) 工序流程不合理、设备配置不合理 (2) 前道或后道工序作业产生异常 (3) 停工等活、等料待工 (4) 表面作业 (5) 工序能力不平衡 (6) 大批量生产	(1) 引进均衡化生产、节拍的概念 (2) 合理设置工序流程，发现浪费 (3) U 形设备配置 (4) 快速换模 (5) 作业再分配 (6) 禁止停工等活时的补偿作业 (7) 生产线工序能力平衡分析 (8) 认清表面作业 (9) 建立异常提示及处理机制
动作的浪费	(1) 不产生附件价值的动作 (2) 不遵守动作经济原则的动作	(1) 设备、人的作业不明确 (2) 毫无意识地实施了不产生附加价值的动作 (3) 生产线布局不合理 (4) 培训不充分	(1) 生产布局流程化 (2) U 形设备配置 (3) 培训经济动作原则并坚持贯彻 (4) 善于发现和消除表面作业 (5) 活用标准作业组合表 (6) 根据作业是否产生附加价值研究相应对策
搬运的浪费	(1) 在不同的仓库之间移动产品和转运 (2) 空车搬运 (3) 搬运的产品有质量问题 (4) 空间的浪费使用 (5) 搬运距离和搬运次数 (6) 增加搬运设备	(1) 欠缺“搬运和寻找是浪费”的观念 (2) 生产线布局不合理 (3) 搬运活性指数低 (4) 生产线规划布局时，商讨不足	(1) 培养不要搬运的观念 (2) 确定最佳搬运次数 (3) U 形设备配置 (4) 小容量化 (5) 活用各种搬运方式 (6) 成套化搬运 (7) 提高搬运活性指数
加工本身的浪费	(1) 为不必要的工序和不必要的作业增加人员和工时 (2) 生产效率低下 (3) 不合格品增加 (4) 按照过去的习惯操作，不加以改善	(1) 生产工序设计不合理 (2) 作业内容分析不足 (3) 对人和设备功能的分析不完全 (4) 没有异常处理机制 (5) 工具不完善 (6) 标准化体制不完善 (7) 员工技能不熟练 (8) 缺乏原材料	(1) 改进以往的习惯操作方式 (2) 解决现场主义问题 (3) 研讨检查方法 (4) 使生产工序设计合理化 (5) 人工智能化、生产自动化 (6) 贯彻标准作业 (7) 研讨原材料对策 (8) 完善设备故障经验处理方案

续表

浪费类型	识别因素	产生的原因	对策
库存的浪费	(1) 成品、半成品库存积压 (2) 库存管理费用高 (3) 产生库存是掩饰过多问题的结果	(1) 生产不均衡 (2) 库存准备过多 (3) 设备配置不合理 (4) 大批量生产 (5) 提前生产 (6) 在等待任务时产生的富余生产人员	(1) 以客户、市场需求为导向 (2) 培养库存是浪费的意识 (3) 生产工序流程化 (4) 实行拉动生产 (5) 物流与信息流一致 (6) 使生产工序中的问题无限接近于零

三、精益生产方式的要点

(一) 精益生产原则

精益思想是实现精益生产的基石。学会用“精益”的眼光看待问题，应从精益思想五原则出发，具体是指：

(1) 价值：精确地定义特定产品的价值。

(2) 价值流：识别每种产品价值实现的价值流。

(3) 流动：使创造价值的环节不间断地流动。

(4) 拉动：让客户从生产者方面拉动价值流。

(5) 尽善尽美：永远追求尽善尽美。

清楚地了解这些原则，并付诸实践，则可以充分利用精益技术，改善现场，实现管理的提升。

(二) 均衡生产

生产的均衡化是为了实现“在必需的时候，仅按必需的数量，生产必需的产品”的准时生产理念中最重要的必要条件。它也是消除不必要的零部件库存和不必要的产品库存，以及避免因产品装配线和零部件组装线发生生产线停止所导致的多余劳动时间所产生的浪费，而必须满足的核心必要条件。

为了实现准时生产的目的，对应有以下三个均衡生产的概念：

(1) 消除构成最终产品的各种零部件和原材料用量的波动，极力减少零部件和原材料的库存，即“零部件使用的均衡化”。

(2) 在装配最终产品的最终装配线，因为各产品的装配时间长短不一，所以如果需要较长时间的产品连续投入生产线，就会发生生产线停止。为防止生产线停止，必须以均等波动的方式将装配工时不同的各种产品投入生产线，即“装配工时的均衡化”。

(3) 最终产品由最终装配线生产出来进入销售市场时，各种产品要按在市场上能销售的速度进行生产，由此就可尽量消除最终产品在销售市场上的库存。这称为“产品销售构成比率的均衡生产”。

(三) 流程化生产

实施一个流生产，前工序加工完一个产品，就可以立即流到下一道工序继续加工。与大批量生产方式相比，一个流生产具有以下优点：

(1) 最短生产周期。

(2) 发现问题及时，质量成本低。

（3）搬运最小化，创造安全的生产条件。

（4）减少存货和在制品。

一个流生产是精益生产的根本，它可以最大限度地杜绝各种浪费现象。实际上，精益生产的最终目标是把一个流的模式应用到从产品设计到推出产品、接收订单、实际生产等所有作业上，使所有的相关作业形成不间断的流程，从而缩短从原材料投入到最终产品产出的时间消耗，促成最佳质量、最低成本以及最短的交货时间。

（四）实施技术

工厂里的生产技术分两种：一种是制造技术，即在各工序上对物料进行加工或装配的技术；另一种是管理技术。一个流生产就是管理技术中最重要的技术之一。实施一个流生产具有以下 6 大要点：

（1）实行单件流动。

（2）按加工顺序布置设备。

（3）生产同步化。

（4）员工的多能工化。

（5）站立式走动作业。

（6）设备合理布置和设计。

定义并识别价值流后，则需要使保留下来的、能够创造价值的各个步骤流动起来，实现批量生产向流动生产的转变（如图 11－2 所示）。通过像河流一样的一个流生产，以前所不能发现的生产过程中的各类问题和瑕疵都会暴露出来；若提高一个流的作业速度，则那些很难发现的表面作业也会显现出来。

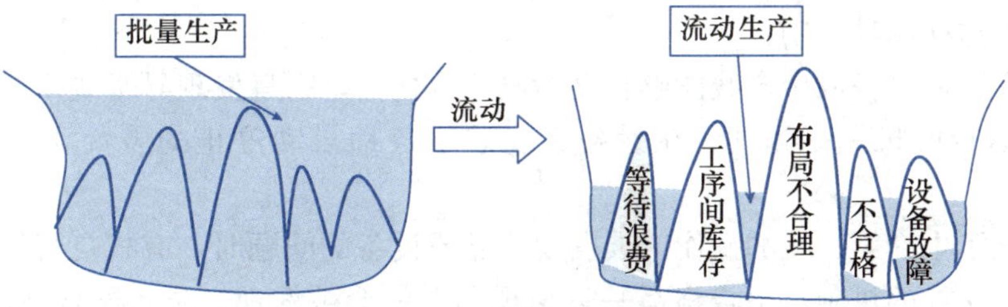

图 11－2　批量生产向流动生产转变

第二节　精益生产体系

一、丰田屋

日本企业家、丰田汽车公司总裁张富士夫先生把丰田生产方式概括为“丰田屋”，如图 11－3 所示。丰田屋代表了丰田生产方式的结构体系。因为房子的屋顶、梁柱和地基若不稳固，这间房子也不会稳固，只要其中任何一个环节脆弱，就会使整体变得脆弱。屋顶是追求最佳质量、最低成本、最佳安全、最高员工士气等目标；房屋的两大支柱是准时化生产和自动化；房屋的里面是人员与团队，进行持续的改进以消除浪费；房屋的基础是丰田模式理念、5S 管理、目视管理、标准作业和生产均衡化等。丰田屋中的每一个要素都很重要，但更重要的是这些要素彼此之间相互强化。

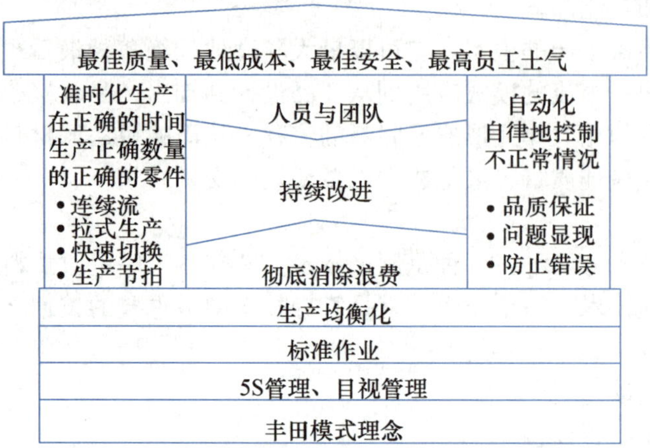

图 11－3　丰田生产方式——丰田屋

精益生产要求充分发挥人的主观能动性，通过持续改进，采用自动化和准时化等方法，消除制造中的各种浪费，降低成本，实现利润最大化。

二、精益生产技术支撑体系

（一）自动化

自动化是指具有自动监视和管理异常状况的方法，可以是防止产生不合格品的装置、方法或机制，这是质量保证的一个重要手段。它不同于一般意义上的自动化。自动化在生产组织中融入这样两种机制：

（1）建立了使设备或生产线能够自动检测不合格品，一旦发现异常或不合格品可以自动停止设备运行的机制。为此，在设备上安装了各种自动停止的装置和加工状态检测装置。

（2）建立了生产第一线的操作工人发现产品或设备的问题时，有权自行停止生产的管理机制。依靠这样的机制，不合格品一旦出现马上就会被发现，防止不合格品重复出现，从而避免了由此可能造成的大量浪费。此外，由于一旦发生异常，生产线或设备就立即停止运行，这样比较容易找到发生异常的原因，从而有针对性地采取措施，防止类似异常情况的再发生。

（二）准时化生产

准时化生产就是按必需的产品、按必需的数量、在必需的时候进行生产。在精益生产方式中，需要哪种零部件、需要多少数量，都写在被称为看板的卡片上。看板由后工序送给前工序的作业人员，这就将一个工厂内各工序互相联系起来。

准时化生产由以下前提条件支撑：生产流程化、设置合理布局、作业标准化、快速作业切换、生产均衡化、自动化、改善活动、看板管理等。

1. 生产流程化

生产流程化的主要目的是减少库存或在制品，是实现生产均衡化的前提。生产流程化是指工序间不设置仓库，前一道工序的加工结束后立即转到下一道工序去，实现一个流生产。对于铸造、锻造、冲压等需要进行成批生产的工序，则通过缩短作业更换时间减小生产批量。

生产流程化通过后工序领取的方法来实现，即后工序只在需要的时间到前工序领取所需的加工品，前工序按照被领取的数量和品种进行生产。这样，制造工序的最后一道工序成为生产的出发点。例如，最后工序为总装配线，生产计划只下达给总装配线，以装配为起点，在需要的时候，向前工序领取必要的加工品，而前工序提供该加工品后，为了补充生产被领走的量，必须向前一道工序领取物料，这样就把各个工序都连接起来，实现流程化生产。为实现生产流程化，设备需要按照产品加工顺序进行布置。

2. 生产均衡化

生产均衡化就是与各种产品的平均销售速度同步进行生产。生产均衡化是实现看板管理的前提条件。

按准时化生产的要求，后工序在必需的时候，只按照必需的数量到前工序去领取必需的物品。在这种拉动方式的生产规则下，如果后工序以参差不齐的数量领取物品的话，则前工序就必须预先准备好能够应对变化的需求数量峰值的库存、设备和劳动力，这样需要配置的资源很多。为了减少资源配置，需要避免全部生产工序领取数量的不均衡，因此必须努力减少最终装配线上每天生产数量的波动。

3. 看板管理

看板管理在精益生产中具有极为重要的意义，可以说是精益生产中最独特的方法。看板的主要作用是传递生产和运送的指令。在精益生产中，生产的月度计划是集中制订的，同时传达到各个工厂以及协作企业。而与此相应的日生产指令只下达到最后一道工序或总装配线，对其他工序的生产指令是通过看板来传递的。由于生产是不可能100%按照计划进行的，月生产量的不均衡以及日生产计划的修改都要通过看板来进行微调。看板就相当于工序之间、部门之间以及物流之间的联络神经，发挥着信息传递的作用。

看板除了以上生产管理功能以外，还有改善功能。通过看板可以暴露生产中存在的问题，从而采取改善对策。

表11-2为准时化生产的技术体系，包括实现准时化生产的前提、方法、基础和工具。实现准时化生产的前提是实现均衡化生产、同步化生产和质量稳定，通过生产计划层面来控制；实现准时化生产的方法是生产流程化，包括整流化和一个流，需要生产组织来保证；实现准时化生产的基础是按节拍进行生产，涉及标准作业和少人化，这也需要生产组织来保证；实现准时化生产的工具是看板的运行，需要依靠现场进行控制。

表11-2 准时化生产的技术体系

实现准时化	内容	保障层面
前提	均衡化（总量均衡、品种和数量均衡）	生产计划
方法	流程化（一个流、整流化）	生产组织
基础	生产节拍、标准化、少人化	生产组织
工具	看板	生产现场控制

（三）充分发挥员工的智慧和创造力

精益生产的核心是员工，企业把员工的智慧和创造力视为宝贵财富和未来发展的原动力。通过发挥员工及其团队的创造力，达到持续改善、消除一切浪费的目的。具体表现为：

1. 以人为本

企业把每一位员工放在平等的地位，并将员工看作企业的合伙人，而不是可以随意替换的零件；鼓励员工参加管理和决策，并尊重员工的建议和意见。例如，合理化建议制度；注重上下级的交流和沟通；领导人员和操作人员彼此尊重、信任。员工在这样的企业中能充分发挥自己的智慧和能力，并能以主人翁的态度完成和改善工作。

2. 重视培训

企业的经营能力依赖于组织的活力，而这种活力来自员工的努力。只有不断提高员工的素质，并为他们提供良好的工作环境和富于挑战性的工作，才能充分发挥他们各自的能力。精益生产的成功同样依赖于高素质的技术人才和管理人才。它要求员工不仅掌握操作技能，而且具备分析问题和解决问题的能力，从而使生产过程中的问题得到及时的发现和解决。因此，精益生产重视对员工的培训，以挖掘他们的潜力，如开展多能工的培养、在岗培训和人才育成等活动。

3. 团队工作

精益生产认为要在企业生产经营活动的所有环节杜绝浪费，仅仅依靠少数的管理人员和技术人员是不可能的，关键还要依靠全体人员的努力。因此它特别重视团队工作法。精益生产之所以能够做到尽善尽美，关键在于最大限度地把权力与责任下放到现场，并通过现场不断改善来解决企业中存在的各种问题。

第三节　价值流与价值流分析

价值流是指产品或服务通过其实现过程的全部活动。它包括从概念设计、产品设计、过程设计直到投产的设计流和从原材料、制造过程直到产品交到顾客手中的生产流。对一般企业来说，价值流中的增值活动仅占很小的部分。因此，在精益生产中提出了“价值流管理”的概念，其目的是通过消除浪费的改进活动，改善和提高企业价值流的有效性、效率和稳健性。

在价值流管理中，常常采用价值流图（Value Stream Mapping，VSM）来分析过程中的非增值环节和因素，并识别改进机会。价值流图是一种帮助人们了解物料流和信息流的可视化工具。它展示了从原材料到成品、再到客户的所有活动，有助于观察和理解产品在价值流中的物料流动和信息流动，以及其中的增值和非增值活动，从而发现浪费和确定需要改善的地方，为改善活动确定蓝图和方向。同时，其也便于员工了解企业的状态，提供参与改善的机会。

绘制价值流图时，不仅要考虑物料流，而且要考虑信息流，它们是价值流的两个不可分割的重要方面。在对流程进行分析时，不仅要关注物料流，而且要关注信息流对增值或非增值活动的影响。绘制价值流图时，需要团队亲自到现场观察、了解、记录和绘制，而不是单凭书面资料。

图 11-4 是现状价值流图的一个示例。该图的下部描述物料流。每一个方框表示一个单独的过程，如焊接、装配、检验、包装和发货。方框的下面是数据框，如加工周期、设备的完好率、几班制和有效工作时间等，方框左右的三角形表示在制品的数量或库存。该

图的上部描述信息流。如：生产计划部门根据顾客要求预测订单和每日送货要求；应用 MRP 系统制订每周生产计划，并下达给每一道工序。

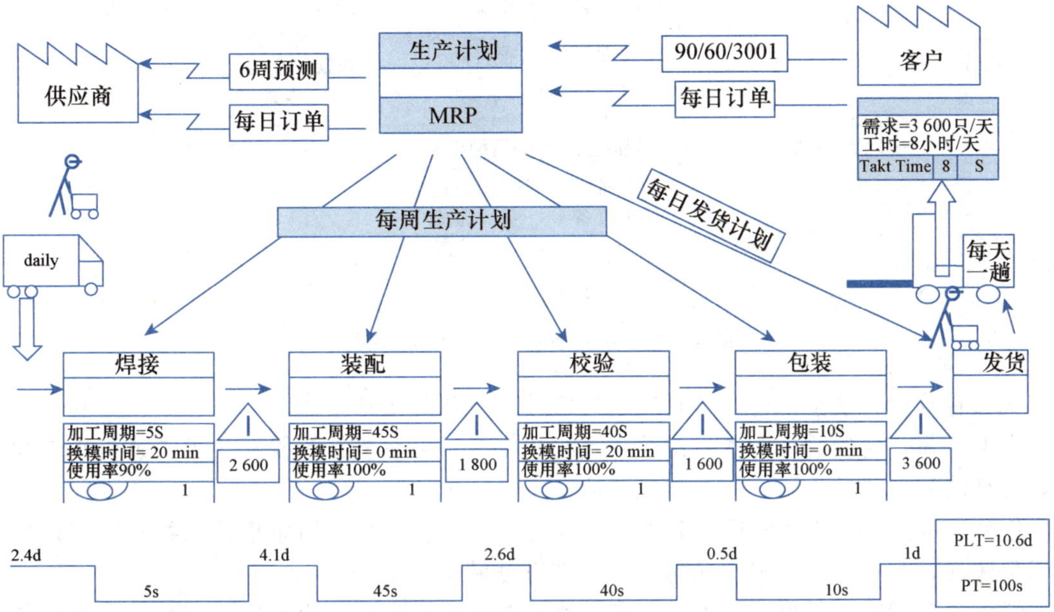

图 11-4　在制品库存和物料流动价值流示例

从价值流现状图可以看出，这个企业当前实行的生产方式是一种按预测进行的“推动”式的批量生产。这种方式有明显的浪费。为保证不中断对顾客的供应，生产过程中不得不保持较大数量的库存。

为了减少当前价值流中的浪费，改进团队首先应该绘制出价值流未来图。在绘制价值流未来图时，应努力实现按节拍时间生产；在可能的地方实现连续流生产，即产品不经中间停顿从一个过程传递到下一个过程；连续流动无法向上游扩展时，使用“超市”方式控制生产。

未来状态价值流图是以精益思想为指导，按照企业的实际情况，为未来的运作模式指明方向，设计新的精益流程。随着生产技术和改善水平的提高，原来的目标又变得不理想了，人们又进入了一个更高层次的改善循环。

运用价值流图和价值流分析，可以帮助团队识别浪费并提供改善机会，从而不断改进流程，因此它们是精益管理中的重要工具。

案例链接

某集团公司精益生产实践

一、产品生产特点

目前，某集团产品的生产大多是离散型生产，其基本生产特征是先由机器设备对工件外形进行加工，再将不同的工件组装成具有某种功能的产品。产品的生产过程一般涉及八大工艺流程（下料、成型、焊接、机加、表面处理、涂装、装配、调试），生产周期长，占用资源多（人员、场地、资金）。从生产模式、品种及批量三个维度，可将某集团的产品进行分类，如图 11-5 所示。

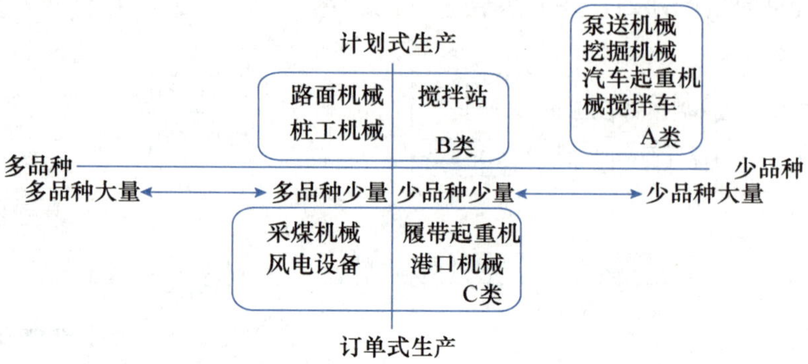

图 11-5　从三个维度对产品进行分类

集团在推行精益生产时，针对不同的产品有不同的生产方式。

A 类产品，连续流动生产：结构件流程化生产，由主机计划拉动生产；装配线连续流动，生产均衡，节拍稳定，物流配送准时。

B 类产品，稳定节拍间歇流动生产：结构件流程化生产，由主机计划拉动生产；装配线间歇流动，生产均衡，节拍稳定，物流配送准时。

C 类产品，稳定节拍虚拟流动生产：结构件流程化生产，由主机计划拉动生产；装配线虚拟流水（人动机不动），生产均衡，节拍稳定，物流配送准时。

二、现代生产管理体系

集团精益生产推进的一个非常重要的思想基础就是 SPS 球形模型（如图 11-6 所示），其以 6S 为基础、团队为推动力、SPS 标准为要求、五步卓越为路径，从而建立精益生产系统，得到高质量的产品。

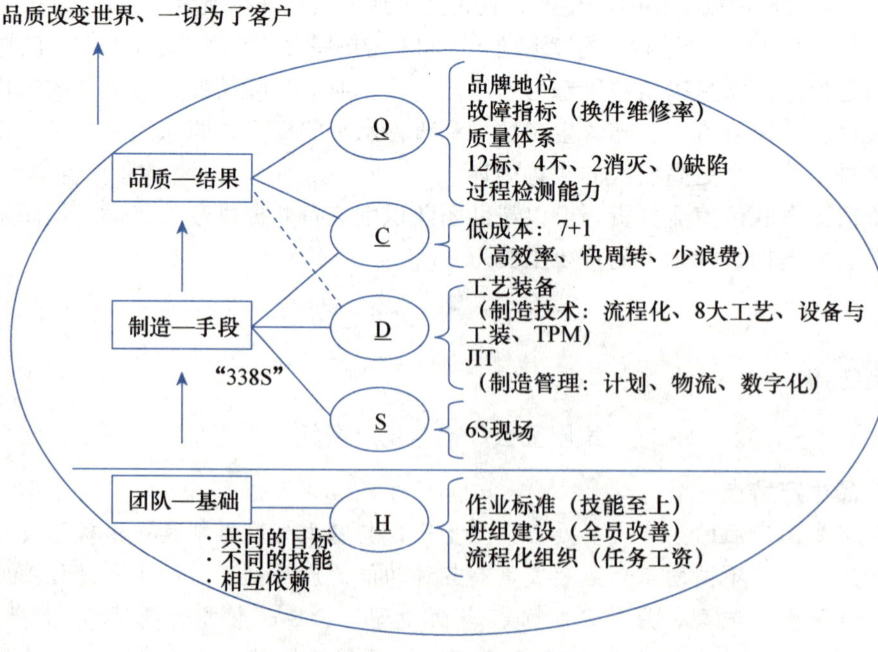

图 11-6　公司 SPS 球形模型

作为实现SPS蓝图核心支撑的SPS标准体系，为从“图纸到产品”的全过程提供标准、方法和流程制度支撑，是质量、工艺和制造的过程管理要求，即SPS是解决在得到产品设计图纸之后，如何构建一个先进、适用的制造技术系统和生产运营系统，以确保能高效、经济、高质量地制造出满足客户要求的产品的体系。SPS体系可用图11-7描述，其含义如下：

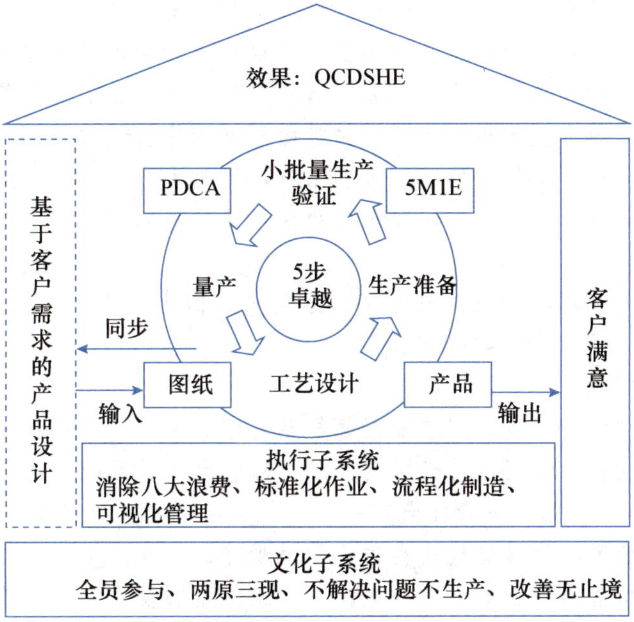

图11-7 SPS体系

(1) 对“图纸到产品”全过程进行策划，并执行SPS手册要求。

(2) 坚持“85166”战略，分别是：

“8”个原则：全员参与；两原三现；不解决问题不生产；改善无止境；消除八大浪费；标准化作业；流程化制造；可视化管理。

“5”步卓越：STEP0标准化作业；STEP1不合格品不流入下道工序；STEP2不生产不合格品；STEP3生产不出不合格品；STEP4卓越经营。

“1”个循环：PDCA循环。

“6”个要素：5M1E，即人、机、料、法、环、测。

“6”个指标：Q（质量）、C（成本）、D（交货期/效率）、S（安全和5S）、H（技能与培训）、E（环境设计人性化）。

集团把精益生产技术支撑体系应用到生产管理中，形成了现代生产管理体系。具体包括以下子系统：

(1) 运用准时化方法，建立拉动式生产体系；

(2) 运用自动化方法，建立工序质量保证体系；

(3) 运用标准作业方法，建立作业效率改善体系；

(4) 运用5S管理，建立现场管理体系；

(5) 运用TPM方法，建立全员设备保全体系；

(6) 运用准时化物流理念，建立多频次、小批量的厂内物流管理体系；

(7) 运用以人为本理念，建立全员改善体系；

(8) 运用人才培育方法，建立5个能级培训体系。

三、精益生产的组织与推进

在推行精益生产前，集团存在以下问题：(1) 由于产品结构复杂，零部件多且外协自制兼有，工艺过程经常变更，生产计划的计算和安排非常复杂。临时插单现象多，生产计划的灵活性和严肃性难以兼顾，生产计划往往难以起到指导生产的作用，经营者容易陷入救火式的现场管理。(2) 由于产品加工要经过不同的工序，各个工序的生产能力通常并不平衡，生产上容易出现木桶效应，生产被关键的瓶颈工序所制约。(3) 外协厂家、外协件多，对外协产品的质量、交货期的跟踪控制困难，影响生产。此外，随着客户个性化需求的增多，产品品种日趋多样性，市场需求变化快，预测难度增大，企业的生产面临严峻考验，亟须改变。

为切实解决这些问题，在深入研究精益思想与丰田生产方式之后，集团于2015年引入精益生产用于制造核心能力的提升。

（一）精益管理的引进

在精益生产策划之初，集团组织高层领导参观宁夏小巨人、广汽丰田等企业，实地考察精益生产在这些企业的运用及其带来的各种制造能力的提升；集团组织员工学习《精益思想》《图解丰田生产方式》等精益生产书籍，开展关于精益生产知识的竞赛和考核，完成自上而下的意识变革，为精益生产在集团的推动奠定了基础。

为更好地推动精益制造变革工作，集团成立了精益质量总部，为集团各分公司精益生产工作指明方向、提供方法，并对精益工作进行考核评价。精益质量总部是集团精益生产工作的总导演，从工艺、制造、质量方面全面推进集团的精益生产。

“精益办”是集团各分公司与精益质量总部对接，推动各分公司精益生产工作的组织，承担了以下职能：

(1) 协助分管制造商务副总（或总经理）推动质量制造工艺核心能力的提升；衔接精益质量总部，承担集团方向、方法的传达与宣贯；横向衔接制造、工艺、计划、物流等部门组织核心能力提升方针目标的分解和实施，进行项目过程的指导、监控和考评。

(2) 推进现场标准化作业和班组建设。

(3) 组织以现场为中心的精益改善、降成本工作，推广最佳实践。

(4) 组织精益制造思想、方法和工具的培训与运用，组织对SPS标准体系的内部宣贯，达成“有、优、熟、用”的目标。

（二）识别价值流

正确定义产品价值并引导价值流产品系列的价值流，使价值流流向客户，是一个企业的正确目的。价值流的直观体现是价值流图，如图11-8所示。

集团根据产品生产特点及实际需要，在原生产制造过程价值流图的基础上增加了原料上线时间、成品下线时间、工序需求的物料清单、物流路线图等信息。

（三）生产组织的变革

为规范各分公司制造部的组织机构设置，促成各分公司形成以“价值流”为基准、以工作中心为基本作业单元的流程化组织，进一步健全流程化制造体系，集团发布了《制造

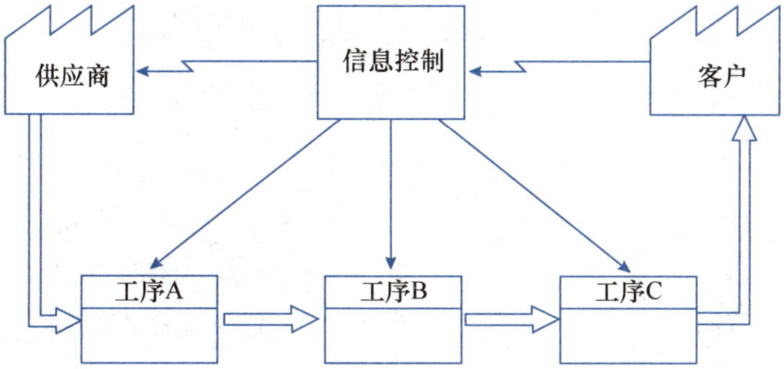

图 11-8 价值流图

部流程化组织机构设置规范》，规范了下属各分公司制造部组织机构的设置。

图 11-9 为一个典型流程化组织示例；图 11-10 为分公司制造部组织结构图。

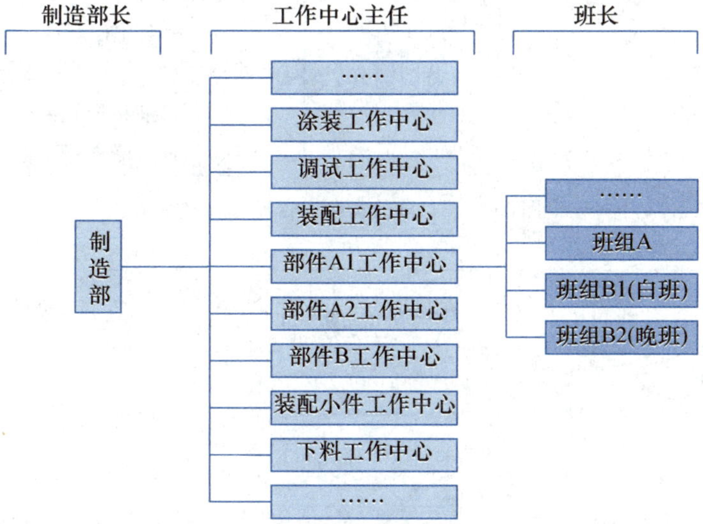

图 11-9 典型流程化组织示例

通过把一个产品的制造过程规划成若干个工作中心，构建以价值流为基准、以工作中心为基本作业单元、职责分明的组织架构，形成任务、资源、利益一体化的生产组织模式。

价值流的确认、以工作中心为基本作业单元的流程化组织及精益办的建立，为精益生产在集团的全面推广奠定了组织基础，引导了产品的价值流动，发现并消除了价值流中的各种浪费，使价值顺畅地流动起来。

（四）由传统的批量生产方式向一个流的流程化生产转变

传统生产方式并不意味着用老旧设备或手工进行生产，而是指生产观念陈旧、产线以机器设备群布置、组织以“车床车间”等命名的生产方式。传统生产方式属于推动式、大批量的生产，其产线产能不均、生产混乱、库存多，容易造成浪费、增加成本。传统的批量生产方式如图 11-11 所示。

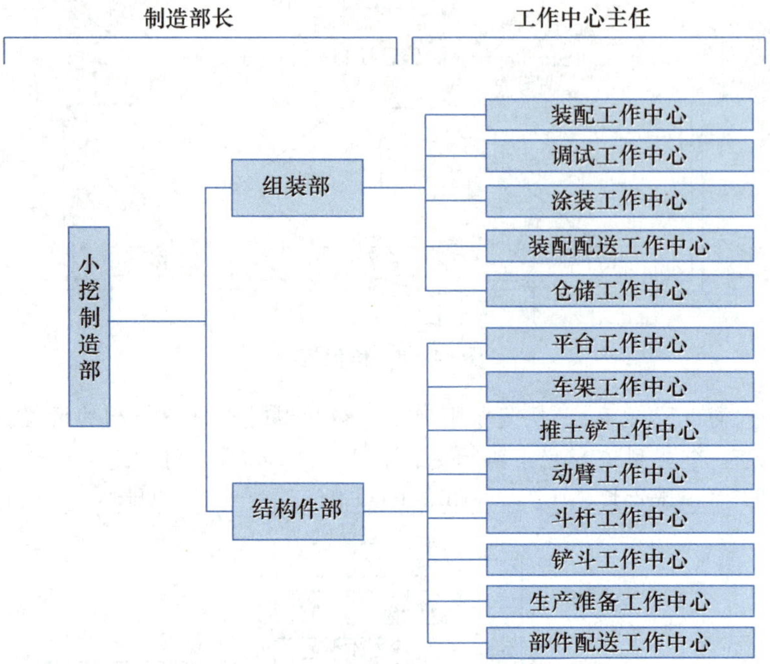

图 11－10　分公司制造部组织结构图

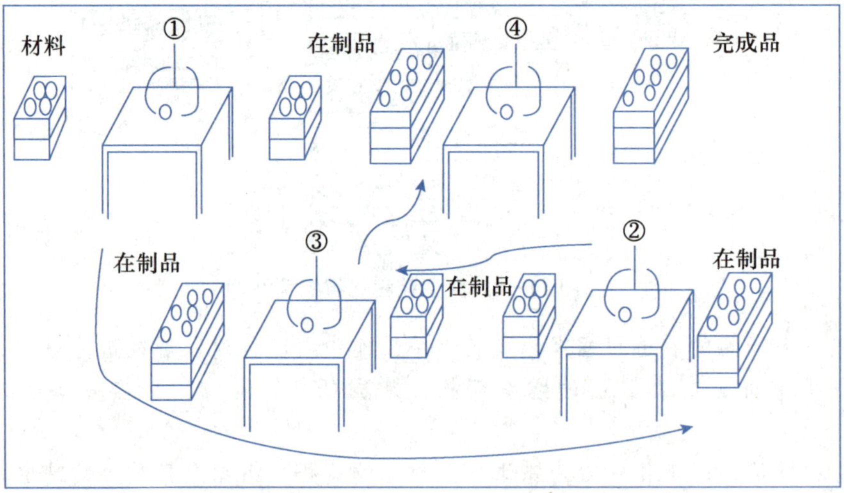

图 11－11　传统的批量生产方式

集团坚决贯彻“流动”的思想，生产线实行一个流的流程化布局，成立以产品类别命名的工作中心，如“转塔工作中心”等。流程化生产方式通过下道工序拉动生产，使生产均衡，各工序间待制品少，生产流程清晰，过程可控。一个流的流程化生产如图 11－12 所示。

（五）建立精益制造评价体系

1. 确立精益制造评价流程

精益制造评价流程包括评价标准的制定、标准的培训学习、标准的实施与反馈、根据标准进行评价和最后的打分排名及奖罚，如图 11－13 所示。

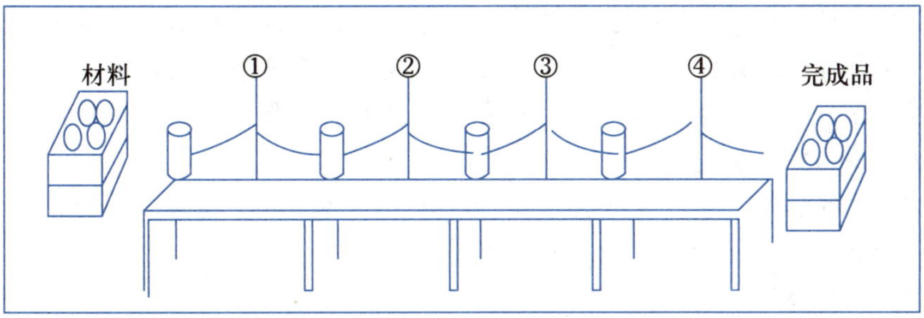

图 11－12　一个流的流程化生产

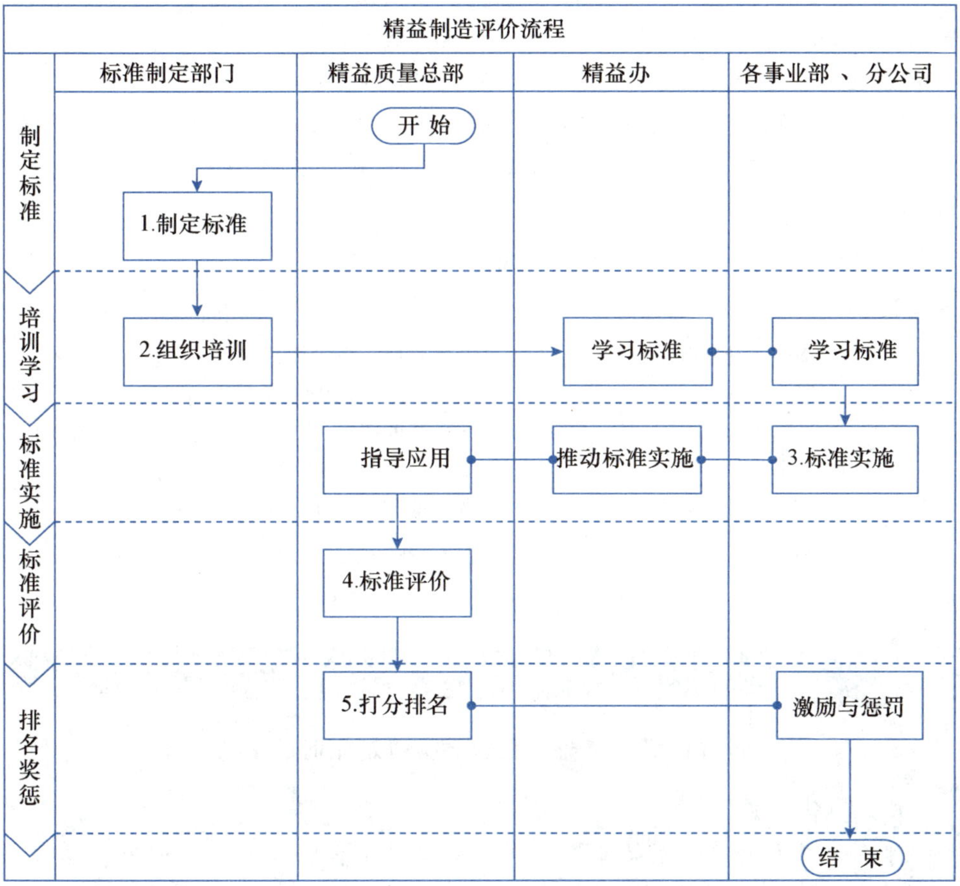

图 11－13　精益制造评价流程图

在体现集团精益生产发展方向的基础上，制定出用于指导各分公司精益推进的标准，各分公司通过学习标准，将标准用于指导工作，实现精益生产；标准的评价方式多样，包括理论考试、月度例会通报、季度检查考核和年度“董事长制造奖”验收等。主要内容如下：

第一，为全面贯彻落实标准化作业，集团定期对生产线作业人员进行岗位作业标准的抽考，要求每个作业人员从理论上熟知作业内容，在实际的操作中严格按照作业标准生产，实现生产线的平衡化生产，提高作业效率。

第二，在质量制造月度例会上，精益质量总部对各分公司制造、质量及工艺技术从整体水平、领导职责、关键指标达成、最佳改善实践及相关需要协调事项等方面进行报告与讨论，了解各分公司精益生产的阶段性成果与异常情况，及时提出相关意见及建议，为各分公司后续的工作提供指引。

第三，季度的检查主要围绕质量管理、八大工艺（下料、焊接、成型、机加、表面处理、涂装、装配、调试）与设备管理、流程化 JIT、安全与 5S 及环境、团队建设五大模块，全面评价各分公司的精益生产工作。

第四，年度的“董事长制造奖”验收是检验一年来各分公司精益生产推动工作的重要手段，先进的分公司将给予奖励，激发其制造变革的激情。同时发现问题，找出差距，明确改进方向，总结各分公司的最佳实践并推广至全集团。

2. 建立精益制造评价指标

精益制造评价指标主要包括全面质量管理、工艺装备、流程化 JIT、安全与 5S、团队建设与作业标准、改善六个方面。针对这六个方面制定各自的考核评价内容，具体参见表 11－3。

表 11－3　精益制造评价指标

序号	评价项目	评价内容
1	全面质量管理	产品质量、质量体系建设、质量人才培养
2	工艺装备	八大工艺、TPM（全员设备维护）
3	流程化 JIT	计划调度智能化、物流准时化、生产流程化
4	安全与 5S	千人负伤率、KYT 活动、5S 水平
5	团队建设与作业标准	员工素质与培训、标准化作业
6	改善	浪费消除、流程优化

中国力量

世界市场占 7 成，我国盾构机是如何逆袭的？

1. 打破垄断

有人把盾构机称为“地下航母”，也有人叫它“工程机械之王”。中国人能够拥有自己的“地下航母”并不容易。2008 年以前，盾构机的关键技术被国外垄断，国内使用的盾构机严重依赖进口。由于不掌握核心技术，设备需要外国专家远渡重洋进行检修。昂贵的进口成本，低效的设备维护，耗时的跨国沟通，中国在盾构机的应用上处处受制于人，这也严重影响着中国基建的效率和发展。

“盾构关乎国家建设，一定要造出属于中国人的盾构！”这是最早一批使用国外盾构机的中国中铁人共同的心愿。

2008 年，在国家“863”计划支持下，一批专家学者和中国中铁无数科研人员共同攻关，突破核心技术封锁，研发制造了中国第一台拥有自主知识产权的复合式土压平衡盾构——“中国中铁 1 号”，实现了从 0 到 1 的突破，“洋盾构”一统天下的格局终于被打破，开始从用盾构向造盾构转变。

2009 年，在河南省各级政府的大力支持和中国中铁的决策下，国内最大盾构研发制造基地——中国中铁装备集团落户郑州，拉开了中国盾构产业化的序幕。

2. 创新引领

“工欲善其事，必先利其器”。盾构核心零部件关系重大，易被卡脖子。主轴承承担盾构机运转过程的主要载荷，是刀盘驱动系统的关键部件。但由于制造工艺复杂、原材料性能要求高、设计理论不成熟等，中国盾构主轴承长期依赖进口。

2022 年 4 月 25 日，在苏州轨道交通 6 号线 10 标项目现场，首台采用国产 3 米级主轴承盾构机“中铁 872 号”顺利完成掘进任务，这是国产盾构机主轴承首次在轨道交通领域的成功应用。民族盾装上“中国芯”，得益于盾构/TBM 主轴承减速机工业试验平台项目。

2015 年 7 月，中铁装备联合洛阳 LYC 轴承有限公司和郑州机械研究所，成功申报工业转型升级国家强基工程。项目团队与时间角力，和困难较劲，终于突破主轴承、减速机设计制造关键技术。2020 年 5 月，中铁装备对通过试验检测的首批国产化 6 米级盾构 3 米主轴承、减速机进行展示，标志着中国盾构核心部件国产化取得新的重大突破，将有效降低对关键部件进口的依赖。

3. 走向世界

中铁装备始终坚持走“盾构产业化，一主多元化”的发展道路，以隧道及地下工程装备产业一体化发展为核心优势，致力于构建完整产业生态，横向形成了“大”“小”“异”不同断面以及土压、泥水、硬岩等不同适应性的全系列盾构/TBM 产品，基本实现地铁、铁路、公路、水利、水电、煤矿、矿山、市政等各应用领域“全覆盖”，纵向拓展了设计研发、新机制造、旧机再制造、技术服务、工程服务、机况评估、操作培训、技能鉴定等于一身的产业链条。

多年来，中铁装备创造了国内首台复合式盾构、首台硬岩 TBM、首台硬岩泥水顶管、世界最大矩形盾构、世界最大硬岩 TBM 等多项国内和世界第一，是国内唯一主持国家“973”项目的掘进机企业，也是国内唯一荣获中国质量奖和中国工业大奖的掘进机企业，被工信部、中国工业经济联合会认定为“全断面隧道掘进机”单项冠军。2020 年 9 月 29 日，中铁装备自主研制的第 1 000 台盾构机下线，成为国内第一家下线隧道掘进机突破 1 000 台的领军企业。

截至 2021 年，中铁装备盾构机产销量连续五年世界第一，连续十年中国第一，盾构机订单总数突破 1 300 台，各类产品应用于国内 40 余个城市，产品遍布国内各地，并远销法国、意大利、澳大利亚、韩国、新加坡、以色列、阿联酋、丹麦、奥地利、波兰等 30 多个国家和地区，成为中国制造的亮丽名片。

本章小结

通过本章的学习，我们掌握了有关企业精益生产的基本概念、主要工作和支撑技术。

主要包括以下内容：

（1）精益管理应从精益思想五原则出发，学会用“精益”的眼光看待问题。精益思想认为，不产生附加价值的一切作业都是浪费，并将浪费分为七种，即生产过多/过早的浪费、不合格品的浪费、等待的浪费、动作的浪费、搬运的浪费、加工本身的浪费和库存的浪费。

（2）企业追求精益的过程实质上是一个持续改进的过程，需要综合应用现场管理、作业研究、质量控制与保证、流程管理与控制等一系列方法与工具。精益生产是一个包含了多种制造技术和管理技术的综合体系，该体系由5S、TPM、目视管理、标准作业、均衡生产等基础性管理活动，以及准时化生产和自动化两大支柱构成。

（3）价值流是指产品和服务实现过程的全部活动。它包括从产品设计、过程设计直到投产的设计流和从原材料、制造过程直到产品交付顾客手中的生产流。运用价值流图和价值流分析，可以帮助团队识别浪费并提供改善机会，从而不断改进流程。

基本概念　精益生产原则　七大浪费　精益生产的两大支柱

第十一章　在线练习

第三篇

现场管理工具与方法

第十二章 定置管理

学习目标

知识目标

◇了解各场所物品定置的基本要求。

◇理解定置管理的基本原理。

◇掌握定置管理的步骤。

能力目标

◇ 具备实施定置管理的能力。

素养目标

◇ 运用定置管理方法培养良好的职业道德素养，实现现场人与物的最佳结合。

第一节 定置管理概述

定置管理是根据物流的规律性，按照人的生理、心理、效率、安全的需求，科学地确定物品在工作场所的位置与数量，实现人与物的最佳结合的管理方法。定置管理的对象包括工作场所、生产现场各工序、工位、机台、工具箱、仓库和检查现场等。

定置管理通过整理、整顿、改善生产现场条件，实现现场人、机、料、法、环等生产要素互不干涉。物品的定置与一般的放置不同，一般的放置有很大的随意性，而定置则具有很强的目的性，两者的区别如图 12－1 所示。

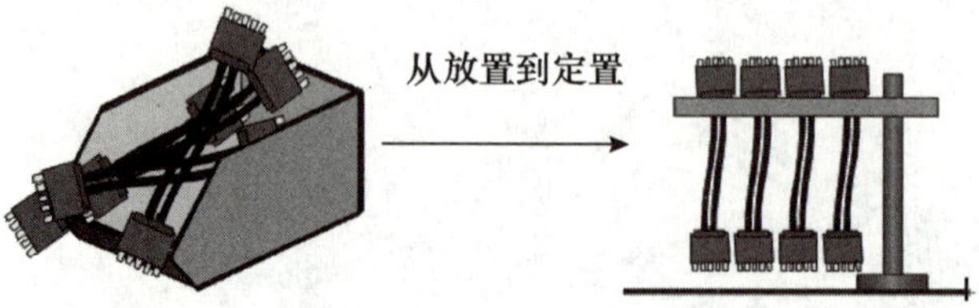

图 12－1 放置与定置的区别

生产现场定置管理的内容见表 12－1。

表 12－1 生产现场定置管理的内容

分类	定置内容	实施策略
区域定置	来料区	1. 区块画线：以黄线或白线划定各区域； 2. 线条通常使用油漆、有色胶带或压力板制成； 3. 需注意之处或危险区域可画老虎线。
	作业区	
	成品区	
	休息学习区	
	通道区	
现场物品定置	设备工装位置	1. 用线条对现场实物划定放置区域； 2. 可采用木模法安置工具或形状规则的产品（圆柱形、长方形）； 3. 按物料或产品形状制作专用工装。
	物料或产品位置	
	工具摆放位置	
现场人员定置	定员定岗	1. 现场张贴员工持证上岗、技能图； 2. 用衣着颜色、肩章、醒目标志牌识别员工； 3. 建立员工状态图表。
	员工状态及类别	

一、制造工厂的定置要求

（1）要制定标准比例的定置图，生产场地、通道、水电气布置路线、质检区、仓库等都要进行规划和显示。

（2）明确各区域管理责任人，零件、半成品、设备、垃圾箱、消防设施、易燃易爆的危险品等应使用鲜明直观的色彩或信息牌显示出来。

（3）凡与定置图要求不符合的现场物品，一律清理撤除。

二、生产现场各工序、工位、机台的定置要求

（1）要有相应的图纸文件架、柜等资料文件的定置硬件。

（2）工具、夹具、量具、仪表、机器设备在工序、工位、机台上停放应有明确的定置要求。

（3）材料、半成品及各种用具在工序、工位摆放的数量、方式方面也应有明确的定置要求。

（4）附件箱、零件货架的编号必须同零件账、卡、目录相一致。

三、工具箱的定置要求

（1）工具箱应按标准的规定设计定置图。

（2）工具摆放要严格遵守定置图，不准随便放。

（3）定置图及工具卡片要贴在工具箱上。

（4）工具箱的摆放位置要标准化、规范化和统一化。

四、仓库的定置要求

（1）要设计库房定置图。

（2）对于易燃、易爆、易污染、有储备期要求的物品要按要求实行特别定置。

（3）对有储备期限要求的物品，定置时要在库存报表、数据库管理上体现对时间期限

的特定信号或标志。

(4) 库存账本应有序号和物品目录，注意账物相符。

五、检查现场的定置要求

检查现场应划分不同区域，如合格品区、不合格品区、待检区、待判区、返工区、报废区等，以不同颜色加以标志区分。

在开展定置管理活动中，将好的方面和不好的方面全部目视化到现场是至关重要的。如果现场所有人员不理解这一点，那么就无法构建出卓越的生产体系。定置管理只有结合生产管理、生产技术以及整个工厂的需要，才能实现真正意义上的定置管理。

第二节 定置管理的基本原理

定置管理的要求应明确以下三个事项：(1) 工作有无正常推进，有无迟滞；(2) 在规定区域放置的是否是规定的物品，有无规定以外的物品；(3) 接下来要做什么，要使用哪种物品。为确保此三项工作，需要将所有物品的放置方式进行标准化。定置管理现场示例如图 12-2 所示。

图 12-2　定置管理现场示例

一、定点管理

定点管理是指将物品存放在最合理的位置，使生产过程中取放方便，规定各种物品的放置方式，并将其标准化。若要实现标准化，就需要注意以下四点：(1) 明确作业区域；(2) 明确置场；(3) 明确放置的物品；(4) 明确放置数量。

(一) 确保场地的空间

为确保置场，需要进行整理。在整理阶段，可以实施“红牌作战”，通过取出不需要的物品，使现场的物品种类以及数量比之前减少，以保证有足够的空间设置场地。

(二) 确定场地

根据使用频度（日、周、月），确定存放必要的在库的置场。

(三) 置场的整理

对场地进行整理，以确保作业方便，并充分考虑人、物、设备的运转等因素。工位及设备定置好坏的对比如图 12-3 所示。

(四) 定置

对于设备，可通过划线或者标识，以明确设备的安放场所。对于货架，可通过明示其

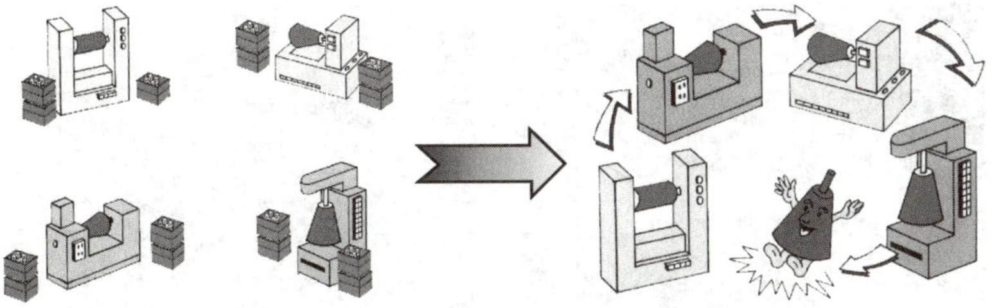

图 12-3　工位及设备定置好坏的对比

放置地点、区域，以明确其置场。位置标识线以及货架的标识示例如图 12-4 所示。

图 12-4　位置标识线以及货架的标识示例

二、定物管理

定物管理就是在定置管理的基础上，明确每个置场分别放置哪种物品并通过标识加以确定。必要时可将工装容器根据物品的特性进行设计，采取防错的手段进行定物管理。物品的标识方式以及标识示例如图 12-5 所示。

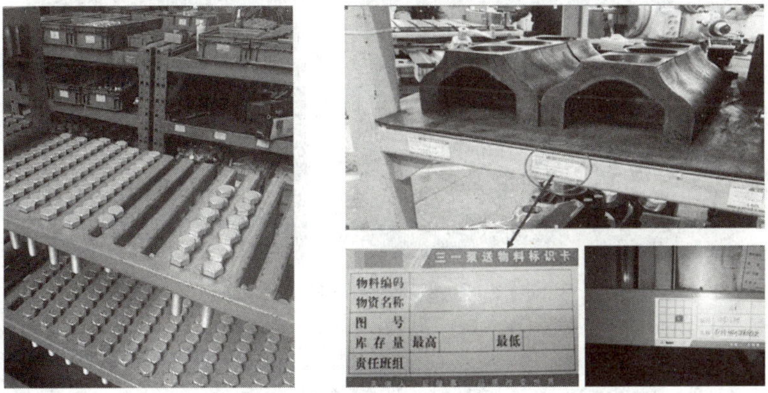

图 12-5　物品的标识方式以及标识示例

三、定品管理

货架的各层有品目标识，放置在货架上的容器也有品目标识。图 12-6 所示为放置物料的专用工装。

物品的放置方法大致可以分为两种：一种是按产品种类对部件进行存放。按此法存放有利于部件的收集，在生产频度高或者需要反复加工的产品加工时，该存放方法可以将动作的浪费控制在最低程度。另一种就是按照产品的功能对部件进行存放。按此法放置，便

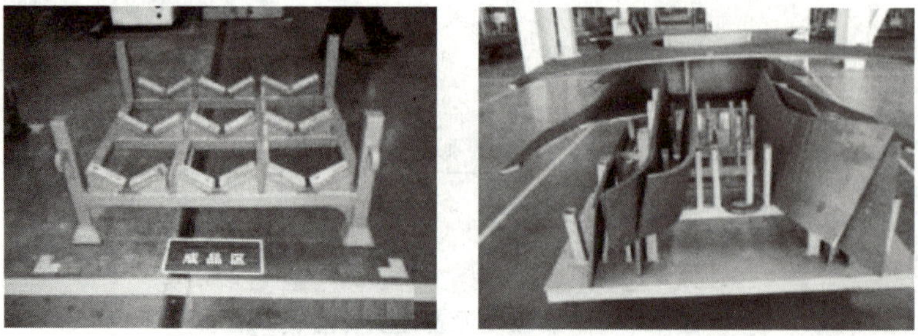

图 12－6　放置物料的专用工装

于集中进行申购以及入库，比较适用于小批量生产。

四、定量管理

（一）定量

定量管理就是在定置管理的基础上，规定一个容器中存放物品的数量，便于材料供应和数量管理。现代工业生产非常精细化，现场的生产需依靠配送来完成。一般每个小时配送一次，规模大一点的，每两个小时配送一次，由仓储部门根据生产计划及时组织成套的物料配送到现场。配送到现场的物料，需要根据生产能力、计划以及配送的频度来明确一个容器，一个包装里面放多少货以方便对现场进行配置，所以现场的这些容器的设计要非常有针对性，它的放置方法和数量都需要有明确的规定。FIFO（First in First out，先进先出）流动货架示例如图 12－7 所示。

图 12－7　FIFO 流动货架示例

（二）在库量

零在库是库存管理的终极目标。但是，从现实角度来看，设定一定数量的在库还是极有必要的。可以根据销售量以及生产能力设定适当的在库量。可以通过在置场以及货架上用胶布或者喷漆做标记，以确保一眼就可以看出实际在库量同所设定的在库量之间的差异。在实际的生产过程中，随着生产量、生产能力、改善等情况的变化，不断对在库量进行调整是至关重要的。

五、定容管理

定容管理是指根据物料特点制作专门的放置容器或设置专门的放置方法，使物料取放方便，以提高效率的一种方法。专用容器示例如图 12－8 所示。

图 12－8　专用容器示例

第三节　定置管理的步骤

一、准备阶段

（一）进行工艺研究

工艺研究是定置管理开展程序的起点，它通过对生产现场现有的加工方法、机器设备、工艺流程进行详细研究，确定工艺在技术水平上的先进性和经济上的合理性，分析是否需要和可能用更先进的工艺手段及加工方法，从而确定生产现场产品制造的工艺路线和搬运路线。工艺研究是一个提出问题、分析问题和解决问题的过程，包括以下四个步骤：

（1）对现场进行调查，详细记录现行方法。

（2）分析记录的事实，寻找存在的问题。

（3）拟定改进方案及实施计划。

（4）对成果进行固化或形成可视化管理。

（二）对人、物结合的状态分析

人、物结合状态分析是开展定置管理中最关键的一个环节。在生产过程中必不可少的是人与物，只有人与物的结合才能进行工作。而工作效果如何，则需要根据人与物的结合状态来定。定置管理要在生产现场实现人、物、场所三者的最佳结合，首先应解决人与物的有效结合问题。在生产现场，人与物的结合有两种形式，即直接结合和间接结合。直接结合是指需要的东西容易拿到手，不存在由于寻找物品而发生时间的耗费。如加工的原材料、半成品就在自己岗位周围，工检量具、贮存容器就在自己的工作台上或工作地周围，随手即得。间接结合是指人与物呈分离状态，为使其结合则需要信息媒介物的指引。信息媒介物的准确可靠程度影响着人与物结合的效果。在生产过程中，可利用人、物结合在现场进行合理的分配，如图 12－9 所示。

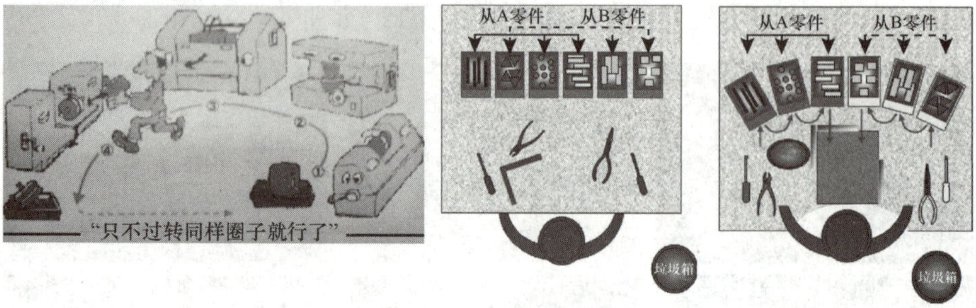

图 12-9　利用人、物结合在现场进行合理的分配

（三）开展对信息流的分析

信息媒介物是人与物、物与场所合理结合过程中起指导、控制和确认等作用的信息载体。人与物的结合需要有四个信息媒介物：

第一个信息媒介物是位置台账，它表明“该物在何处”，通过查看位置台账，可以了解所需物品的存放场所。

第二个信息媒介物是平面布置图，它表明“该处在哪里”。在平面布置图上可以看到物品存放场所的具体位置。

第三个信息媒介物是场所标志，它表明“这儿就是该处”。它是物品存放场所的标志，通常用名称、图示、编号等表示。

第四个信息媒介物是现货标示，它表明“此物即该物”。它是物品的自我标示，一般用各种标牌表示，标牌上有货物本身的名称及有关事项。

在寻找物品的过程中，人们通过第一个、第二个媒介物，被引导到目的场所，因此称第一个、第二个媒介物为引导媒介物；再通过第三个、第四个媒介物来确认需要结合的物品，因此称第三个、第四个媒介物为确认媒介物。人与物结合的这四个信息媒介物缺一不可。建立人与物之间的连接信息，是定置管理这一管理技术的特色。能否按照定置管理的要求，认真建立健全连接信息系统，并形成通畅的信息流，有效地引导和控制物流，是推行定置管理成败的关键。上线看板示例和异常看板示例如图 12-10 和图 12-11 所示。

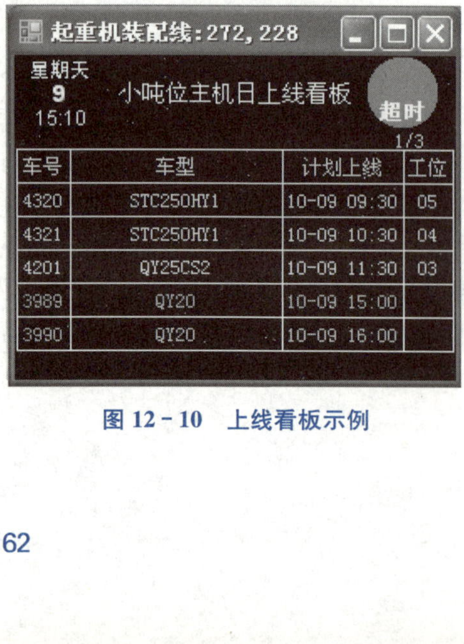

车号	车型	计划上线	工位
4320	STC250HY1	10-09 09:30	05
4321	STC250HY1	10-09 10:30	04
4201	QY25CS2	10-09 11:30	03
3989	QY20	10-09 15:00	
3990	QY20	10-09 16:00	

图 12-10　上线看板示例

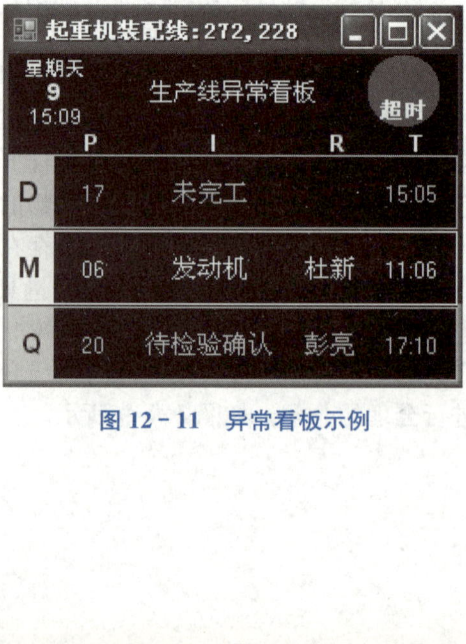

	P	I	R	T
D	17	未完工		15:05
M	06	发动机	杜新	11:06
Q	20	待检验确认	彭亮	17:10

图 12-11　异常看板示例

二、定置管理设计

定置管理设计是指对各种场地（分厂区、车间、仓库）及物品（分机台、货架、箱柜、工位器具等）如何科学、合理定置的统筹安排。定置管理设计主要包括定置图设计和信息媒介物设计。

（一）定置图设计

定置图是对生产现场所在物进行定置，并通过调整物品来改善场所中人与物、人与场所、物与场所相互关系的综合反映图。其种类有室外区域定置图、车间定置图、各作业区定置图及仓库、资料室、工具室、计量室、办公室等定置图和特殊要求定置图（如工作台面、工具箱内，以及对安全、质量有特殊要求的物品定置图）。

（二）信息媒介物设计

信息媒介物设计包括信息符号设计和示板图、标牌设计。

在进行信息符号设计时，如国家有规定的（如安全、环保、搬运、消防、交通等）应直接采用国家标准。企业应根据行业特点、产品特点、生产特点设计其他符号。设计的符号应简明、形象、美观。

定置示板图是现场定置情况的综合信息标志，它是定置图的艺术表现和反映。标牌是指示定置物所处状态、标志区域、定置类型的标志，包括建筑物标碑，货架、货柜标牌，原材料、在制品、成品标牌等。它们都是实现目视管理的手段。各生产现场、库房、办公室及其他场所都应悬挂示板图和标牌，示板图中内容应与蓝图一致。示板图和标牌的底色宜选用淡色，图面应清洁、醒目且不易脱落。各类定置物、区（点）应分类规定颜色标准。

现场信息与办公信息传递示意图如图 12－12 所示。

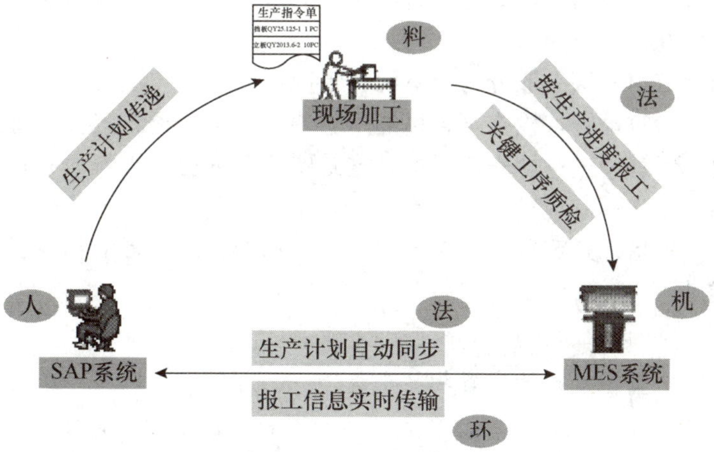

图 12－12 现场信息与办公信息传递示意图

三、定置实施

定置实施是理论付诸实践的阶段，也是定置管理工作的重点。其包括以下三个步骤。

（一）清除与生产无关之物

生产现场中凡与生产无关的物品都要清除干净。清除与生产无关的物品时，能转变利用的应转变利用，不能转变利用的，可以变卖，转化为资金。

（二）按定置图实施定置

各车间、部门都应按照定置图的要求，将生产现场、器具等物品进行分类、搬、转、调整并予以定位。定置的物要与图相符，位置要正确，摆放要整齐，贮存要有器具。可移动物，如推车、电动车等也要定置到适当位置。

（三）放置标准信息铭牌

放置标准信息铭牌要做到牌、物、图相符，设专人管理，不得随意挪动，要以醒目和不妨碍生产操作为原则。总之，定置实施必须做到：有图必有物，有物必有区，有区必挂牌，有牌必分类；按图定置，按类存放，账（图）物一致。

现场工位量器具定置改善前后对比如图 12－13 所示。

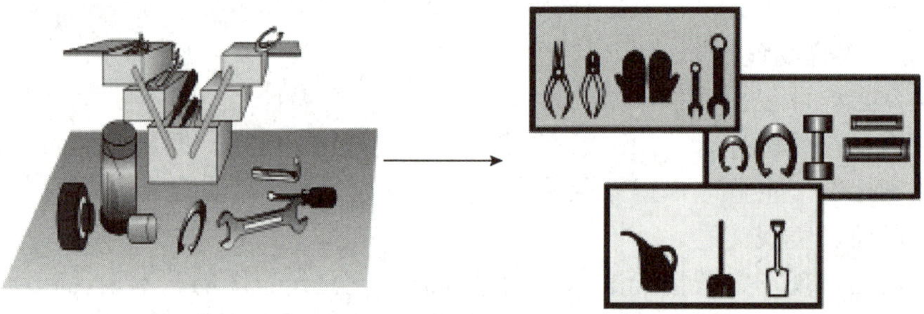

图 12－13　现场工位量器具定置改善前后对比

四、定置检查与考核

定置管理的一条重要原则就是持之以恒，只有这样才能巩固定置成果。因此，必须建立定置管理的检查、考核制度，制定检查与考核办法，并按标准进行奖罚，以实现定置长期化、制度化和标准化。

定置管理的检查与考核一般分为以下两种情况：

一是定置后的验收检查，检查不合格的不予通过，必须重新定置，直到合格为止。

二是定期对定置管理进行检查与考核。这是要长期进行的工作，它比定置后的验收检查工作更为复杂。

定置考核的基本指标是定置率，它表明生产现场中必须定置的物品已经实现定置的程度。其计算公式是：

$$定置率=\frac{实际定置的物品个数(种数)}{定置图规定的定置物品个数(种数)}\times 100\%$$

案例链接

某公司生产现场定置管理规定

1. 通道标识与车辆停放

（1）通道标识见表 12－2。

表 12-2 通道标识

类别	通道宽度	通道线			区域形成方式	转弯半径
		颜色	宽度	线型		
主通道	4m～6m	黄色	100mm	实线	以主大门中心线为轴线对称分布	4 000mm
一般通道	2.8m～4m	黄色	100mm	实线	以通道最窄处中垂线为对称分布线	3 000mm
人行道	1m～2m	黄色	100mm	实线		
道口、危险区	间隔等线宽	黄色	100mm	斑马线		

(2) 叉车、送件电瓶车等物流车辆，要划定停放区域线（线宽为 50mm 的黄色实线区划），停放地应不妨碍交通和厂容观瞻。

2. 相关区域划分标识

相关区域划分标识见表 12-3。

表 12-3 相关区域划分标识

类别	区域线			标识牌	字体
	颜色	宽度	线型		
待检区	蓝色	50mm	实线	蓝色	白色，黑体
待判区	白色	50mm	实线	白色	黑色，黑体
合格区	绿色	50mm	实线	绿色	白色，黑体
不合格区、返修区	黄色	50mm	实线	黄色	白色，黑体
废品区	红色	50mm	实线	红色	白色，黑体
毛坯区、展示区、培训区	黄色	50mm	实线		
工位器具定置点	黄色	50mm	实线		
物品临时存放区	黄色	50mm	虚线		“临时存放”字样

3. 工位器具

(1) 工位器具按定置管理图的要求摆放，配备规格、数量符合要求。

(2) 塑料制品工位器具（如托盘等），颜色一律用蓝色；金属制品工位器具，颜色一律用灰白色。

(3) 工位器具编号：见“某公司企业标准 Q/SQR·06·002-2003《工艺装备编号规定》”。

4. 工位上的物品

(1) 工位上的物品（工、刀、量、辅、模、夹具，计量仪器仪表）要定置摆放（如“形迹管理”）并尽可能采用标识。

(2) 工具箱内的工、刀、量、辅具等物品定位放置（如“形迹管理”），且只能放置与生产有关的物品，箱门内面要有物品清单，清单一律贴在门的左上角。

(3) 工位上的各种图表、操作卡等文件规格统一，必须定置悬挂。

5. 零件及在制品

零件及在制品用规定的工位器具存放，并定量、定位整齐摆放，大型零件、总成按规定位置、标高整齐摆放，达到过目知数。

6. 库房

库房必须有定置管理图，有 A、B、C 重点管理清单，器具按零件配置并且定置摆放。零件及物品定箱、定量、定位存放，摆放整齐。

7. 消防器具

现场消防器具按要求定点摆放，定期检查，保持清洁。

8. 垃圾存放与处理

(1) 生产现场的垃圾分为工业垃圾与生活垃圾。工业垃圾用黄色料箱（桶）存放，生活垃圾用蓝色或红色料箱（桶）存放。

(2) 厂区和办公区的垃圾分为不可回收垃圾和可回收垃圾。不可回收垃圾用黄色料箱（桶）存放，可回收垃圾用绿色料箱（桶）存放。

(3) 垃圾要分类，定点存放，定时清运，不得外溢和积压。

9. 现场维修

现场维修时拆卸的零件要摆放整齐，完工后及时清理场地，以达到工完料净，保持现场原貌。

10. 标识牌

(1) 生产线名称：垂直于主通道吊设灯箱，规格：1 200mm×600mm×200mm；版面内容：上半部为公司标志（红色）和车型代号（黑色），下半部为生产线名称（中、英文），红底白字（字体：黑体），双面显示，上、下部比例为 2∶3。

(2) 待检区：蓝色标示牌；待判区：白色标示牌；合格区：绿色标示牌；不合格区、返修区：黄色标示牌；废品区：红色标示牌。以上所有标示牌规格均为 300mm×210mm×1.5mm，涂漆成相应颜色，落地放置，标识牌上一律用白色字（待判区除外，用黑色），字体：黑体。

毛坯区、展示区、培训区：标识牌规格为 800mm×350mm×4mm；材料：铁板或塑料；版面：白底蓝字，字体为黑体，字高 260mm；放置方式视具体情况而定。

(3) 工序（工位）标识牌：规格：400mm×180mm；材料：金属或塑料；版面：蓝底白字；悬挂放置。

(4) 设备状态标识牌：规格：200mm×150mm；材料：铝塑或泡沫；版面内容：上半部为“设备状态标识”名称（蓝底白字），下半部为圆，直径 130mm，内容为正常运行（绿色）、停机保养（蓝色）、故障维修（红色）、停用设备（黄色）、封存设备（橙色），指针为铝质材料。

(5) 消防器材目视板：规格：300mm×180mm；材料：铝塑或泡沫；版面内容：上半部为公司标志、消防器材目视板、编号字样，下半部有型号、数量、责任人、检查人字样和 140mm×100mm 透明有机板。

(6) 关键工序：规格：400mm×300mm；材料：铝塑或泡沫；版面内容：上部为关

键工序名称字样，中部为关键工序编号字样，下部为“关键工序”字样，黄底蓝字（字体：黑体）。

11. 警示牌

（1）小心叉车（在通道拐弯处）、限高、禁止攀越等警示牌：规格：600mm×300mm；材料：金属或塑料；版面：白底蓝字、蓝图案；悬挂放置。

（2）出口、安全出口标识牌：规格：600mm×300mm；材料：白塑料板；版面：白底绿字、绿图案；悬挂放置。

（3）广角镜（广视镜）：在通道转弯处，悬吊不锈钢半球，球面半径为1 500mm。

（4）穿戴劳保用品、防护用具等标志牌：规格为300mm×300mm，铁板，白底蓝图案，悬挂放置。

12. 立柱标识

字符标高4米，四面涂刷，上部字母高：300mm，下部数字高：300mm，蓝色（字体：黑体）。

13. 办公室及库房标识

规格：300mm×80mm；材料：金属或铝塑；版面：上部为公司标志和部门名称，下部为科室或库房名称；悬挂放置于门的右上侧。

14. 工作角

（1）工作角构成：长方形桌：规格为1 200mm×600mm×800mm或1 800mm×600mm×800mm；圆形凳（两连体或三连体）、工具柜、急救箱、目视板。

（2）构成物颜色：长方形桌：桌面铺绿色橡胶板；工具柜、急救箱、目视板为灰白色；圆形凳为蓝色。

本章小结

通过本章的学习，我们掌握了定置管理的基本概念、要求、原理和步骤。主要内容包括：

（1）定置管理是实现人与物最佳结合的一种管理方法。企业应对各区域物品进行科学定置，并设计定置图。

（2）定置管理包含定点、定物、定品、定量和定容五个方面。定点：将物品存放在最合理的位置；定物：明确每个“置场”分别放置哪种物品；定品：货架的各层有品目标识，放置在货架上的容器也有品目标识；定量：确定每种物品适宜的在库量；定容：制作专门的放置容器或设置专门的放置方法，使物料取放方便，以提高效率。企业应多在定置方法上下功夫。

（3）定置管理分为准备、定置管理设计、定置实施、定置检查与考核四个阶段。其中，准备阶段分为工艺研究、对人与物结合的状态分析、对信息流的分析三个方面；定置管理设计阶段分为定置图设计和信息媒介物设计两个方面；定置实施阶段分为清除与生产无关物、按定置图实施定置、放置标准信息铭牌三个步骤；定置检查与考核阶段，关键是考核定置率，它是实际定置物品个数占定置图规定的定置物品个数的百分比。

基本概念　定置管理　定点管理　定物管理　定量管理　定容管理　定置管理设计

第十二章　在线练习

第十三章 目视化管理

学习目标

知识目标

◇了解目视化管理的定义和作用。

◇理解目视化管理三个水准的含义。

◇掌握开展目视化管理的要点。

◇掌握目视化管理的常用工具和手段。

能力目标

◇ 具备通过目视化的工具手段提升现场管理效率和质量的能力。

素养目标

◇ 运用目视化管理，提升员工自主管理和自主控制能力，推动形成富有特色的企业文化。

第一节 目视化管理概述

一、目视化管理的定义

目视化管理是利用形象直观、色彩适宜的各种视觉信息和感知信息来组织现场生产活动，以提高生产效率、确保质量的一种管理方法。其以颜色、文字、图表或图标等方式展示和告知现场状态，提醒相关人员应该遵守的规则，传达必要的信息，创造一个一目了然的工作场所，以便进行预防管理，促进现场改善。

二、目视化管理的类别

（一）物品管理

要点 1：明确物品名称及用途；

要点 2：决定物品的放置场所；

要点 3：物品的放置方法能保证顺利地执行先进先出原则；

要点 4：决定合理的数量，尽量只保管必要的最小数量，并且要防止断货。

（二）作业管理

要点 1：明确作业计划及事前需准备的内容，且很容易核查实际进度与计划是否一致；

要点 2：作业标准书目视化，把作业的动作、步骤、方法、顺序标准化；

要点 3：让异常显而易见。

（三）设备管理

要点 1：清楚明了地表示出应该进行维护保养的功能部位；

要点 2：能迅速发现异常；

要点 3：是否正常供给、运转清楚明了；

要点 4：在各类盖板的极小化、透明化上下功夫；

要点 5：标识出计量仪器类的正常范围、异常范围、管理界限；

要点 6：设备是否按要求的性能、速度在运转。

（四）质量管理

要点 1：防止因人为失误导致的质量问题；

要点 2：4M 异常的“显露化”；

要点 3：能正确地实施点检。

（五）安全管理

要点 1：注意有高低、突出之处；

要点 2：设备的紧急停止按钮设置；

要点 3：注意车间、仓库内的交叉之处；

要点 4：危险物的保管、使用严格按照法律规定实施；

要点 5：易于识别危险源、有危险提示作用。

三、目视化管理的作用

通过目视化管理，管理者将要求和意图让大家看得见，借以推动员工的自主管理或自主控制。

（一）迅速快捷地传递信息

利用目视化管理可以迅速快捷地传递信息，并且方便及时更新。

（二）形象直观地将潜在的问题和浪费现象都显现出来

目视化管理依据人类的生理特征，充分利用信号灯、标识牌、符号、颜色等来发出视觉信号，鲜明准确地刺激人的神经，快速地传递信息，形象直观地将潜在的问题和浪费现象都显现出来。不管是新进的员工，还是新的操作手，都可以与其他员工一样，一看就明白问题在哪里。

（三）强调客观、公正、透明化

目视化管理可将管理六要素（5W1H）——Why（工作理由）、What（工作内容）、Who（责任者）、Where（工作场所）、When（时间限制）、How（具体方法）现场目视化。

（四）促进企业文化的建立和形成

目视化管理通过公开讨论栏、关怀温情专栏、企业宗旨、愿景规划等各种健康向上的内容，使所有员工形成一种非常强烈的凝聚力和向心力，这些都是建立优秀企业文化的一个良好开端。

四、目视化管理

目视化管理一般划分为三个水准：初级水准、中级水准和高级水准。初级水准：显示当前状况，使用一种所有工人都容易理解的形式；中级水准：谁都能判断是否正常，如刻度范围；高级水准：将管理方法都列明，如异常处理方法。图 13－1 为目视化管理三个水准示例。

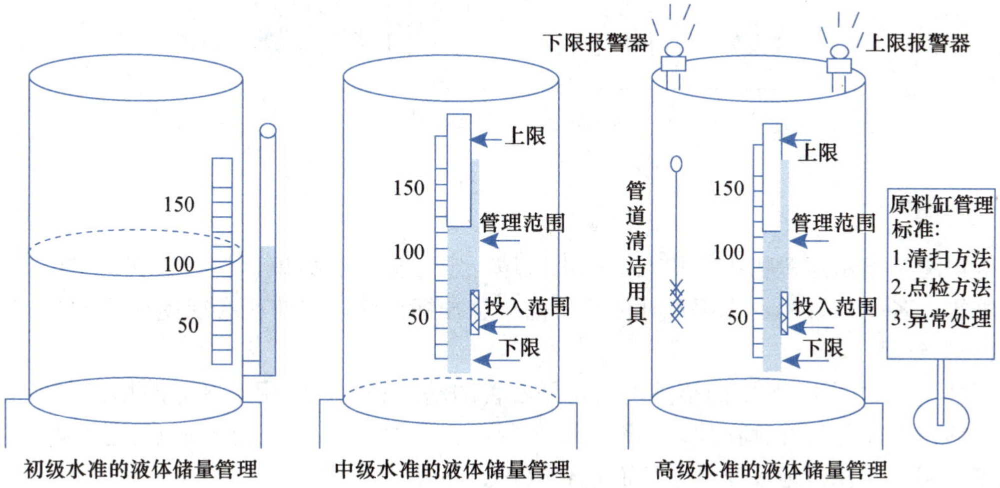

图 13－1　目视化管理三个水准示例

第二节　目视化管理的媒介

常见的目视化管理手段有颜色管理、标识应用、看板、形迹管理、安全库存与最大库存标识、标准目视化和改善现场目视化等，通过目视化管理可以打造一目了然的“傻瓜化”现场。

一、颜色管理

生产现场可以通过不同的颜色进行管理，使员工清晰分辨此物是什么、处于什么状态、流动方向如何等。颜色管理示例如图 13－2 所示。

颜色管理法运用人们对颜色的心理反应、习性、分辨与联想能力，对现场管理活动和实物利用颜色来管制，让员工自然、直观地对现场信息都有相同的认识和解释。当问题浮现时，有共同沟通的语言与认同，从而达到管理目的。

日常使用的颜色主要有红、黄、蓝、绿和白，其中红色表示停止、防火、危险、紧急等信息；黄色表示注意；蓝色表示诱导；绿色表示安全、进行中；白色作为辅助色，用于文字、箭头、记号。颜色在现场管理中的运用主要有信号灯、警示线、区域线、安全标语等。

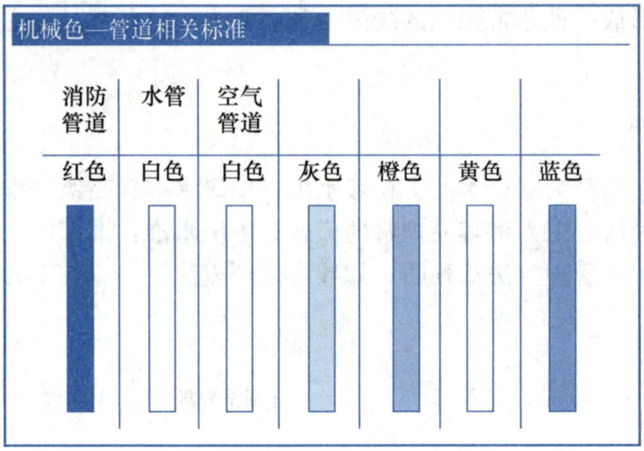

图 13－2　颜色管理示例

二、标识牌

标识牌是指示定置物所处状态、标识区域、定置类型的标识，包括红牌、工位牌、货柜标牌等。各生产现场、库房及其他场所都应悬挂标识牌，以使所有现场一目了然。

（一）红牌

红牌一般适用于5S中的整理阶段，是改善的基础和起点，用来区分现场的非必需品。挂红牌的行为又称为红牌作战，如图13－3所示。在工厂内，找到问题点并悬挂红牌，可让大家都明白并积极地去改善，从而达到整理、整顿的目的。

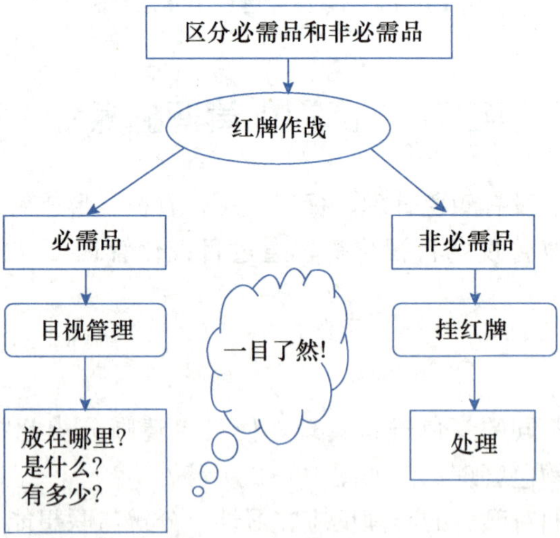

图 13－3　红牌作战图

红牌提示单记录的内容包括责任部门、对存在问题的描述和相应对策、要求完成整改的时间及审核人等。红牌记录单见表13－1。

表 13-1　红牌记录单

红牌 （B类：破损件处理卡）					
发牌人		所属部门		发牌日期	
破损件名称		编号		数量	
区域				区域负责人	
物品属性	□物料	□搬运工装（容器）		□产品	
	□工装（含工具/夹具/刀具）	□机床设备（含备件）		□消防设备	
	□搬运工具（含行车/吊具/叉车）			□其他（　　）	
问题描述					
原因	□外力	□本身质量不达标		□其他	
原因分析					
责任部门					
处理部门		处理人			
领导签字					
处理意见 完成期限	□报废	□交换		□修理	
	□其他				
	年　　月　　日	是/否　完成		验收人	
备注					
备注：该表一式两份，发牌方与被发牌方各执一份。问题未整改之前必须张贴在问题处。					
红牌制作人：精益质量总部　制造管理部					

生产现场贴附红牌的对象见表 13-2。

表 13-2　生产现场贴附红牌的对象

对象	内容
质量	不合格品、待检品
库存	原材料、零件、半成品、在制品
生产及辅助设备	加工设备、工具、工装、刀具、吊具、作业台、车辆
其他	消防器材、安全通道、水电气

红牌作战的实施要点如下：

（1）红牌作战遇到的某些问题可以迅速有效地得到解决，这些问题一旦得到解决，就应该及时将工作现场的红牌摘掉。例如，剔除了不整齐的摆放、清除了设备油污等，现场员工应该立即将原来标示的红牌摘除，防止出现新旧混杂。

（2）对于遇到的某些不能立刻得到解决的问题，红牌是个持续过程，对此，管辖区域内出现红牌的部门就应该立即商量对策、采取行动，直至将红牌摘除。

（二）工位牌

现场不同班组或工位采用悬挂式工位牌，可以使现场工位、工序等信息标识清晰，达到良好的目视化效果。工位牌示例如图 13－4 所示。

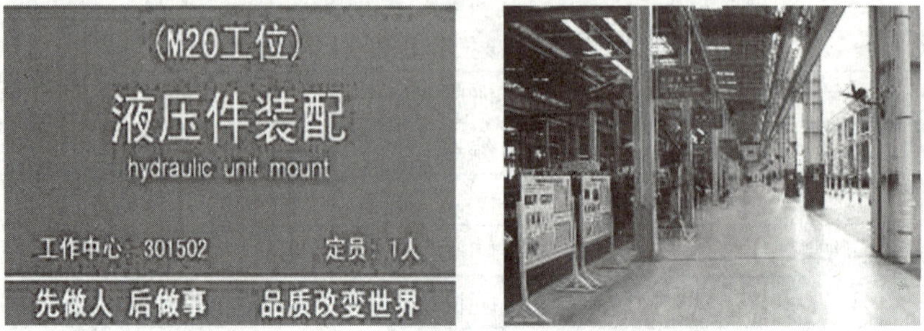

图 13－4　工位牌示例

（三）标识管理

生产现场的标识管理主要包括各区域标识、货架标识、不同物料标识、责任人标识等。通过标识管理可达到现场信息目视化的效果。

三、区域线

区域线就是对原材料、半成品、成品放置的场所或通道等区域，用线条把区域划出，主要用于整理与整顿，以此来保持生产现场的良好生产秩序。区域线示例如图 13－5 所示。

图 13－5　区域线示例

四、警示线

黄黑警示线主要用于生产现场比较危险的区域，以提示员工注意安全或不要靠近。警示线示例如图 13－6 所示。

图 13－6　警示线示例

五、形迹管理

形迹管理是指根据各种不同工具或其他物品的形状在相应的物品摆放区域按物品的大小及形状等用笔划出或用刀刻出物品的形迹线，达到物品完全定置管理和使用后方便归位的效果。形迹管理示例如图 13-7 所示。

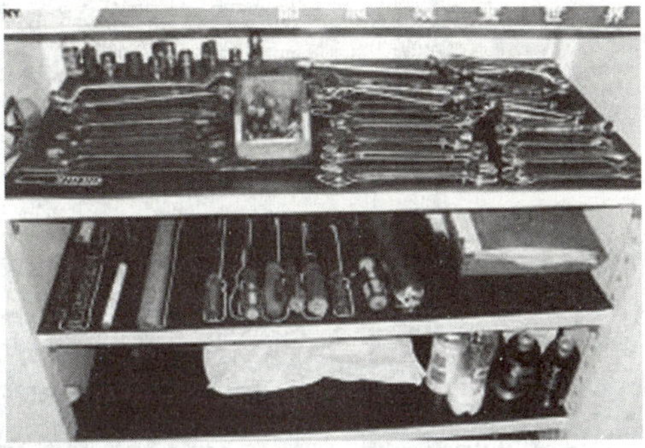

图 13-7 形迹管理示例

六、看板管理

看板管理是指将希望管理的项目（信息）通过各类管理板提示出来，使管理状况人人皆知的一种管理方法。看板上的内容应尽量以图表、标志、数据为主，使大家即使从远方看也一目了然。生产现场应用的看板种类繁多，作用各不相同。

（一）看板的分类

从不同的角度可对看板进行不同的分类，表 13-3 从看板材质规格、放置时间、展示内容等角度对看板进行分类。

表 13-3 看板类型

分类方式	种类	实例
材质规格	数字化看板	生产计划 LED 显示屏、MES 系统显示屏
	钢制大型看板	班组管理看板
	纸制卡片式看板	不合格品展示看板
放置时间	固定式看板	厂房布局看板、工位看板
	移动式看板	送（取）货看板、临时看板、异常联络看板
展示内容	质量管理看板	不合格品展示看板、待检牌
	生产管理看板	计划及异常看板、作业标准看板、“三区”指示看板
	设备管理看板	TPM 活动看板
	安全管理看板	安全知识看板
	班组及员工状态看板	定员定岗信息看板

常见的看板有电子看板（如图 13-8 所示）、固定式看板（如图 13-9 所示）、临时看板（如图 13-10 所示）。

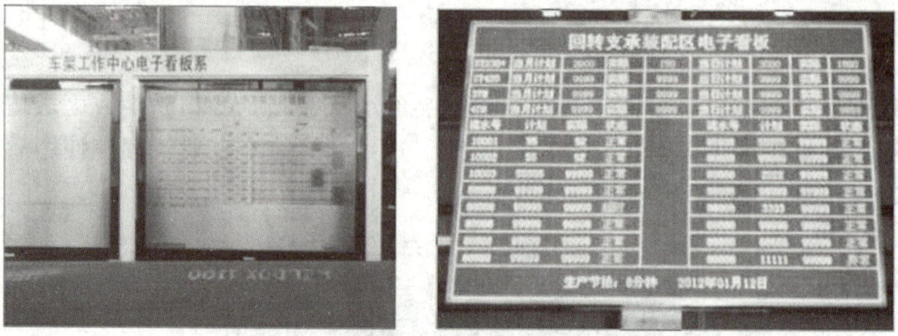

图 13-8　电子看板

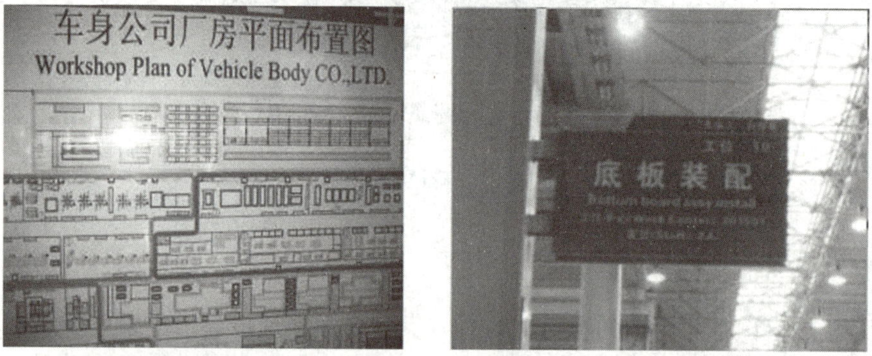

图 13-9　固定式看板

图 13-10　临时看板

（二）看板管理的作用

(1) 传递情报，统一认识。

(2) 帮助管理，防微杜渐。

(3) 使绩效考核更公正、透明，促进公平竞争。

(4) 加深客户印象，提升企业形象。

（三）看板管理的三定原则

(1) 定位：放置的场所要明确。

(2) 定物：种类名称要明确。

(3) 定量：数量多少要明确。

案例链接

某公司目视化管理的内容和方法

对生产现场而言，目视化是进行质量（Q）、成本（C）、交货期（D）、安全（S）、培训（T）管理的主要方法之一，是PDCA循环的基础。某公司根据自己的管理需求，对能力提升、改善活动和活动过程状态三个方面进行目视化，并总结出8类现场管理目视化项目，构成了SPS目视化管理蓝图，如图13-11所示。

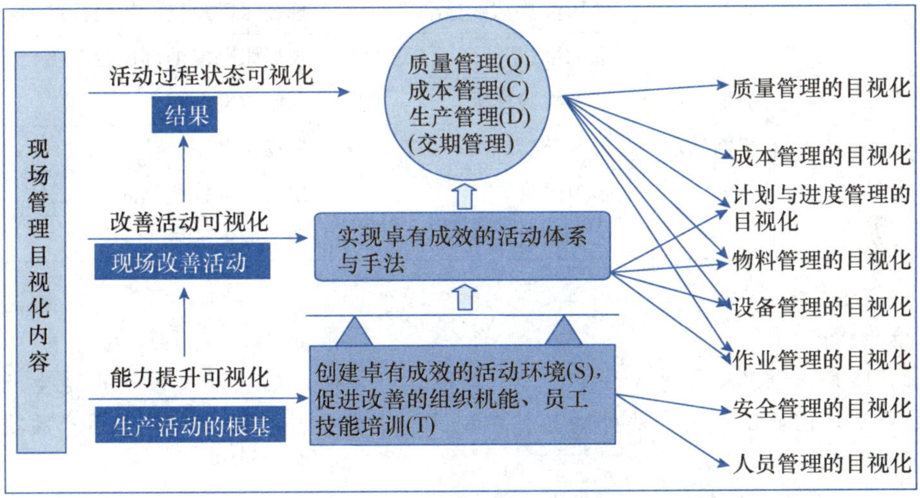

图13-11　SPS目视化管理蓝图

一、质量管理的目视化

公司质量管理目视化的主要内容有质量检验、合格品与不合格品区分、关键工序质量特性控制、过程检测及工具等内容。质量管理目视化内容见表13-4。

表13-4　质量管理目视化内容

序号	项目	工艺	内容	方法
1	质量检验	所有	检验状态	待检牌
2			检验标准	检验基准书看板
3			检验方式	使用检验标签
4	合格品与不合格品区分	所有	场所区分	划定不合格品区并设置标示牌
5			色标区分	不合格品上贴红牌
6	关键工序质量特性控制	所有	影响质量特性的因素	制作现场质量管理表
7		下料	钢板规格及质量要求	色标管理
8			易损件（电极喷嘴）控制管理	现场张贴易损件的损坏图片
9		成型	折弯力选择	现场张贴折弯力参数表
10		焊接	焊接表面及清渣方法	现场张贴图片

续表

序号	项目	工艺	内容	方法
11		机加	设备加工能力（设备、夹具工装精度）	现场张贴定期检验的精度结果
12		表面处理	表面精糙度要求	现场张贴标准样图
13			表面除锈质量	现场张贴除锈等级比照图
14			电镀件外观质量	现场张贴标准样图
15		装配	螺栓拧紧力矩	现场张贴螺栓力矩表或制作卡片
16			液压油清洁度标准	现场张贴清洁度等级标准图
17			漏油部位	现场张贴漏油部位分布图
18	过程检测及工具	成型	产品检验样板	划定放置区域
19		表面处理	抛丸补喷地图	现场张贴
20		装配	扭力工具	扭力工具校验色标
21			尺寸测量工具	划定放置区域

（一）质量检验

1. 检验状态

质量检验是保证3N原则（不接收、不制造、不传递）的主要手段，也是生产过程不可或缺的环节，因此工厂所有的外购品、在制品、半成品、成品应均有表明产品状态的检验标识，如图13-12所示。

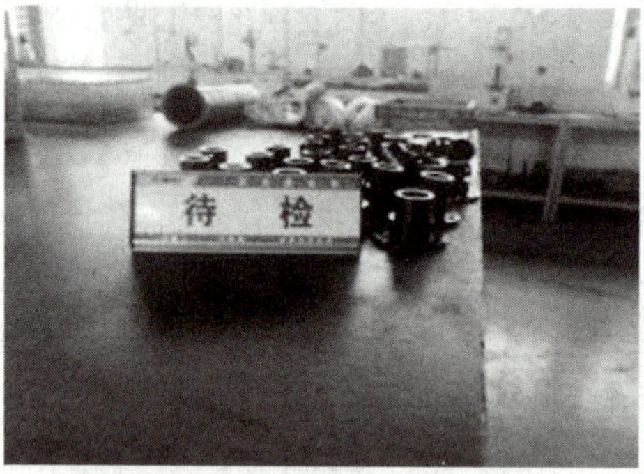

图13-12　零件“待检牌”

2. 检验基准书

根据检验要点制作产品“检验基准书”，并将其张贴于现场工位旁，使作业人员清楚本产品（或零件）的关键质量点及检验标准。检验基准书示例见表13-5。

表13-5　检验基准书示例

<table>
<tr><td colspan="3">某公司</td><td colspan="5">（37JZ连杆6机加）检验基准书</td><td>编号</td><td>ZL/JZ162-2021</td></tr>
<tr><td rowspan="2">零件名称</td><td rowspan="2">零件图号</td><td rowspan="2">零件编码</td><td rowspan="2">编制人</td><td rowspan="2">制造审核</td><td rowspan="2">质量审核</td><td rowspan="2">工艺审核</td><td rowspan="2">签发</td><td>版本</td><td>V1.0</td></tr>
<tr></tr>
<tr><td></td><td></td><td></td><td></td><td></td><td></td><td></td><td></td><td>编制时间</td><td>2021-7-14</td></tr>
</table>

续表

序号	检验内容	检验标准	检验方法	检验工具	检验频次	备注	检验简图示意
1	机加面无裂纹、毛刺、锐边、磕伤、划痕等有害缺陷，不得镗掉焊缝	无	目视各机加面	目视	100%		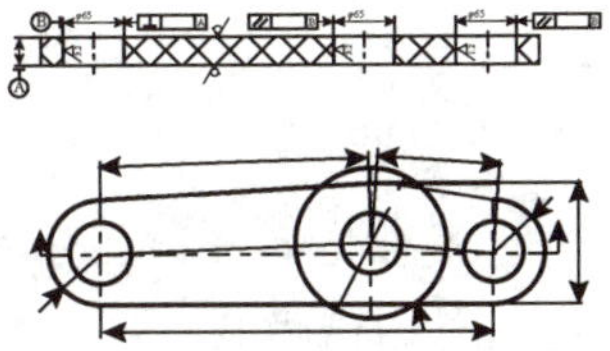
2	轴套孔距	288±0.1	测量	游标卡尺	100%		
3	轴套孔距	130.5±0.08	测量	游标卡尺	100%		
4	轴套孔距	418±0. 2	测量	游标卡尺	100%		
5	3个轴套内径	Φ65	测量	内径百分表	100%		
6	短套对称度		测量	三坐标	2件/月		
7	所有平行度	0.12	测量	三坐标	2件/月		

序号	变更日期	变更内容	变更人签字	签发人签批

3. 检验方式

《××公司过程检验管理制度》规定，产品过程检验主要有首检、末检、自检、互检、巡检和专检六种方式。产品或大件在需要进行多种方式检验时，可利用不同颜色标签区分检验方式，如图13-13所示。

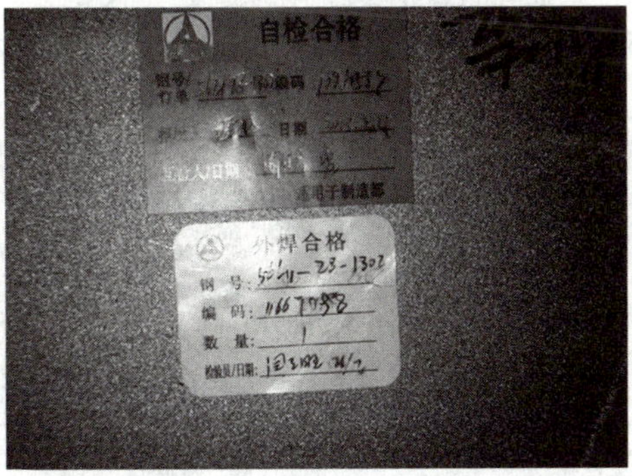

图13-13 零件上的检验合格标签

（二）合格品与不合格品区分

1. 场所区分

不合格品应区别于合格品、待检品等并单独放置，以免被员工误用。区别的最好办法是实行定位并标示出来。同时，还专门规划出一个专用区域来展示不合格品，以反面教材形式提醒员工不生产不合格品。不合格品区域目视化示例如图13-14所示。

(a) 不合格品标识　　(b) 不合格品展示区

图 13－14　不合格品区域目视化示例

2. 色标区分

对不合格品进行区分和处理的另一种目视化方法是贴上红色标签或红牌。所谓红牌，是用红色的纸做成的问题提示单，红色代表警告、危险、不合格。利用红牌记录不合格品的名称、不合格原因及责任部门、要求完成整改的时间、完成的时间以及审核人等。

（三）关键工序质量特性控制

1. 现场质量管理表

对工位关键质量控制点进行目视化，通过现场质量管理表将影响产品质量的4M（人、设备、物料、工艺）因素进行目视化，随时可得知这些因素的状态，提示这些因素变化对质量的影响。同时，将该工位加工产品的首检和末检结果列于质量管理表中。某工序现场质量管理表如图13－15所示。

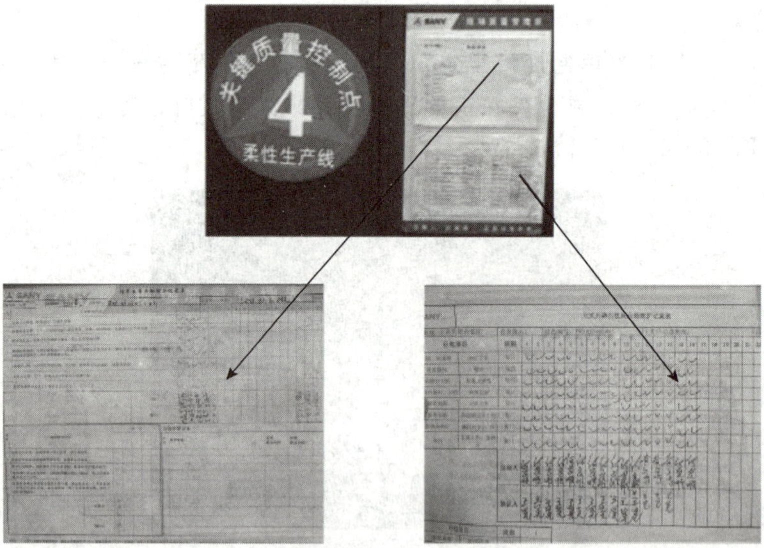

图 13－15　某工序现场质量管理表

2. 钢板规格及质量色标管理

为了规范采购钢板进入公司后的保管要求，防止储存过程导致的质量问题，应对钢板进行标识和质量防护。

钢板标识采用以下方法：(1) 制作色标管理明细表，规定不同钢板材质所对应的颜色，并在钢板存放区设置色标规定看板。(2) 钢板入库后，由物料部根据色标规定对不同材质钢板进行颜色标识。(3) 存储过程中，因锈蚀或其他原因导致色标脱落时，应及时重新涂色。

3. 现场张贴折弯力参数表（具体的表格也删除）

某型号折弯机的折弯力参数表见表 13－6。

表 13－6　某型号折弯机的折弯力参数表

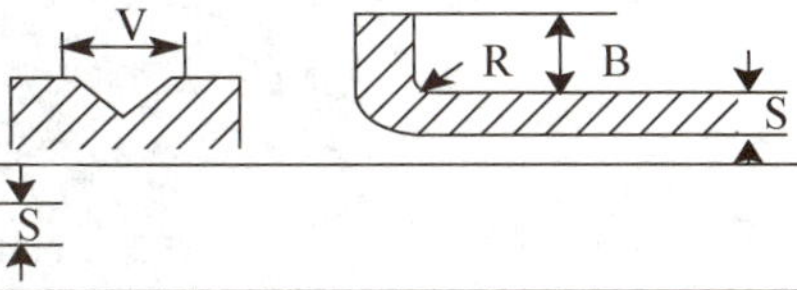

V	R	B	S=0.5	0.8	1	1.2	1.5	1.8	2	2.5	3	4	5	6	8	10	12	15	20	25
4	0.7	2.6	40	105																
8	1.5	5.2	20	55	80	115	180													
10	1.7	6.5		41	65	95	145	210	260											
12	2	7.8			55	80	120	175	215											
16	2.7	10.4				60	90	130	160	250	360									
20	3.4	13					75	105	130	200	290	520								
25	4.2	16						85	105	160	230	410	640							
30	5	20								140	190	340	540	770						
35	6	23									170	300	460	660						
40	7	26									150	260	400	580	1030					
45	7.5	29										230	360	520	910					
50	8.5	32										210	320	460	820	1280				
55	9	36											300	420	750	1170				
60	10	39											270	390	690	1070				
65	10.8	42											250	360	630	990	1420			
70	11.7	45												330	590	920	1320			
75	12.5	49												310	550	860	1230			
80	13.5	52												290	520	800	1160	1800		
85	14	55													490	760	1090	1700		
90	15	58													460	710	1080	1600		
100	17	65													410	640	930	1440	2560	
110	18.5	71														590	840	1310	2900	
120	20	78														540	770	1200	2130	3330
140	24	91															660	1000	1830	2660
170	23	110															650	850	1510	2350
200	35	130																720	1230	2550

T=420-480N/mm²(C=1)
P(kN/m)

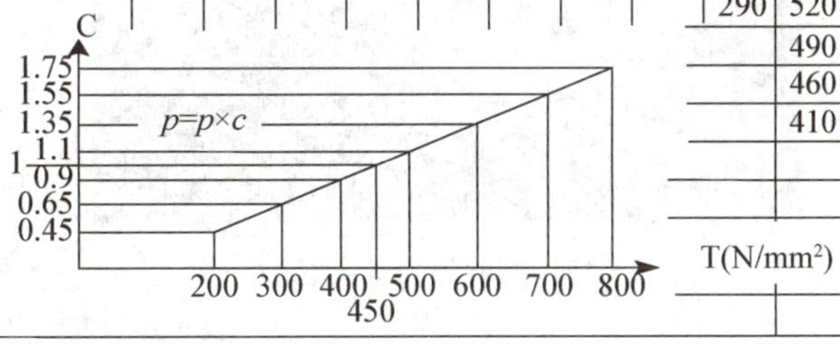

4. 抛喷丸粗糙度比照样块

为了快速检验抛喷丸工艺产品表面粗糙度质量，现场作业人员和检验人员可将产品与表面粗糙度比照样块进行比照。比照方法是触摸和目测相结合，并判定待检品所属样块中的区域及粗糙度级别。

（四）过程检测及工具

1. 成型件校验样板

成型工艺中，对于不能用数字量具（直尺、游标尺）进行尺寸检测的非标准成型件，可采用校验样板比对法控制非标件成型质量，该方法类似现场定置管理。图 13－16 所示为悬挂于现场的不同型号的校验样板。

2. 抛丸补喷地图

在表面处理和涂装工艺中，对于某些不能用设备作业的零件部位，必须要由员工手工补喷作业来完成。因此，为了提高产品质量，使补喷作业标准化，必须建立补喷作业地图并现场目视化，作为表面处理和涂装工艺过程检测的重要工具。

图 13-16　悬挂于现场的不同型号的校验样板

3. 螺栓扭力工具校验色标

为了保证螺栓扭力工具的有效性，需定期对螺栓扭力工具进行校验，并用不同颜色标签将合格与不合格扭力工具进行区分。螺栓扭力工具校验色标如图 13-17 所示。

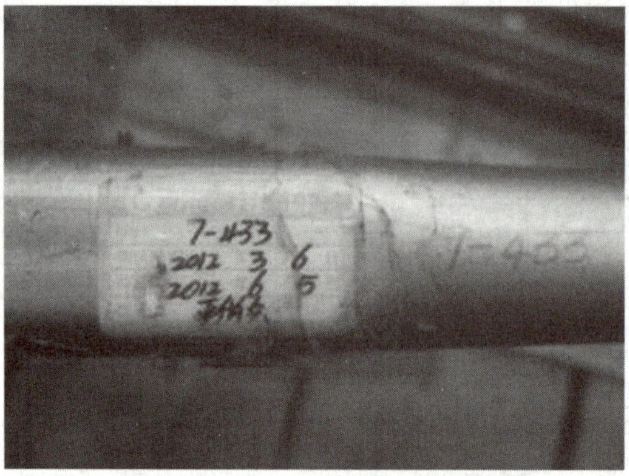

图 13-17　螺栓扭力工具校验色标

二、成本管理的目视化

为响应公司“二升二降三加强”指示，全面降低制造过程费用、成本，打造一个精益生产组织，各事业部开展以“两定”（定材、定时）为重点的降成本工作。将定材指标及达成目标制作成图表并以看板形式现场目视化（如图 13-18 所示），现场管理者和生产者随时清楚“两定”工作的现状及目标。

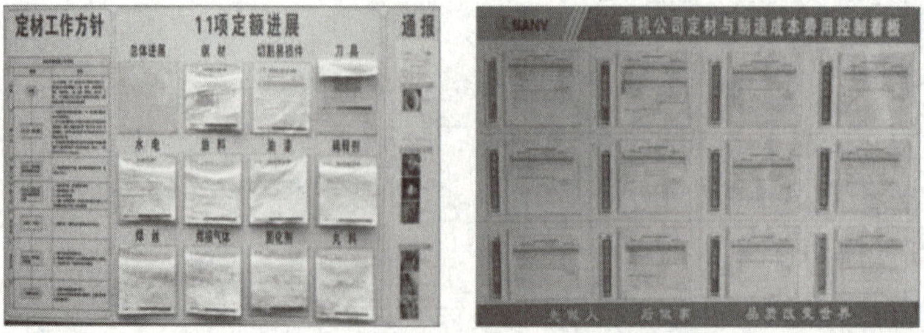

图 13-18　现场“定材”工作看板

三、生产管理的目视化

除了质量、成本外，产品交货期也是企业发展的关键，现场的4M1E（人、机、料、法、环）是影响生产效率及产品交货期的主要因素。生产管理目视化的主要内容见表13-7。

表13-7　生产管理目视化内容

序号	项目	内容	方法
1	计划与进度管理	生产计划与实绩	信息化技术（现场LED看板、MES系统），生产线工位看板
2		进度及异常	生产进度控制看板，MES系统
3	作业管理	作业工艺流程	现场张贴价值流图、物流逻辑图等作业流程
4		作业标准	现场张贴作业标准书，三维作业图像指导
5		作业防错管理	作业防错系统
6		作业工具	定置管理，形迹法管理，色标管理
7	设备管理	设备状态	设备状态三色灯或警示灯
8		设备操作规程	现场张贴操作指导书
9		设备维护保养	现场张贴设备点检基准书及记录表
10	物料管理	物料名称及库存	物料标识卡
11		现场物料转运及存放	采用形迹线进行“三区”定位
12		仓储物料管理	定置管理，色标管理

（一）计划与进度管理的目视化

计划与进度管理目视化就是要简单明了地表示出是否按计划在进行、计划是否按要求正确实施、是否有异常发生、如果有异常发生该如何应对等。

1. 生产计划与实绩

公司生产计划信息化系统主要是应用MES终端报工、LED现场可视化、系统自动处理数据生成报表及发送信息短信等。

应用MES终端对大件的投产、关键工序间完工及半成品入库进行报工；主机装配线则每个工序完工之后都进行报工。报工设备如图13-19所示。

图13-19　报工设备

MES系统根据滚动计划和报工情况，自动对每天生产线上线计划数量及实际数量等数据进行处理，计划员根据该报表可判断生产计划与实际的对比情况，并利用LED显示屏进行现场目视化或从系统导出后现场张贴。表13-8为公司MES系统生产日报表。

表 13-8　公司 MES 系统生产日报表

××××年×月×日

项目	本月计划	本月完成	本日计划	本日完成	本日完成明细			本月完成累计			本日库存			
					250H	25C	20T	250H	25C	20T	合计	250H	25C	20T
整机入库	257	93	12	10	5	2	3	42	43	8	13	5	6	2
整机涂装	257	106	26	3		2	1	47	49	10	48	23	12	13
整机调试	257	154	15	12	4	5	3	70	61	23	19	5	13	1
装配下线	257	173	10	10	1	8	1	75	74	24	5	1	3	1
上车装配	257	178	12	10	1	8	1	76	77	25	25	3	13	9
转台吊装	257	184	10	10		10		77	83	24				
臂架吊装	257	178	10	12	1	10	1	72	81	25				
装配上线	257	203	11	11		8	3	79	90	34				
转台部装	257	191	10	9	3	6		101	65	25				
臂架部装	257	186	10	12	6	6		102	58	26				
转台油漆	257	142	11	1		1		60	62	20				
臂架油漆	257	124	11	5	0	2	3	44	54	26				
车架油漆	257	144	11	0				61	68	15				

在生产现场及办公区域应用现场 LED 屏对生产计划数与上线实际数实时可视化，其可视化结果如图 13-20 所示。

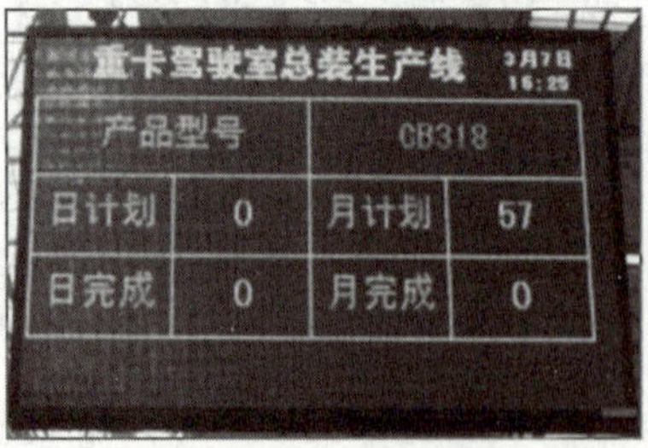

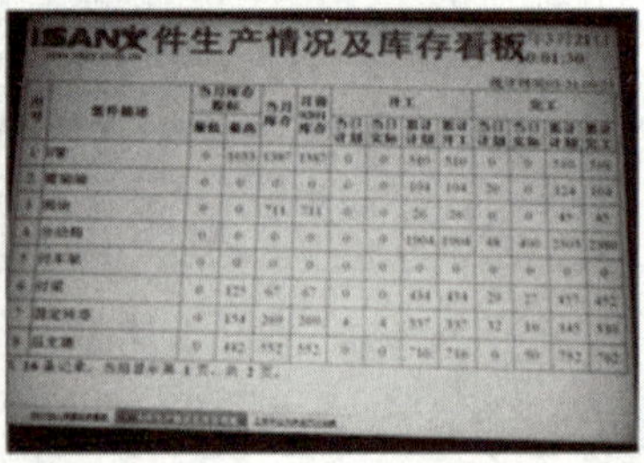

图 13-20　生产计划 LED 看板

2. 生产进度与异常管理

生产进度与异常管理可通过 LED 显示屏来进行，如图 13-21 所示。

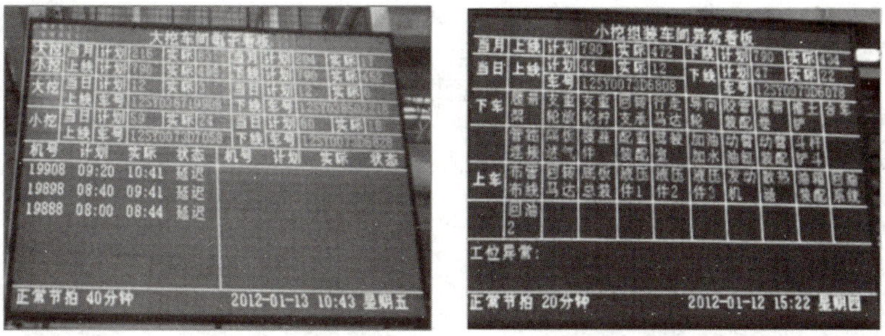

图 13-21 生产进度与异常 LED 显示屏

（二）作业管理的目视化

1. 作业工艺流程

把产品或大件价值流图和物流逻辑图进行现场目视化，使现场管理和作业人员对该产品工艺流程一目了然，可为识别工艺流程中的浪费和改善活动奠定基础。转台生产线物流逻辑图如图 13-22 所示。

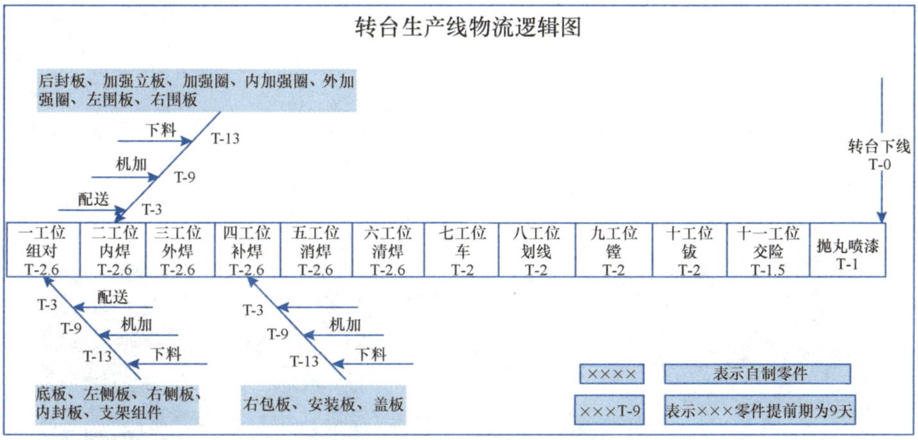

图 13-22 转台生产线物流逻辑图

2. 作业标准书

将各工序作业标准书复印件张贴于各工位作业区域显眼位置，使作业标准成为：(1) 高效率地制造出高质量产品的工具；(2) 现场管理者进行作业管理并指导部下工作的工具；(3) 员工作业时的行动准则。

为了解决多品种小批量产品生产线的作业内容较多，作业人员需反复翻阅作业标准书的问题。公司开发了能够进行作业标准书编制、详细作业指示输出、简单的作业成果输入和收集到的作业成果分析的装配作业管理系统，如图 13-23 所示。

作为作业指示手段，该系统配置了从作业指示、成果收集终端输出的声音和与之连接的显示屏幕两套系统。

3. 作业防错管理

在装配工艺中实施紧固螺栓作业时，可运用螺栓紧固作业防错辅助系统，如图 13-24 所示。当使用机动扳手控制器作业时，如符合此项作业，登记在工艺设计数据中的机型和部位下的规格数值（紧固的扭力下限值/上限值、击打数、击打位置等）就会被自动设定在与作业指示成果收集终端相连接的机动扳手控制器上，每击打 1 次判定 1 次紧固结果。不合格时，会重新松开再紧固。

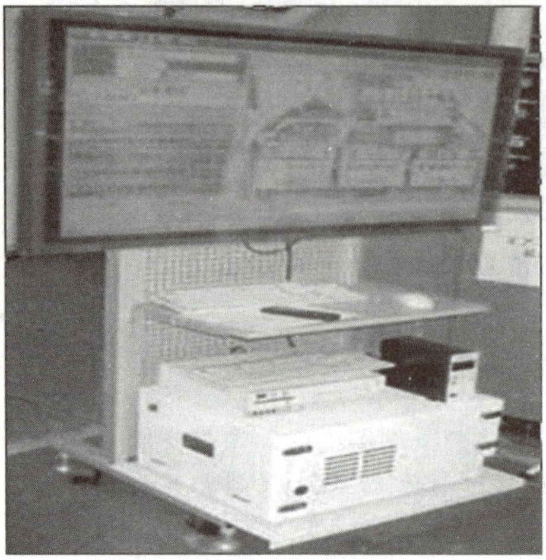

图 13－23　装配作业管理系统

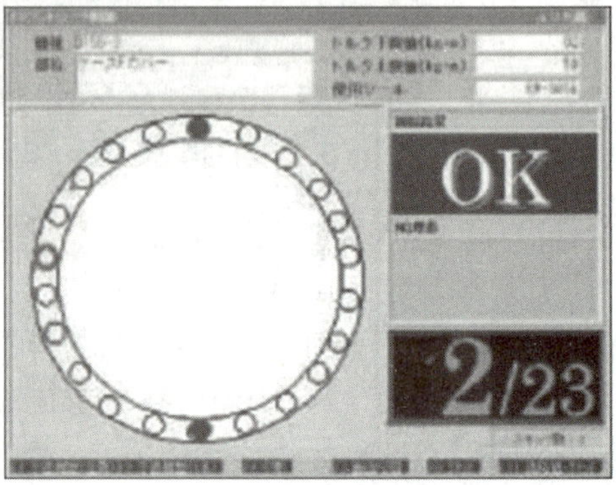

图 13－24　装配螺栓紧固作业防错辅助系统

4. 作业工具

作业工具分为一般工具、刀具、夹具、吊具、工装等，工具管理应运用 5S 原则并注意工具存放的安全性。在工具管理中，可运用区域定置、张贴警示色标、专人管理等方法。对于吊具可用黄线划定固定区域并张贴标签，对于夹具可用定置管理，如图 13－25 所示。

图 13－25　工具的定置管理

（三）设备管理的目视化

1. 设备名称及状态

制作设备标识牌，标识牌上应注明设备相关负责人及联系方式，相关职责及注意事项等信息，并悬挂于设备显要位置。标识牌示例如图 13－26 所示。

在设备上安装三色灯，如图 13－27（a）所示，通过该种三色灯显示的不同颜色，一眼便知设备运转状态，绿色表明设备处于开机正常运转状态，黄色表示设备处于暂停运转状态，红色表示设备处于异常状态。当三色灯显示红色时，现场作业人员或维修人员可进行设备故障排查及维护。安装在某些移动设备（如全自动调质设备的搬运车）上面的警示灯，如图 13－27（b）所示，在提示设备工作状态时还可以起到警示作用。当设备工作时，警示灯显示红色并发出警报声，提醒现场人员注意避让该设备。

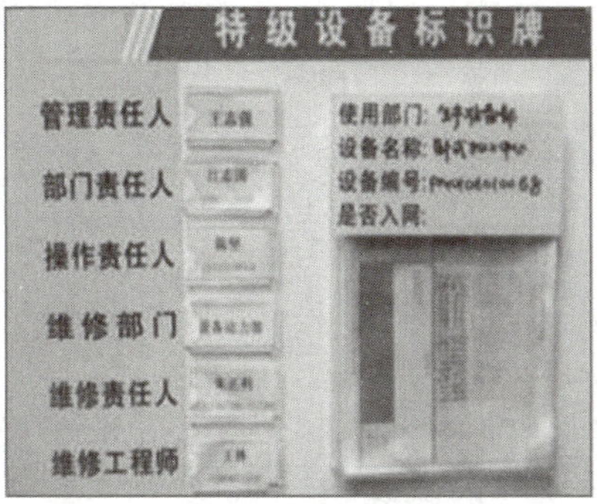

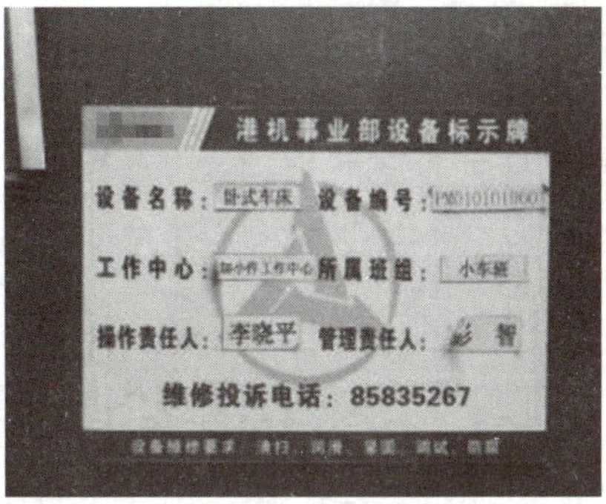

图 13-26　设备标识牌示例

(a)设备三色灯

(b)设备警示灯

图 13-27　设备状态目视化

2. 设备操作规程

对于设备安全性要求很高或操作性很复杂的设备，应将该设备操作规程及注意事项进行目视化并宣贯到所有操作该设备的人员。设备操作规程示例如图 13-28 所示。

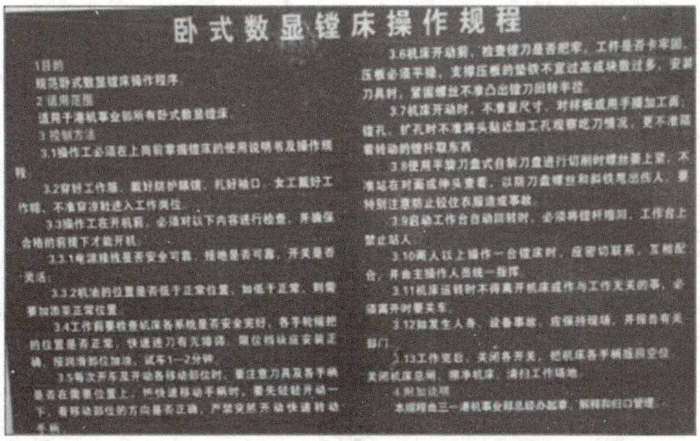

图 13-28　设备操作规程示例

3. 设备维护保养

根据设备点检基准书（见表 13-9），采用日常点检和定期点检相结合的方法对设备进行维护保养，将点检基准书、日常点检表、定期点检表等张贴于设备或工位看板上，告知设备使用及维护人员按计划进行维护点检。表 13-10 是动平衡机日常点检维护记录表。

表 13－9　设备点检基准书

设备名称	设备型号			设备等级			管理序号	
小立车床								
点检项目位置图示	序号	点检地方	点检内容	类别	运行中检查	设备科点检耗时	制造部点检耗时	方法（工具）
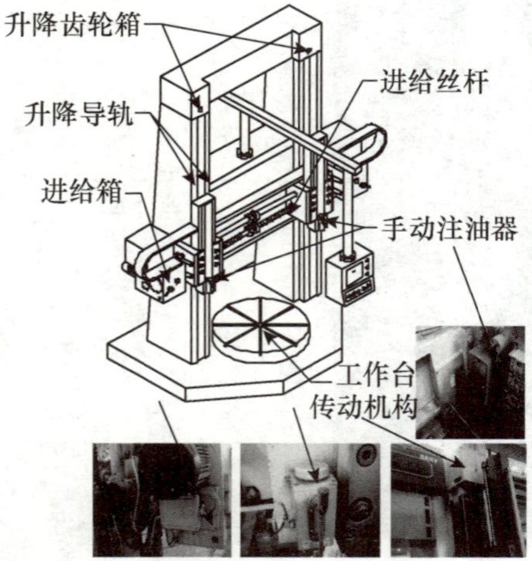	1	R1	清扫设备外表	日常/天	是	秒	30 秒	目视
	2	R2	走刀箱运行及油位	日常/天	否	分	30 秒	耳听目视
	3	R3	手动注油器（导轨）油位情况	日常/天	是	分	30 秒	目视
	4	R4	主工作电机运行	日常/天	是	秒	30 秒	耳听目视
	5	R5	工作台传动装置运行	日常/天	是	秒	30 秒	目视
	6	R6	操作机构及开关按钮功能	日常/天	否	秒	30 秒	试用
	7	R7	丝杆及丝杆轴承油滑	日常/天	是	秒	30 秒	目视
	8	Z1	升降齿轮箱油位	日常/周	否	秒	60 秒	耳听目视
	9	Z2	设备内部清扫	日常/周	是	秒	300 秒	目视
	10	Y1	润滑油质	日常/月	是	秒	300 秒	目视并将润滑油涂到白纸上
	11	Y2	机械各处清扫、加油	日常/月	否	秒	300 秒	每月
	12	J1	润滑泵是否工作正常	日常/季	否	秒	30 秒	实际检查
	13	J2	滤油器、滤网是否损坏、堵塞	日常/季	否	秒	30 秒	实际检查
说明：B—每班　R—每日　Z—每周　Y—每月　J—每季度　BN—每半年　N—每年								

表 13-10 动平衡机日常点检维护记录表

设备名称：动平衡机	设备地点：3B30 资产编号：105000001446 工作中心及班组：底盘装配中心 管理序号：CX/JS（HQ）33-07-94																														
序号	日常检查内容	1	2	3	4	5	6	7	8	9	10	11	12	13	14	15	16	17	18	19	20	21	22	23	24	25	26	27	28	29	30
1	气压三联件的压力和排水																														
2	气压三联件润滑油位																														
3	显示屏																														
4	锁紧丝杆、滑杆																														
5	电器系统是否正常																														
6	设备各处是否有异响																														
7	各操作机构灵活、可靠，无裂纹																														
8																															
	点检人																														
	确认人																														

序号	每周检查内容	周次				
		1	2	3	4	5
1	电机安装螺栓是否松动					
2	拉尺					
3	模具					
4	设备外部清扫					
5						
	点检人					
	确认人					

序号	每周检查内容
1	机械各处清扫、加机油
2	润滑油质
3	设备内部清扫
4	
5	
	点检人
	确认人

注：1. 点检人在维护点检过程中，设备正常状态打“√”，设备异常打“×”，并签字。按照点检维护卡中异常处置要求处置。2. 每周的星期五为周点检日。3. 所有点检统一由早班人员点检。4. 确认人（班长或主任）需对点检结果进行确认并签字。5. 月度点检时间为每月盘点日。下个月初由设备动力部点检工程师收集存档。6. 异常状况记录在点检反馈表中。

此外，还组织全员开展TPM活动，以海报或图册形式宣传TPM活动。TPM宣传图册如图13-29所示。

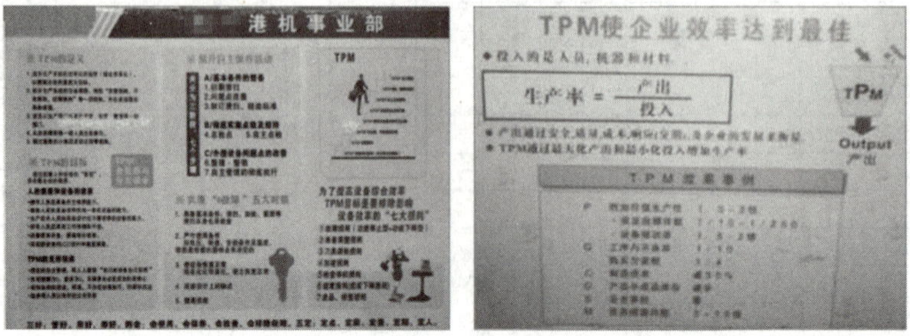

图13-29　TPM活动宣传图册

（四）物料管理的目视化

1. 物料名称及库存

最常用的物料管理目视化方法是物料标签。标签制作简单，便于张贴，可直接粘贴于物料或工装容器上，跟随物料一起转送，起物料身份标识的作用。图13-30为某物料的标签卡。

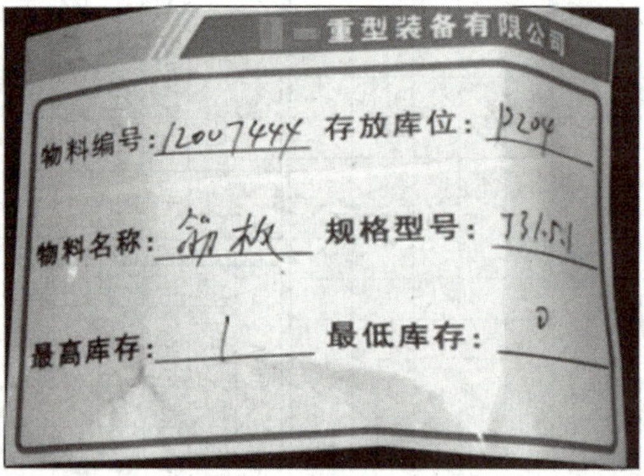

图13-30　物料标签卡

2. 现场物料转运及存放

现场物料转运一般采用物料工装或小车进行。为了提高转运效率，物料应有序摆放以便装车和取出，可对物料小车上的物料摆放进行目视化，如图13-31（a）所示。另外，还可采用专用工装和定置摆放等方法来实现物料高效转运，如图13-31（b）所示。

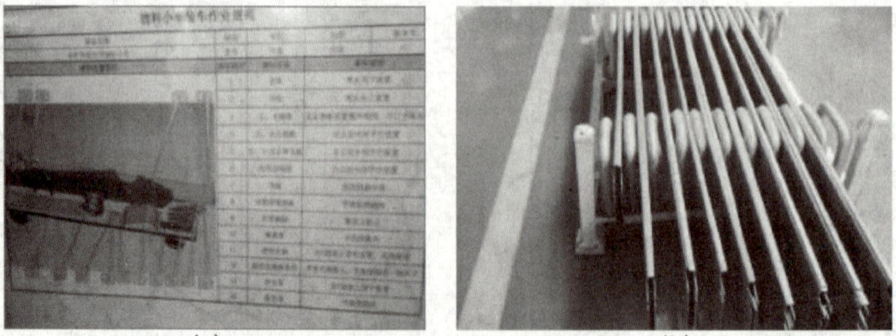

(a)　(b)

图13-31　现场物料目视化

对作业工位区域划定“三区”（来料区、作业区、成品区），规范现场物料摆放，如图13-32所示。

图13-32　利用颜色线划定现场“三区”

3. 仓储物料管理

对仓储物料的管理，主要是使物料保持在合理的库存范围内。仓库内物料种类繁多，最好的管理方法是运用不同颜色的线或标签进行仓库存量管理，如图13-33所示。

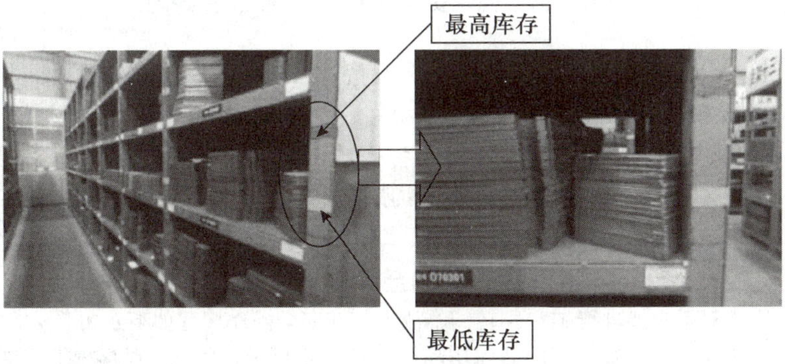

图13-33　仓储物料存量标签管理

4. 安全库存与最大库存

现场物料标准库存的控制采用目视化管理的方式比较醒目，通过在物料专用工装容器上涂刷红色油漆表示物料的安全库存，涂刷黄色油漆表示物料的最大库存，现场物料数量只需控制在红色下限与黄色上限之间即可。

四、安全管理的目视化

安全管理是生产现场管理最重要的环节，是缔造高质量、低成本、使顾客满意的产品的保障。生产现场随时随地存在的安全隐患，更需要利用目视化方法将其暴露出来，使其一目了然，并进行整改。安全管理目视化的内容及方法见表13-11。

表13-11　安全管理目视化的内容及方法

序号	内容	方法
1	安全管理组织架构	制作组织架构图并现场目视化
2	作业过程安全性	编制安全操作规程手册、作业标准安全审核、危险作业分类表
3	安全活动开展	制作活动卡片、班组安全管理标准、灾害演习
4	现场安全知识宣传	安全看板、安全标语、安全知识手册、安全提示及危险源标识
5	产品安全	关键部位安全性目视化、产品使用安全手册

（一）安全管理组织架构

安全管理的首要任务是建立安全管理组织架构（如图 13－34 所示），明确安全生产职责，并将组织架构图现场目视化，使安全负责人明确安全职责和目标。

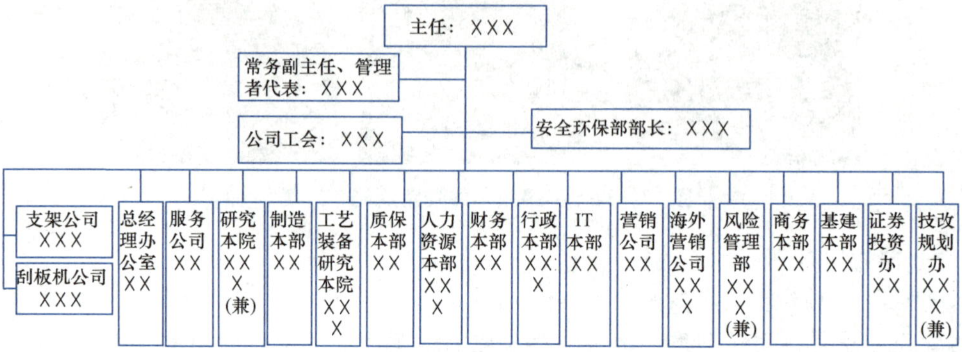

图 13－34　公司安全、环保委员会组织架构

（二）作业过程安全性

1. 编制设备安全操作规程

为了提高员工的安全操作技能，应编制特定作业内容安全操作规程，并对员工行为进行规范。设备安全操作规程示例如图 13－35 所示。

翻转机安全操作规程

翻转机主要用于对下车架进行 180°翻转调整放置，其安全操作规程如下：

1. （手动）工作前，穿戴好规定的劳保用品，并且严禁打闹、闲谈、睡觉和任意离开岗位；（手动）工作中，要精神集中、细心操作，杜绝酗酒和疲劳操作；严格遵守安全操作规程；切换自动工作前，确保手动操作可以正常运行并且 RGV 小车及车架不在当前翻转机升降夹取区域内，以免误伤小车和车架本体。

2. 开动机器前，要详细阅读翻转机的操作手册，在熟悉机器操作前请勿随意动翻转机；为了您的安全，请开动翻动机前务必详细阅读翻转机的操作手册，并且注意以下事项：

（1）交接班记录操作者每天工作前先查看交接班记录，再检查有无异常现象，观察液压站的润滑油箱油液是否充足。

（2）电源。

1）在接入电源前，应当先将操作模式选择为手动；再将控制箱前侧的旋转电源开关由“0”旋到“1”位置，然后将急停（控制柜和操作手柄）旋开。控制柜处于上电状态，电源指示灯将呈绿色，控制系统初始化完成后，控制柜上方三色灯呈现绿色常亮状态，油泵会马上运作，此时机器进入正常工作状态。

2）急停（控制柜和操作手柄）被按下时，电源指示灯将呈红色。将电源开关由“1”旋到“0”位置，即切断主电源，电源指示灯将呈白色。

3）机器运转过程中，请勿碰触控制框内外元器件，日常修理或遇紧急突发状况时应切断主电源，人工确认正常后方可复位电源。

（3）操作。

1）手动操作前，要注意观察机器周围是否有人在维修设备，防止误伤他人；自动操作前，RGY 小车及车架定位务必准确，上下交互信号务必可靠稳定。

2）机器运转过程中，工作范围内及斑马线区域请勿出现人员或物件。

图 13－35　设备安全操作规程示例

2. 作业标准书安全审核

从作业标准书入手，将安全注意事项加入标准作业中。在下发作业标准书之前，必须进行安全审核，以确保作业方法的安全性。

3. 危险作业分类及提示

以班组为单位，通过看板将危险源及危险作业案例进行目视化，使得现场安全隐患清晰、明了，使每个员工都了解现场的安全隐患。

（三）安全活动开展

（1）制作安全活动看板，开展安全隐患活动，建立全员参与的安全活动机制。

（2）建立班组安全管理标准。

（3）进行各类灾害演习。

（四）现场安全知识宣传

安全知识宣传以目视化方式在现场进行展示，利用色彩鲜艳、对比强烈的图片达到警醒作用，其方式包括：看板、横幅、安全知识手册、标识等。

（1）安全知识看板：在厂房的显眼位置（如出入口）摆放看板宣传安全知识，如图13－36所示。

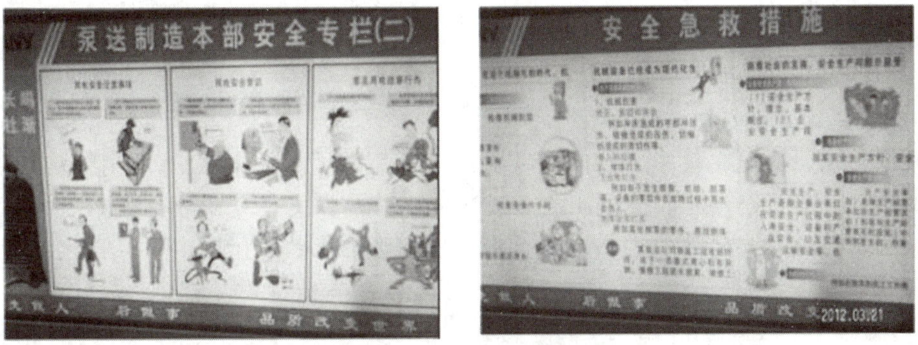

图13－36　现场安全知识看板

（2）安全标语，如图13－37所示。

图13－37　现场安全标语

（3）安全知识手册及安全报，如图13－38所示。

（4）安全提示及危险源标识，如图13－39所示。

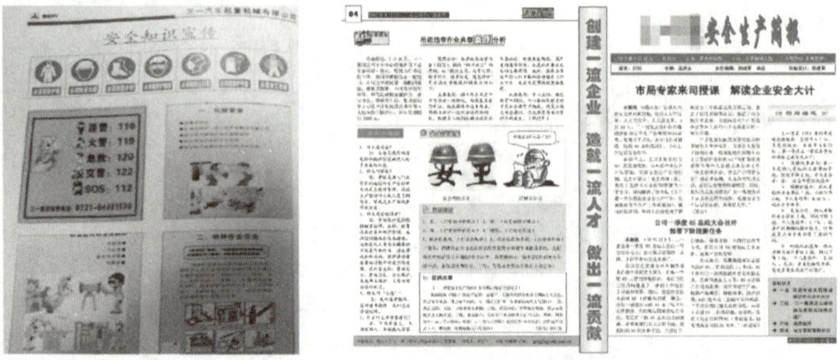

图 13－38　安全知识手册及安全报

图 13－39　安全提示及危险源标识

（五）产品安全管理

1. 产品关键部位安全性

以泵车为例，支腿在泵车工作时，需要伸展开来，起到支撑泵车、保持输送混凝土作业稳定的作用。当泵车停止作业或正在行驶时，必须确保支腿处于收缩状态。为了防止意外发生，可用铁链对支腿部位进行定置。产品安全防护性示例如图 13－40 所示。

图 13－40　产品安全防护性示例

2. 制作产品使用安全手册

每个产品必须配备安全使用手册，并对操作手进行操作技能培训，保证操作手具有作业前的规划、场地选择、作业准备、产品操作等相关技能。

五、员工培训的目视化

员工培训管理的内容主要有员工技能水平、劳动纪律、激励考评等，对这些管理内容的目视化方法有组织架构图、员工素质雷达图、员工类型识别、定员定岗信息展示等。

（一）组织架构图

通过组织架构图可对管理人员、工作中心技能情况实施目视化管理，还可将组织架构图做成看板放在工作中心看板展示区。图 13－41 所示的是组装工作中心组织架构图看板。

图 13－41 组装工作中心组织架构图看板

（二）员工素质雷达图

以班组为单位，从员工理论水平、技能水平、识图能力、6S 能力、自检能力、设备保养与维护等维度对现场员工技能素质进行考评，绘制员工素质技能实绩与要求对比图，该图与雷达相似，因此被称为员工素质雷达图（如图 13－42 所示）。通过目视化使员工能够清晰地了解自己与本岗位要求及同事间的差距，形成互相超越的工作氛围。

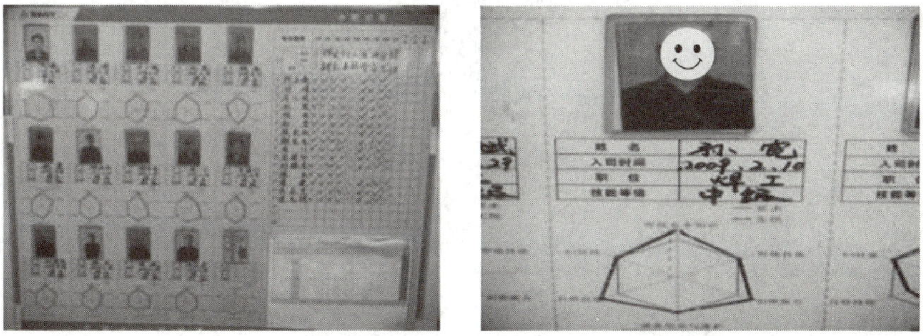

图 13－42 员工素质雷达图示例

（三）员工类型识别

为了有效率地开展现场生产工作，需要对现场人员进行识别。现场中有工种、职务资格及熟练员工识别等几种类型，一般通过衣帽颜色、肩章、襟章及醒目标志牌来区分。例如，班组长、主任及其他管理技术人员戴红色安全帽，工人戴黄色安全帽。

（四）定员定岗信息展示

根据作业标准，将岗位人员信息及各自作业内容在现场展示，以利于标准化作业。某工位岗位人员信息表示例如图 13－43 所示。

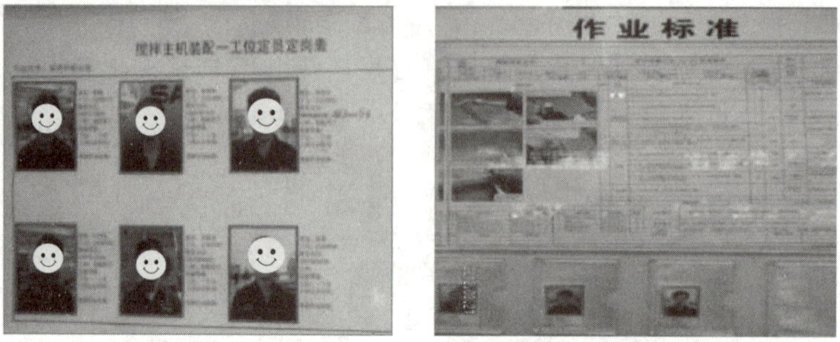

图 13－43　某工位岗位人员信息表示例

本章小结

通过本章的学习，我们掌握了目视化管理的概念、作用、工作要点及常用工具。主要内容包括：目视化管理的定义及类别、三种水准的含义、目视化管理的目的和作用；常用的目视化管理手段，包括颜色管理、标识牌、区域线、警示线、形迹管理、看板管理。总之，如果我们在目视化管理中能做到以下三条：无论是谁都能判明是好是坏；能迅速判断，精度高；判断结果不会因人而异，那么就说明目视化管理达到效果了。

基本概念　目视化管理

第十三章　在线练习

第十四章
5S管理

学习目标

知识目标

◇了解5S管理的定义。

◇理解5S管理实施的要领。

◇掌握5S管理在企业中的推进。

能力目标

◇ 具备运用5S管理知识提升现场水平的能力。

素养目标

◇ 培养5S管理意识和能力，提升现场管理水平及人员综合素质和职业素养。

第一节　5S管理概述

一、5S管理的定义

5S管理起源于日本，通过对生产现场的人员、机器、材料、方法、环境等多种生产要素进行有效的改善和管理，创造一个井然有序、一目了然的生产环境，同时培养员工良好的工作习惯。它包括整理（Seiri）、整顿（Seiton）、清扫（SeiSo）、清洁（SeiketSu）、素养（ShitSuke）五个要素，因其日语的罗马拼音均以“S”开头，因此简称为“5S”，其最终目的是提升人员素质。

二、5S管理的工作内容

整理：区分清理。明确区分必要的和不必要的物品，正确处理不必要的物品。

整顿：定置标识。规定必要物品的存放位置和放置方式，且正确、明显地进行标识，确保必要的物品在必要的时候能够立即使用。

清扫：点检维护。将所有必要的物品和场所清扫和擦拭干净，并点检细节部位。

清洁：维持效果。在良好的维持整理、整顿、清扫成果的基础上，进一步保持环境整洁。

素养：约束习惯。养成严格按规章制度办事的习惯，并不断培养现场改善能力，提高人员素质。

5S 管理的流程如图 14－1 所示。

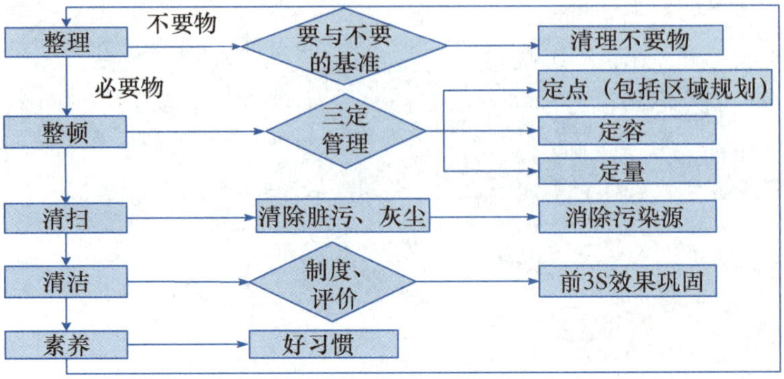

图 14－1　5S 管理流程图

三、5S 管理各要素的相互关系

整理、整顿、清扫、清洁、素养之间并不是相互独立、互不相关的，它们之间存在一种相辅相成、层层递进的关系。整理是整顿的基础，整顿又是整理的巩固；清扫是在整理、整顿的基础上清除脏污；清洁是整理、整顿、清扫效果的巩固和标准化；素养则是约束并引导员工克服马虎思想、遵章守纪、自觉进行 5S 管理，通过素养能使企业形成一个良好的品牌形象，实现企业的经营绩效目标。5S 管理各要素的相互关系如图 14－2 所示。

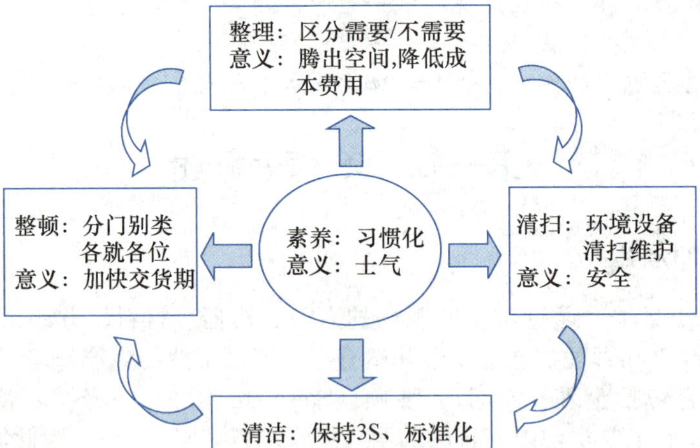

图 14－2　5S 管理各要素相互关系

第二节　5S 管理的开展

一、整理活动的现场实施

整理是 5S 管理的第一步，也是 5S 管理成功的关键。由于生产现场存放大量的不需要物品，如生产垃圾、生产废料、废弃包装、超库存物料、待修品、失效的量具及灭火器、长期不用的设备等，导致现场凌乱不堪，且无法开展后续的整顿工作，所以应坚决清理不需要物品，进行彻底的整理活动。整理工作的实施要领如下：

（1）基准制定：制定要与不要的判别基准；

（2）全面检查：对工作场所进行全面检查，包括看得到的和看不到的；

（3）严格区分：将工作场所的所有物品都明确地、严格地区分为必要物与不必要物；

（4）废弃物处理原则：制定废弃条件及处理方法；

（5）废弃物处理：将不必要的物品尽快处理掉；

（6）自我检查：每日巡查现场，持续整理。

整理活动有以下两个重要基准。

（一）“要与不要”的基准

现场必须制定并明确“要与不要”的判断基准，并进行现场目视化管理，保证现场的所有物品都有处理基准可依，并且清楚知道该如何处理。表 14－1 中列出了现场要与不要物品的判断基准，参照该基准可明确了解哪些是多余物品、应该如何处置。

表 14－1　物品“要与不要”的判断基准

<table>
<tr><th>类别</th><th colspan="2">使用频度</th><th>处理方法</th><th>物品名称</th></tr>
<tr><td rowspan="3">要</td><td colspan="2">每天</td><td>现场存放</td><td></td></tr>
<tr><td colspan="2">每周</td><td>现场存放</td><td></td></tr>
<tr><td colspan="2">每月</td><td>工具柜或仓库存储</td><td></td></tr>
<tr><td rowspan="8">不要</td><td colspan="2">三个月</td><td>工具柜或仓库存储</td><td></td></tr>
<tr><td colspan="2">半年</td><td>工具柜或仓库存储</td><td></td></tr>
<tr><td colspan="2">一年</td><td>仓库存储（封存）</td><td></td></tr>
<tr><td colspan="2">两年</td><td>仓库存储（封存）</td><td></td></tr>
<tr><td rowspan="2">未定</td><td>有用</td><td>仓库存储</td><td></td></tr>
<tr><td>无用</td><td>报废/变卖</td><td></td></tr>
<tr><td colspan="2" rowspan="2">无使用价值</td><td>报废/变卖</td><td></td></tr>
<tr><td>垃圾丢弃</td><td></td></tr>
</table>

（二）不必要物处理原则

将不必要的物品移出现场，制定不必要物的处理原则，以便将现场出现的不必要物及时、合理地进行处理。不必要物的处理原则如图 14－3 所示。

整理活动的常用方法有定点摄影法、红牌作战法。定点摄影法通过在现场进行全方位拍摄，贴出一些能代表现场问题的照片，并在照片上详细标明车间名称、责任人名字、存在的问题、整改要求、整改时限等信息，由 5S 专干（专门从事某项工作的人）在工作现场指导推进小组进行改善。定点摄影示例如图 14－4 所示。

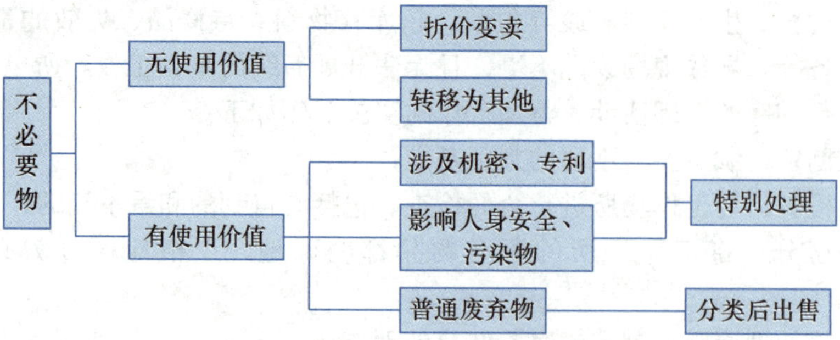

图 14-3　不必要物的处理原则

图 14-4　定点摄影示例

二、整顿活动的现场实施

如果现场整理后的必要物不进行任何整顿管理，所有物品杂乱无章地堆放于现场，现场毫无秩序，因此必须对现场进行科学合理的功能区域规划和布置，并对必要物进行分门别类，摆放整齐，明确数量，使工作场所一目了然，以便在最短的时间内取得所需之物。整顿的实施要领如下：

（1）前一步整理的工作要落实。

（2）流程布置，现场功能区域合理划分。

（3）规定放置场所、放置方法，明确数量。

（4）画线定位。

（5）区域、物品标识。

（一）整顿工作的重点

（1）整顿的结果是任何人都能立即取出所需要的东西。

（2）要站在新人、他人的立场来看，明确什么东西放在什么地方更为合适。

（3）要想办法使物品能立即取出使用。

（4）使物品使用后能很容易恢复原位，未恢复或误放时能马上知道。

（二）整顿三要素：场所、方法、标识

（1）场所。场所原则上要100%设定，现场物品的管理要做到定点、定容、定量的“三定”管理（如图14-5所示）。场所的区分，通常通过不同颜色的油漆和胶带来加以明确。可以根据物品的使用频率来判定物品放在什么地方较合适。明确场所的基准见表14-2。

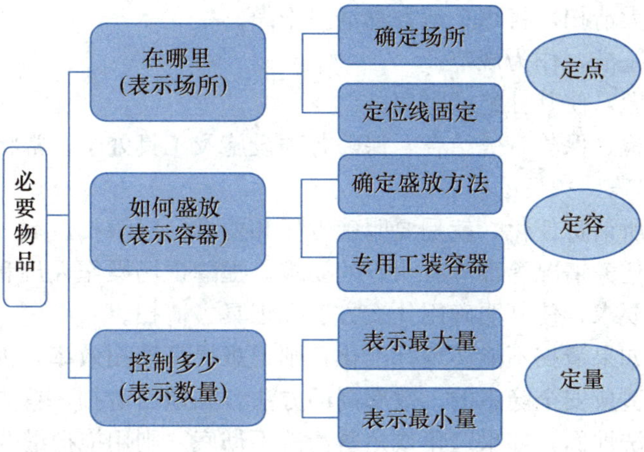

图 14-5　“三定”管理

表 14-2　明确场所的基准

使用次数	放置场所
一年不用一次的物品	废弃或特别处理
平均 2 个月到 1 年使用 1 次的物品	集中场所（如工具室、仓库）
平均 1～2 个月使用 1 次的物品	置于工作场所
1 周使用 1 次的物品	置于使用地点附近
1 周内多次使用的物品	置于工作区随手可得的地方

（2）方法。整顿的第二个要素是方法。最佳方法必须符合容易取放的原则，不超出所规定的范围，在放置方法上多下功夫，遵循先进先出原则。

（3）标识。整顿的第三个要素是标识。现物的标识和放置场所的标识原则上应一一对应，且所有标识应醒目、清晰。

现场管理人员首先依据工艺作业流程对工作现场的设备设施等进行合理布局，然后由现场作业人员对相应工位进行人行通道、物流通道、来料区、作业区、成品区、不合格品区等功能区域规划，并以 80mm 黄色区域线规划清晰，再根据整顿“三要素”和“三定”原则对现场工具、物料及其他物件确定放置场所、放置方法并标识清晰，对物料要规定存放的专用工装容器，并根据生产计划和现场实际情况确定物料的安全库存和最高库存，最终实现现场一目了然的目的。

三、清扫工作的现场实施

清扫就是使生产现场没有垃圾、没有脏污，并且杜绝污染源。虽然已经进行了整理、整顿，但脏的设备会使设备精度下降，脏的物料会影响产品质量，脏的环境更会影响人们的工作情绪。因此，必须通过清扫活动来减少不良影响，创建一个整洁、舒适的工作环境。清扫活动不但要求把工作场所打扫得干净整洁，而且要求检查各项设施、设备、工具等是否处于正常状态。

（一）清扫的实施要领

（1）建立全员清扫区域责任制，责任到人，不留死角。

（2）进行一次大清扫，将每个地方都清扫干净。

（3）建立清扫基准，作为规范。

（4）检查污染源，使其杜绝或隔离。

（5）清扫、点检、保养有效结合，保障各项设施及工具处于正常状态。

（二）清扫工作需要关注的内容

（1）责任化。所谓责任化，就是要明确责任和要求，对清扫区域、清扫部位、清扫周期、责任人、完成任务情况等都应有明确的要求，提醒现场操作人员和责任人员需要做哪些事情、有些什么要求，使其明确用什么方法和工具去清扫。

（2）标准化。如果清扫不能实现标准化，则很难提高清扫效率，因此，清扫一定要标准化，采用不容易造成安全隐患的、效率高的方法。如地面清扫，首先用扫帚清扫地面垃圾，再用洗地机清洗地面，如果边角或角落清洗不彻底，则用拖把继续清洗干净。

（3）杜绝污染源。污染源是导致清扫无法彻底的主要原因，必须查明污染的源头，研究改善的措施，以便彻底解决污染源。应引导员工在杜绝污染源方面提出有效的改善措施。

（4）彻底点检机器和工具。各类机器和工具在使用过程中难免会受到不同程度的损伤，因此，在清扫的过程中还应彻底点检、修理有缺陷的机器和工具，尽可能地减少突发故障。

（三）现场清扫的步骤

（1）清扫工作应首先进行区域责任划分，实行区域清扫责任制，具体责任落实到人，消除现场清扫盲区，并在现场进行目视化管理。

（2）根据区域责任制，责任人每日清扫设备、设施，保证设备、设施表面见本色，并于清扫的同时检查和点检设备、设施，使其一直处于良好的状态。

（3）进行资料、文件的清理、清扫，丢弃或存档过时的资料、文件，并对现场需要的文件进行清扫，保证整洁有序。

（4）对现场物料、工装进行清扫，以有效保证物料的清洁度，保障产品质量。

（5）对地面进行彻底清扫，包括工具柜背部、工装底部等卫生死角均需彻底清扫干净。

四、清洁工作的现场实施

清洁是指在整理、整顿、清扫之后进行认真维护，以保持完美和最佳的状态。清洁不是做表面性工作，而是对前三项活动的坚持和深入，需要将整理、整顿、清扫活动贯彻到底，形成标准化、制度化、规范化，并持续维护，巩固前面 3 个 S 的成果，创造一个良好的工作环境，使员工能够愉快地工作。清洁活动实施步骤如下：

（1）落实前 3S 工作。

（2）监督管理，推进 5S 管理标准化。

（3）制定 5S 管理实施办法。

（4）制定检查、奖惩制度，加强执行。

（5）高层领导带头巡查，带动全员重视 5S 管理。

案例链接

清洁检查表的应用

清洁检查表见表14-3。

表14-3　清洁检查表

项次	检查项目	得分	检查状况
1	设备、机器、仪器	0	没有进行划分
		1	进行了划分，但不流畅
		2	划线较清楚
		3	划线清楚，地面进行过清扫
		4	通道及作业区清洁
2	工具	0	有明显油渍或水渍
		1	有油渍或水渍的痕迹
		2	不是很干净
		3	经常清理，比较干净
		4	非常干净，令人感觉舒畅
3	零件	0	很脏乱
		1	偶尔进行清理
		2	虽进行了清理，但还是显得脏乱
		3	自己感觉舒畅
		4	任何人都会感到舒畅
4	图纸、作业标示书	0	脏乱
		1	破损未修补
		2	进行过清理，但还有异味
		3	经常清理，没有异味
		4	干净亮丽，并加以装饰，令人感觉舒畅
5	文件档案	0	阴暗潮湿
		1	虽阴湿，但有通风
		2	照明不足
		3	照明适度，通风好，感觉清爽
		4	干净整齐，令人感觉舒畅
小计			

五、素养的现场实施

5S管理的核心是提高员工的素质，使员工养成严格遵守规章制度的习惯。如果员工缺乏遵守规则的习惯，推行5S管理只能流于形式，各项活动也无法顺利开展，而且很难持续下去。素养使员工发自内心地不断去追求完美的境界，使各种良好的工作习惯内化为个人素质，并营造良好的团队精神，从而可以保持稳定、良好的工作状态。素养的实施需掌握以下要领：

（1）持续推动前面 4S 至习惯化。

（2）制定服装、臂章、工作帽等识别标准。

（3）制定有关规则、规定。

（4）制定礼仪守则。

（5）教育培训（新进人员强化 5S 教育、培训）。

（6）推动各种精神提升活动（晨会、礼貌运动等）。

（7）其间采用“报·联·商”（报告、联络、商量，见第十六章第四节内容介绍）来遵守约定。

现场通过 5S 管理的具体实施和改善，可实现 5S 样板区的改善目标。可将改善前后的对比照片、所取得的成效、改善人员的信息张贴于现场。改善前的现场照片能促使相关部门采取改善措施，而改善后的现场照片能让改善部门的员工获得成就感与满足感，从而有了进一步改善的动力。图 14－6 就是一个现场改善示例。

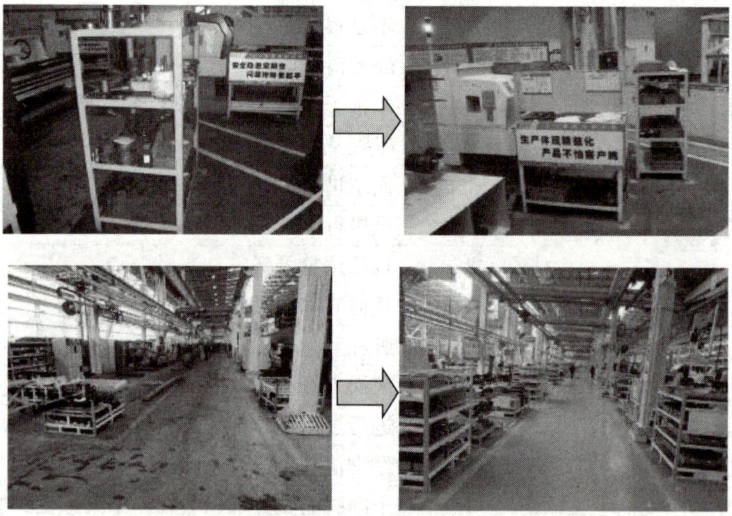

图 14－6　现场改善示例

5S 样板区改善取得阶段性成果时，应及时肯定 5S 改善团队的工作和业绩，以增强团队的 5S 改善信心，同时有效提升员工的主动改善意识，使 5S 样板区建设的成果得到巩固。

第三节　5S 管理的推进

5S 管理的全面开展不是一个阶段性的短期活动，而是需要建立一套完善的组织推进体系，设定阶段性目标，持之以恒、坚持不懈地执行才能逐步取得成效。

某公司 5S 管理推进流程如下所述。

一、成立 5S 管理推进组织

企业推行 5S 管理，应明确或成立对 5S 管理推进负有领导职责的团队，即领导小组或推进委员会，落实各层级及各部门在 5S 管理推进方面的相应职责。推进委员会负责人建议由企业最高领导层担任，成员由各职能部门的负责人或主管组成。推进组织架构需要考虑企业本身的规模、员工文化层次和企业高层对待 5S 管理的态度，尤其是高层领导持续推行 5S 管理的决心，确保资源投入和必要的培训。5S 管理是全员参与的系统性工作，领导的示范作用至关重要。建议公司一般以一千人左右的规模为分界线，千人以下的公司设立 5S 工程师专职岗位，千人以上的公司成立 5S 日常管理部门，对 5S 管理进行全面组织、监督、管理和评定，切实保证 5S 管理的持续推行。某公司 5S 管理推进部门组织结构如图 14－7 所示。

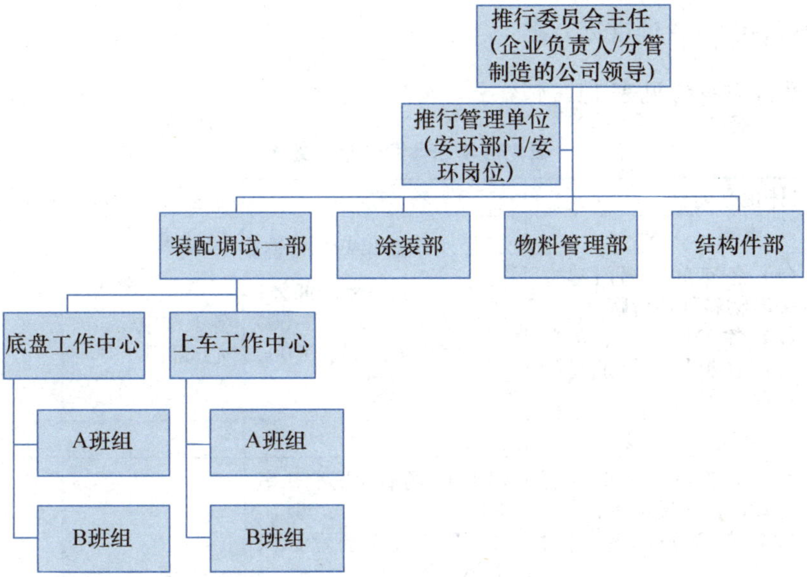

图 14－7　某公司 5S 管理推进部门组织结构图

二、制定 5S 管理推进委员会人员职责

（一）委员会主任职责

委员会主任由公司地位及威望较高的领导担任，一般为总经理，其职责如下：

（1）审批 5S 实施方针、活动计划；

（2）定期听取 5S 管理推进工作汇报，批准推行委员会决议事项。

（二）总经办职责

总经办设置督办经理，以提升重视程度和统筹公司资源推进 5S 管理，其职责如下：

（1）制定全面督办方针，跟踪计划实施进度；

（2）督办推行委员会会议决议事项的落实。

（三）5S 活动委员会和安环科职责

5S 活动委员会和安环科是专职推进 5S 管理的部门，其职责如下：

（1）组织建立 5S 管理委员会，编制 5S 管理的推进计划，制作现场管理标准化图册；

（2）划分各单位 5S 管理的责任区域，推进现场改善活动和组织 5S 培训；

（3）编制 5S 奖惩制度，定期组织 5S 管理评比。

（四）车间主管职责

车间主管是5S管理活动的直接管理者，其主要职责为执行公司5S管理活动计划、组织员工现场培训及推动5S改善活动。

（五）班组长职责

班组长是5S管理末端控制人员，其职责如下：

（1）执行班组5S管理的实施过程管理；

（2）组织整改本班组5S管理问题，完善内部改善机制；

（3）建立5S改善小组并完成5S管理各项指标。

三、制定公司5S管理推进方案

5S管理推进方案参见表14－4。

表14－4　5S管理推进方案

具体检查内容			验收标准	责任部门	1～6月	7～12月
	整理					
1	呆滞物料处理	（1）各车间、部门建立呆滞物料处理台账； （2）各工作中心、部门呆滞物料按照周期进行处理。	（1）台账完整率≥95%； （2）单件金额≤1 000元，每周处理；≥1 000元，每月处理。	各工作中心/部门		
	整顿					
1	目视化	（1）完善物料标识、责任标识、区域标识； （2）安全警示标识的完善。	（1）现场标识完整率≥85%； （2）厂内安全警示标识全部采用国标。	总经办/制造部		
2	5S管理手册	（1）推进《××公司5S管理手册》完善工作； （2）每月对车间现场5S水平进行有效评价。	（1）现场符合率≥80%； （2）形成月度5S水平督办报告。			
3	物料管理	（1）制定合理的物料库存标准，并张贴醒目标识； （2）制作成套的专用工装。	（1）安全库存现场符合率≥90%； （2）专用工装现场覆盖率≥70%。	物料部/工艺院		
	清扫					
1 2 3 4 5 6	物业公司的引进；区域责任制度；无尘车间推进减少污染源 ……	车间公共区域由行政引进物业公司进行保洁。 建立5S区域责任图，落实至班组。 装配车间无尘化推动标准。 （1）对油、水、屑、尘等污染源逐个立项进行解决； （2）加强设备的维护管理。 ……	车间公共区域清洁覆盖率达到100%。 5S区域责任图的颁布及实行。 转运物料、托盘无尘流转、包装拆除率≥90%。 对油、水、屑、尘等污染源逐个立项进行解决。 ……	总经办/制造部/行政部		

某公司 5S 推进组织成立后，注重提升各层级 5S 管理人员的专业技能，为 5S 工作在全公司的顺利推进提供了保证。此外，还组织 5S 管理人员到优秀企业学习现场管理经验、推进步骤和改善技巧，并对本公司现场状况进行诊断。

通过对公司现状的诊断，发现在推进 5S 管理中的重点推进事项和关键侧重点，对需要解决事项和改善项目，制定月度、年度的推进工作方案，明确具体的完成时间，并制定奖惩机制。

四、建立 5S 样板区

在一些规模较大的企业，或者内部员工对 5S 认识不强的企业，可以通过建立 5S 样板区的方法逐步推行 5S 管理。通过样板区 5S 管理改善前、后现场工作环境、工作效率、产品质量、现场浪费、安全保障、员工士气等方面的对比，使员工深刻感受到现场开展 5S 管理的优越性，引导员工主动接受 5S 管理，为现场全面推行 5S 管理清除障碍。

（一）选取 5S 样板区

现场选取硬件条件差、问题比较多且具有代表性的区域作为推行 5S 管理的样板区，成立由制造部长、5S 工程师、车间主管/班组长、优秀员工组成的 5S 改善小组，同时邀请公司领导参加 5S 管理启动大会，并承诺提供现场 5S 管理所需一切资源及相应激励，提高领导对样板区 5S 管理的重视，同时增强 5S 改善团队的信心。

（二）确定具体的目标及计划

制定样板区的 5S 目标，并制订合理的样板区推进计划。当计划与实行有较大出入时，推进组织应召集相关人员进行检讨并磋商应对办法，必要时要对计划进行修订和调整。

（三）表彰大会

5S 样板区改善完成后，公司应召开表彰大会，邀请公司高层领导参加，总结活动开展过程中的计划实施情况、员工参与情况、改善困难、改善经验、改善案例及改善成果等情况，并对优秀团队进行奖励和颁发团队荣誉证书，对优秀个人进行特殊奖励和提拔。应广泛利用公司的各种宣传手段，如定期在公司内部报刊对 5S 样板区的推进情况、改善方法、优秀改善事迹、优秀个人进行充分报道，增强团队的荣誉感，形成良好的改善氛围，为下一步 5S 管理在公司的全面推广进行广泛宣传和造势。

（四）5S 管理全面推广

5S 样板区建设取得圆满成功后，管理者应该在样板区建设的基础上，总结 5S 改善活动过程中的问题与成功经验，有效制定公司 5S 管理全面推广的推进计划和推进目标。由公司最高领导召集全体人员，召开 5S 管理全面启动大会，再次强调推行 5S 管理的决心和必要性。

通过 5S 目标层层分解的方式将全公司 5S 推进计划和目标进行分解，形成具体到各部门、各工作中心、各班组的详细推进计划，使全体员工了解本区域 5S 推进活动的详细、具体计划和目标。

5S 管理全面推进开始前，组织各车间、班组管理人员和员工参观样板区域建设取得的改善和良好成效，并请样板区员工分享 5S 管理开展的经验和改善技巧。在 5S 管理推进过程中，由样板区 5S 改善优秀人员担任各区域的导师和顾问，现场有效指导各区域 5S 管理按计划、全面开展推进，其间定期召开自我检讨、沟通、协调会议，及时解决 5S 管理推进过程中出现的问题和困难，并相互学习推进经验，以有效提高 5S 改善效率，按计划实现5S改善目标。

五、5S评价与激励

为有效巩固现场5S管理开展的成果，需制定有效的维护、评价机制，并持续执行，以达到现场5S管理标准化的目的。

（一）制定检查评价标准

为定期进行5S内部审核，须事先制定检查、评价标准。可通过标准草案—组织评审—标准修订—正式发布—组织学习—检查评价的流程完成标准的制定，并让全体员工了解此标准，以便评审时能使大家都心服口服。

5S评审记录表示例见表14－5。

表14－5　5S评审记录表示例

______公司______中心______班5S评审记录表

检查日期：______年______月______日

模块	项目	序号	评价内容	分值	评价细则				评审记录	模块得分
					1	0.8	0.5	0		
整理（25%）	文件资料	1	要与不要的基准	12	有要与不要的基准，填写完整	1～2类物品未列入基准	3～5类物品未列入基准	无要与不要的基准或5类以上物品未列入基准		
		2	不要物处理清单	12	有不要物处理清单，且填写符合现场实际情况	1～2处填写不符合现场实际情况	3～5处填写不符合现场实际情况	无不要物处理清单或5处以上填写不符合现场实际情况		
	工具工装设备设施	3	机器设备、工具	15	无多余的或长期不用的设备设施、工具	1～2种多余的或长期不用的设备设施、工具	3～4种多余的或长期不用的设备设施、工具	有4种以上多余的或长期不用的设备设施、工具		
		4	工装容器、工具柜、灭火器	12	无多余的或长期不用的工具柜、失效的灭火器等	1～2种多余的或长期不用的工具柜、失效的灭火器等	3～4种多余的或长期不用的工具柜、失效的灭火器等	有4种以上多余的或长期不用的工具柜、失效的灭火器等		
	呆滞物料	5	原料、零部件	15	现场及工具柜中无多余的或长期不用的原料、零部件	1～2种多余的或长期不用的原料、零部件	3～4种多余的或长期不用的原料、零部件	4种以上不用的原料、零部件		

续表

模块	项目	序号	评价内容	分值	评价细则				评审记录	模块得分
					1	0.8	0.5	0		
	生产废料	6	加工余料、铁层、铁渣等	12	生产废料处理及时	1 处生产废料堆积	2 处生产废料堆积	2 处以上生产废料堆积		
	其他多余物品	7	饮料瓶、食物袋及多余的个人物品	12	现场及工具柜中无生活垃圾等多余物品	1～2 处存在生活垃圾等多余物品	3～4 处存在生活垃圾等多余物品	4 处以上存在生活垃圾等多余物品		
	通道占道	8	设备设施、物料、工装等占道	10	所有通道畅通，无任何占道现象	1 处存在占道现象	2 处存在占道现象	2 处以上存在占道现象		

(二) 全员区域责任制

生产现场所有区域均按就近原则实行全员区域责任制，明确各区域的具体 5S 责任担当，使 5S 管理内容规范成为员工的岗位职责，责任区每日进行 5S 管理，并进行自我审查和自我维护。现场区域责任制图如图 14－8 所示。

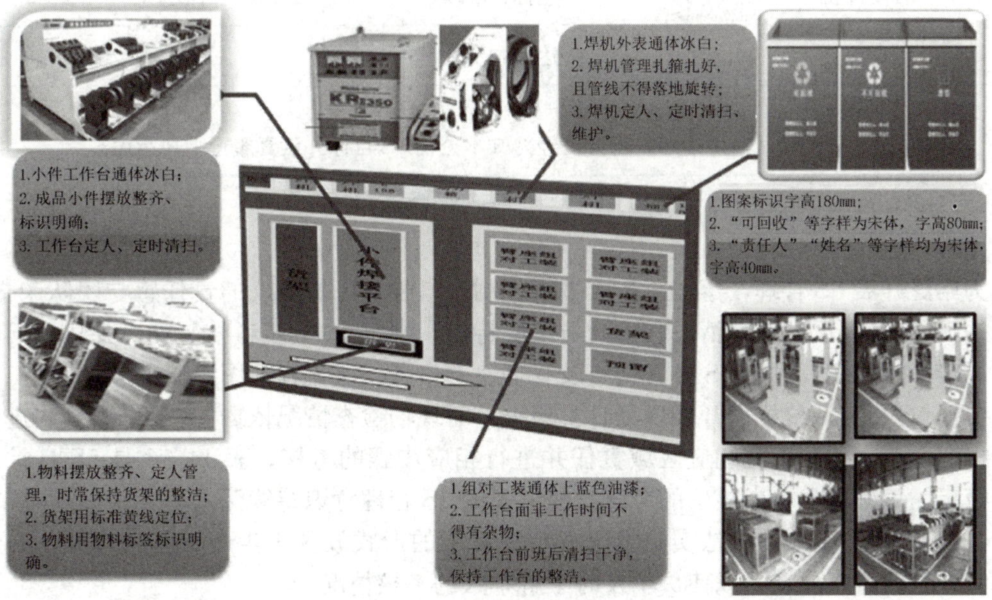

图 14－8　现场区域责任制图

(三) 5S 责任状

5S 管理是逐步完善、逐步提升的过程，因此公司通过年度责任制和签订责任状的方式使各部门有效推进 5S 工作，以达成年度目标。责任状模板如图 14－9 所示。

2022 年 5S 目标责任状

为进一步健全 5S 管理机制，提高现场 5S 管理水平，现逐级分解 5S 责任指标，以确保公司 2022 年度 5S 目标的实现，××汽车起重机械有限公司（甲方）特与××起重机公司（乙方）签订《5S 目标责任状》。

一、××起重机公司承诺

2022 年 5S 月度目标分数

1月	2月	3月	4月	5月	6月	7月	8月	9月	10月	11月	12月

二、公司考核与激励

考核与激励分为月度和年度两部分。

1. 按月度进行考核与激励，以乙方达标率为评价指标，奖罚责任人为乙方领导，可适当进行物质上的奖惩。
2. 按年度进行考核与激励，5S 验收以乙方达标率为评价指标，纳入公司年终奖范畴。
3. 实行安全事故一票否决制，乙方安全不达标，取消本月 5S 奖励。

三、激励措施

月度评价	达标：SSS	不达标：－SSS
年度评价	达标：SSS	不达标：－SSS

呈状人确认：通过学习，乙方已经熟知本公司 5S 目标并认真履行上述承诺。

图 14－9　责任状模板

（四）七步考核法

为广泛开展 5S 管理，落实全员区域责任制，增强各区域员工的责任感与团队荣誉感，可根据现场 5S 开展的实际情况和不同员工的特点，制定 5S 七步考核制度，并建立问题档案和七步考核档案，进行 5S 日常检查及管理。七步考核法流程如图 14－10 所示。

依据 5S 检查评价标准开展现场日常检查，对现场检查情况依据 5S 七步考核法进行通报，根据全员责任制追究相应区域责任并进行相应步骤的考核。表 14－6 是 5S 日常检查通报模板，可辅助七步考核法的考核，使员工的 5S 管理意识持续深入。

各事业部 5S 七步考核法实施情况以独立看板的形式放置于生产车间入口处，并于每日对考核情况进行更新，以使员工及时了解本人的考核情况。

七步考核法的关键是第二步，组织责任担当停岗培训并现场指导。要想把活动维持在一个较为理想的水平，教育培训是一个关键因素，对违规人员进行 5S 管理目的、各种标准和具体实施方案的培训，既是激发员工参与热情、正确理解 5S 管理的有力举措，也是七步考核法得以顺利开展的前提保障。

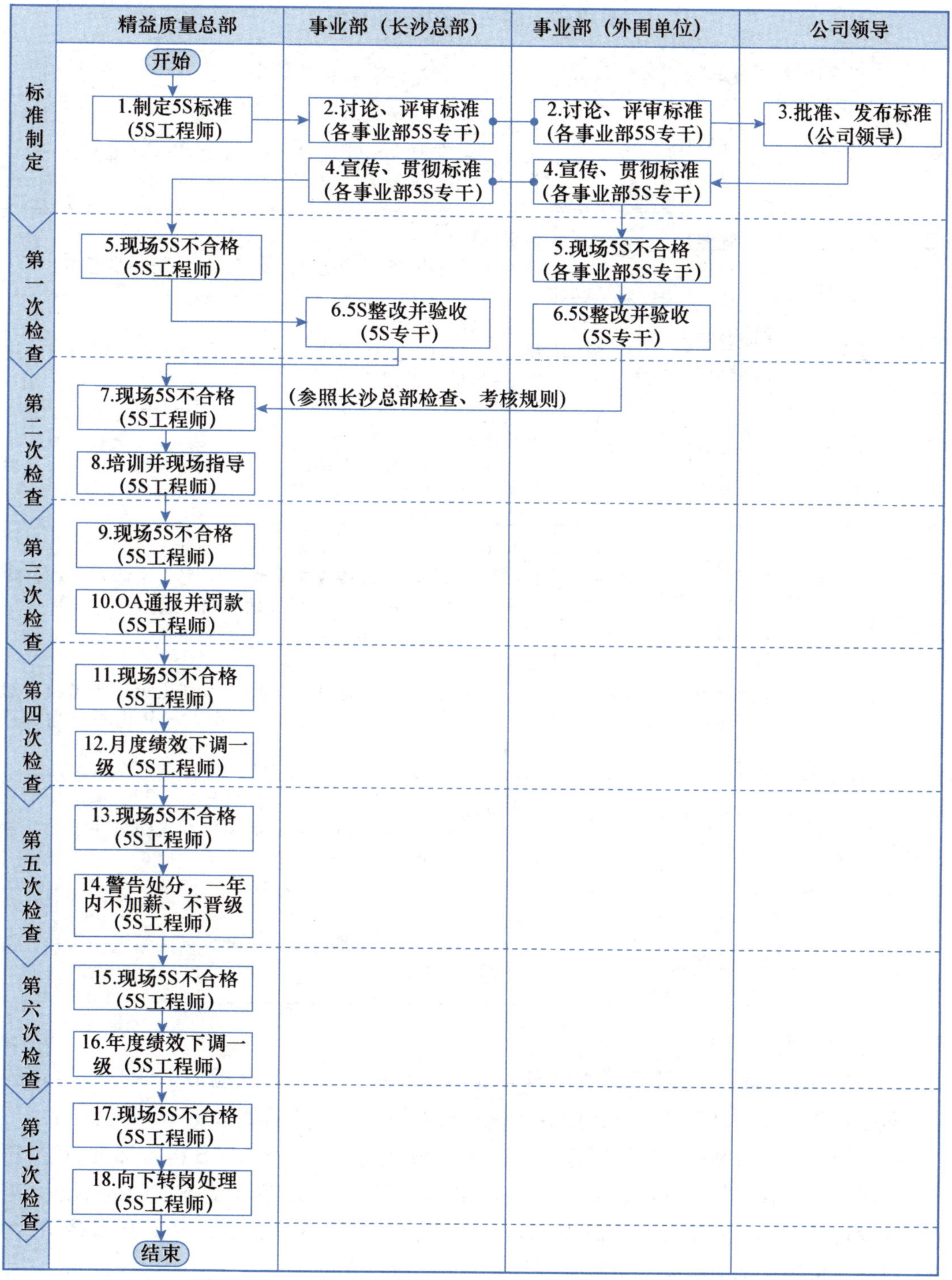

图 14－10　七步考核法流程

表 14-6　5S 日常检查通报模板

单位	检查区域	问题描述	责任人	备注
		亮点照片 改善描述	××	通报表扬 按《××集团 5S 管理规定》奖励××（工号：……）10 分。
		问题照片 问题描述	××	通报批评 按《××集团 5S 管理规定》将××列入第一步考核。
		问题照片 问题描述	××	通报批评 按《××集团 5S 管理规定》将××列入第二步考核，进行 5S 培训及考试。
		问题照片 问题描述	××	通报批评 按《××集团 5S 管理规定》将××列入第三步考核，根据第××条处罚××（工号：……）×分。
		问题照片 问题描述	××	通报批评 按《××集团 5S 管理规定》将××列入第四步考核，将××（工号：……）×月份绩效下调一级。
		问题照片 问题描述	××	通报整改 按《××集团 5S 管理规定》将××列入第五步考核，对××（工号：……）予以警告处分，一年内不加薪、不晋级。
		问题照片 问题描述	××	通报批评 按《××集团 5S 管理规定》将××列入第六步考核，下调××年年度绩效一级。
		问题照片 问题描述	××	通报批评 按《××集团 5S 管理规定》将××列入第七步考核，作向下转岗处理。

（五）检查评价机制

5S 日常维护机制除了日常检查之外，还需执行周评比、月度验收、领导月度巡检、重大问题早会通报、自检自评、交接班和绩效工资等日常维护机制。

（1）周评比。由制造部长及管理部门人员组成评比小组，依据 5S 检查标准表进行相互检查评比，然后填写检查记录及分数。互检过程既可以发现参与检查部门的不足之处，又可以发现其他部门的优点，及时发现自己现场存在的问题与差距，然后认真学习与改进。周评比采用奖励前两名，考核最后一名的方式进行激励。

（2）月度验收。每月由集团 5S 主管部门成立月度验收小组，对各个分公司生产现场进行随机检查，旨在考评各分公司日常 5S 管理的开展及维护水平，形成良性循环机制。月度验收采用奖励前三名分公司 1 000 元～3 000 元，考核排名倒数两名的分公司总经理的方式进行激励，并在集团领导早会上对各个分公司的 5S 水平进行通报。

（3）领导月度巡检。这是5S检查评比的重要环节，由5S推进委员会主要领导如制造总监等组织对所有生产现场的5S情况进行不定期巡查，并指出现场5S管理的亮点和问题，同时激励表现优秀的单位。

（4）重大问题早会通报。通过集团早会等形式对重大的5S问题予以曝光，促使责任单位及时协调资源完成现场5S整改，并及时提报相应管理部门进行验收，形成常态化管理。5S情况早会通报示例如图14-11所示。

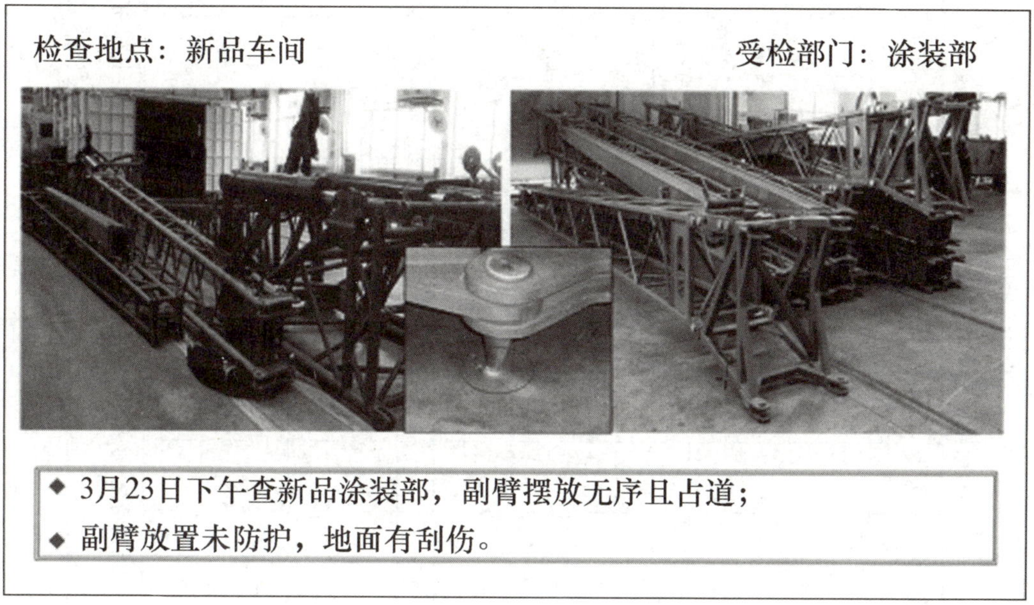

图14-11 5S情况早会通报示例

（5）自检自评。在现场5S日常维护过程中，要求班组长每周对现场进行自主评价，通过自检发现本班组在5S工作方面的不足之处，并及时加以改善，使员工养成自主和自觉进行5S管理的习惯，同时使检查评价逐步由自上到下地进行过渡到互检和自检的阶段，由应付检查的心态转变为竞争和相互评比的机制。

（6）交接班和绩效工资。在进行检查评比的同时，现场交接班时间需开展10分钟5S交接班活动，并如实填写交接班记录表（见表14-7），由工作中心主任进行现场确认达到5S标准后方可交接班，以保证现场的5S处于良好状态。同时，通过5S成绩纳入员工工资体制的5S绩效工资制，促使员工养成重视日常5S管理的习惯。5S绩效工资表示例见表14-8。

表 14-7 __月__日 5S 交接班记录表

序号	交接事项	交班人	接班人	交班人	接班人	交班人	接班人	交班人	接班人	交班人	接班人	交班人	接班人	交班人	接班人	交班人	接班人
1	现场无呆滞物、废弃物等多余东西																
2	物料全部设有标准库存，数量一致，物料摆放整齐																
3	能移动的物件全部定位																
4	物料、设备、工位器具、区域等标识齐全																
5	看板横幅定期维护、更新																
6	沟薄见底，现本色																
7	管线、轨道等各轴线呈本色并发亮																
8	机床、电控柜、灭火器等设备用白纸擦拭干净，见本色																
9	立柱、墙面、窗户、绿化见本色，无任何破损																
10	地面、工装、工具柜等用白纸擦拭干净																
11	配电设施的门是否及时关闭																
12	没有乱接、乱拉电线，没有有破损或影响视觉的电线																
13	所有设备上非作业时间不得留有工件或工具																
14	任何工件、物料都不得落地放置																
	交接人签字																

说明：交班人自检、接班人复检后，所有交接事项达标，接班人方可签字接收。对特殊情况，必须责令交班人在规定时间节点内整改到位，并复验收交接；拒不整改的，接收人须报上级进行考核（注明考核原因）。 班长签字： 5S 兼干签字：

表 14－8　5S 绩效工资表示例

序号	二级部门	班长姓名	班组	成本/10%	现场/20%		总分	备注
				在制库存达标率（5 分）	安全隐患率（10 分）	5S 对标（5 分）		
1	中起××	梁××	综合一班	3	7	3		
2	中起××	彭××	综合二班	3	7	3		
3	中起××	刘××	调试一班	3	0	3		
4	中起××	王××	调试二班	3	7	3		
5	中起××	何×	返修班	2	7	2		
6	中起××	杨××	下线二班	3	7	3		
7	中起××	李×	下线一班	3	7	3		
8	中起××	章××	转台预统一班	3	7	4		
9	中起××	甘×	转台预统二班	3	7	4		
10	中起××	黄×	吊装一班	3	7	4		

本章小结

通过本章的学习，我们掌握了 5S 的具体含义、实施要领及在企业的推进流程。主要内容包括：

（1）推行 5S 管理的目的。通过对生产现场各生产要素进行有效的改善和管理，以创造井然有序、一目了然的生产环境，同时培养员工良好的工作习惯。

（2）5S 的含义。整理的关键在于区分，区分在现场要与不要的物品；整顿的关键在于科学放置各种物品，做好“三定”（定点、定容、定量），确保可以快速取用；清扫的关键在于点检，以消除脏污和异常；清洁的关键在于制度化，以巩固前面 3S 的成果；素养的关键是养成习惯，提高人员素质。

基本概念　5S 管理

第十四章　在线练习

第十五章
标准作业

学习目标

知识目标

◇了解标准作业的定义和作用。

◇理解作业标准与标准作业的关系。

◇了解标准作业的三要素。

◇掌握标准作业指导书的内容。

能力目标

◇ 具备运用标准作业知识进行实践的能力。

素养目标

◇ 树立标准作业思维，培养运用作业标准开展标准作业的职业道德素养。

第一节　标准作业的定义和作用

一、标准作业的定义

标准作业是将作业人员、作业顺序、工序设备的布置、物流过程等进行最优化的组合，以满足生产目标而设立的作业方法。它是对周期性的人机作业中有关人的作业动作程序进行标准化，目的是消除复杂的人机作业的动作浪费，固化增值动作的程序。标准作业包括三个基本要素：节拍、工作顺序和标准在制品，三要素缺一不可。

二、标准作业的作用

标准作业通过必要的、最小数量的作业人员进行生产，以减少不必要的输入。它是产品的生产方法和管理的根本。进行标准作业能提高作业精度、时间精度及检验水平。同时，标准作业体现的是监督者的意志，即消除浪费、满负荷生产、保证质量和安全等。

标准作业是改善的工具。没有标准就无法区分正常和异常，也就很难发现包含在作业中的无效劳动、不均衡等各种浪费现象。标准作业是现场的指导书，管理者管理自己工作的工具，同时还是实行改善的基础，判断改善结果的标准。

根据标准作业的要求，所有作业人员都必须在标准周期内完成单位制品所需要的全部加工作业，并以此为基础，对操作人员进行训练和对工序进行改善。推行标准作业的前提是设备故障少、生产线波动小、来件质量稳定。

第二节　作业标准及其作用

一、作业标准的定义

标准是以稳定、高效地进行生产为前提条件而制定的，标准的对象不仅是操作，而且包括为了进行这项操作而必备的条件（质量核查、设备条件、库存等）以及工作方法。作业标准是对作业步骤、内容、方法、注意事项及质量标准进行设定的管理标准。作业标准因企业、产品、用途及目的的不同而有很多样式，但无论怎样，它都要使作业者在经过适当的培训后，能达到标准作业所要求的方法、质量及效率。

二、作业标准的作用

作业标准是经过标准化的作业最佳实践，建立作业标准是减少波动、稳定质量和保障生产力的最有效的工作方式。作业标准通常具有以下作用和特征：(1) 提供了保存技巧和专业技术的最佳方法；(2) 提供了衡量绩效的方法；(3) 提供了控制和改进的基础；(4) 作为人员培训的基础，确定了培训应达到的目标；(5) 是防止错误再发生及变异最小化的方法。作业标准和作业结果之间应具有闭环关系，没有标准或不遵守标准，就一定会导致异常的发生。

三、作业标准与标准作业的关系

作业标准是指导作业者进行标准作业的基准，是每个作业者行动的最高准则；而标准作业则是在执行作业标准的同时在效率、成本、交期上进行科学改善与革新，集中在作业者的动作上。标准作业主要是指作业系统，包括人、机、料、法、环、测（5M1E）等按照规定的要求进行配合与运作，这里所说的“规定的要求”指的是作业标准。

第三节　标准作业的三要素

一、标准节拍

标准节拍，即生产线的节拍，是按顾客要求生产一个单位制成品的时间。根据标准节拍，生产现场的管理人员就能够确定在各生产单元内生产一个单位制成品或完成产量指标所需要的作业人数，并合理配备作业人员。节拍时间是指各生产单元内加工一个单位的产品所需要的时间。其计算公式为：

$$\text{节拍时间}=\frac{(\text{每期的可用时间}-\text{每期的扣除时间})}{\text{一天的必需数量}}$$

$$一天的必需数量=\frac{一个月的必需数量}{一个月的生产天数}$$

此公式决定的节拍时间会因操作者的不同而产生差异。这个时间等于给每个操作者定了一个标准，超出节拍时间，就说明操作过程中有不合理之处，也就是有浪费，这时就该考虑进行改善，以遵守节拍时间。

例如，考虑一班制的生产排班情况，每个操作工被安排工作 8.5 小时（510 分钟），其中 30 分钟午饭时间以及 2 个 15 分钟的休息时间，客户需求为 450 单元，这个区域的节拍时间是多少？

可用的时间＝510 分钟＝30 600 秒

扣除时间＝30 分钟＋(2×15 分钟)＝60 分钟＝3 600 秒

客户需求＝450 单元

节拍时间＝(每期的可用时间－每期的扣除时间)/客户需求量

＝(30 600－3 600)秒/450 单元

＝60 秒/单元

因此，基于一班制的生产计划，工厂必须每 60 秒生产一个质量合格的零件来满足客户需求。标准化作业要求生产速度必须与节拍时间相一致。然而，为了弥补可能出现的损失（如停机损失），许多制造系统必须以比节拍时间快很多的节奏来安排生产。意识到这种安排有一定的成本，必须采取行动来消除产生这些损失的根源，从而使生产系统以约等于节拍时间的节奏进行生产。

二、标准作业顺序

标准作业顺序是用来指示多技能操作者在同时操作多台不同设备时所应遵循的作业顺序，即操作者拿取材料、上机加工、加工结束后取下工件及再传给另一台设备的顺序。多技能操作者必须在标准循环时间内完成自己所承担的全部作业，以确保在同一生产单元内或生产线上能够达成生产平衡。

定义一项工作的标准作业顺序时，围绕人的动作来组织一项作业并产生有效的标准作业顺序是很重要的。这种关注于操作者的方法所生成的标准作业顺序，将支持高效地生产高质量产品，并减少由于过度劳累产生的工伤。在安排标准作业顺序时，需考虑下面的问题：

（1）消除或减少非增值工作，比如走动。

（2）对要素进行排序使其包含内在的质量思想。

（3）消除变异根源。

（4）避免设计那种无论体力上还是精神上都很难在一天内持续进行的工作。例如，那些大部分只需一只手操作来完成或者需要精神高度集中的单调工作。

一个稳定的环境是操作者重复操作的前提。实现稳定环境的前提是无故障的设备、高质量的零件以及设计良好的标准作业顺序和最少的在制品。

三、标准在制品

标准在制品数量是指在每一个生产单元内在制品储备的最低数量，包括仍在机器上加工的半成品。使用在制品库存的目的是在已分配的循环时间内满足零件的生产，使操作者或机器无须等待下一件零件。

如果没有这些数量的在制品，生产单元内的一连串机器将无法同步作业。换句话说，标准在制品数量规定了操作者在进行标准化作业时绝对需要的零件、部件、半成品等的最小限度的数量。由此，标准化作业可以减少在制品存量，并使之维持在最低水平。

第四节 标准作业指导书

企业标准作业文件很多，一般包括各工序能力表、标准作业组合表、标准作业卡和标准作业指导书等，这里只介绍标准作业指导书。

一、标准作业指导书的定义

标准作业指导书是指在标准作业卡的基础上细化操作要点，用来标明标准作业顺序中各项操作内容、操作顺序、作业要点、作业指示图、使用工具、质量要求、操作要求、安全标准和设备操作证等。制定了标准作业指导书后，就要培训工人学习正确的加工方法，在现场利用标准作业指导书对工人进行指导训练。

二、标准作业指导书的编制

标准作业指导书一般由工艺工程师们编制。标准作业指导书要简单易懂，工人只要照着标准作业指导书就能够进行操作。标准作业指导书把相关的经验经过长期积累和完善形成可操作的手册，特殊的情况也可以在标准作业指导书中体现，这些都可以为公司的发展积累经验。标准作业指导书中应至少包括（但不限于）以下内容：

（1）动作内容：应该包括每一个详细的操作动作，包括拿取物料（拿什么，从什么地方拿，怎么拿，拿多少）、步行过程、操作过程（每一个详细的步骤）、质量检查等。

（2）所需时间：指每一个具体动作过程从开始到结束所需的时间，以便识别增值时间以及非增值时间，包括步行时间、拿取工具/物料时间、操作时间、放工具时间，即单件工时＋步行时间＋等待时间。

（3）质量要求：标准作业指导书中必须包括每一道工序中产品的质量标准，质量标准要求要详细、具体，最好能够以图片或样本的形式表现，使员工能够更好地理解、识别并运用这些质量标准。

（4）质量检查：每一个工作步骤中都应该增加质量检查这一个项目，从而做到“不接收、不制造、不传递”缺陷。

（5）物料描述：每拿取一种物料，都应该对该物料进行描述。物料描述应该包括物料的详细信息，如图号、数量、大小、型号、料架地点等，以避免在取料过程中出现问题。

（6）工具描述：使用工具（设备）的名称、使用方法、注意事项等应该在标准作业指导书中体现。

（7）动作位置图示：对每一个增值的操作，应该用图示的方法进行标识操作位置或者建立防差错系统，避免出现误操作。

（8）审批权限：所有的标准作业指导书中必须由有审批权限的人员进行审批，以保证文件的受控。

某公司的标准作业指导书如图 15－1 所示。

版本号：V2.0

部门名	标准书编号	工序名称	适用机型	循环时间	制定日期	批准	审核	校对	编制
总装课泵体线	CSZ-M31-050	T配合	P、K、HK	7.5s	2013年 9月16日				

作业内容	1	活塞外观检查。
	2	检查活塞厚度，选配曲轴。
	3	曲轴外观检查。
	4	组装曲轴和活塞。
作业步骤	1	清洁并校正夹具，将活塞放在测量夹具上。
	2	将活塞旋转360°，读取浮标的最低值（即Tp值）。
	3	从测量夹具取出活塞，在研磨石研磨上下H面并清洁之。
	4	检查活塞外观，如有打痕、砂孔等缺陷应修理或退库。
	5	根据Tp值选取相应的曲轴。
	6	在研磨石上研磨曲轴T面，检查其外观，如有毛刺、打痕、油槽偏、油叶油塞安装不良等缺陷应修理或退库。
	7	将活塞垂直顺畅地套进曲轴的C部。
	8	将组装放入工件托盘上送至下工序。
	*	机型切换时按《机型切换表》作业。
工作条件	1	用与机型对应的校对规对气动测微仪进行校对。
	2	测量基准：Tp值 2K32SH校对规 $6.560^{0}_{-0.024}$
	3	油叶油塞安装基准：油叶无下沉，油塞四脚与曲轴贴合。
	*	发生异常时，请立即与上司联系。
劳保用品		橡胶手套

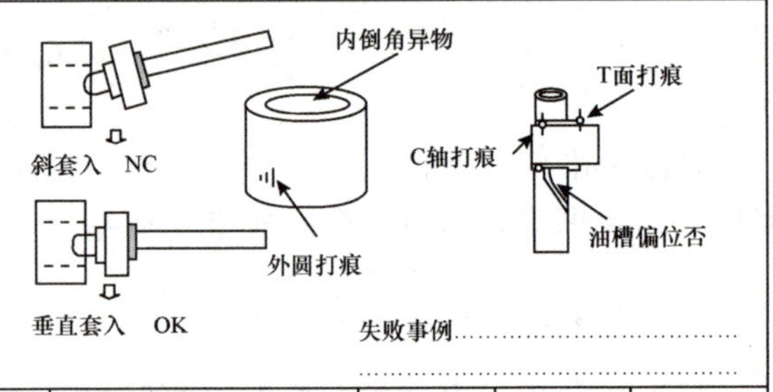

管理内容	管理及检查项目	检查方法	检查频度	记录频度
1	气动测微仪校对	校对规	4次/班	4次/班
2	活塞厚度Tp值	气动仪	全数	4次/班
3	活塞外观	目测	全数	4次/班
4	曲轴外观	目测	全数	4次/班
5	曲轴研磨	研磨夹具	全数	4次/班

设备及工夹具		修订记录	标记	日期	理由	提出	审核	批准
1	测微仪							
2	Tp夹具							
3	校对规							
4	研磨盘							
5	油石							
6	砂纸							

图 15－1　某公司的标准作业指导书

第五节　开展标准作业

如何让员工按照标准去作业，如何让员工自觉地执行并养成一种良好的习惯，这是企业所面临的难题。在标准执行比较好的公司，其主要经验总结起来有以下几条：

第一条：形成遵守标准的意识。

在日常的管理过程中要向每一位员工反复地传递这样的理念，标准人人都要遵守，而领导者更要成为遵守标准的楷模，这样全公司才会形成一种以遵守标准为荣的良好风气。

第二条：全员要理解标准化的意义。

按照标准作业使不合格、浪费、交货延迟这三方面的情况都为零，所以也称“三零”工程。从领导者到现场人员都要彻底、深入地理解这个意义，并开展教育与培训。

第三条：班组长要现场指导、跟踪、确认。

做什么？如何做？重点在哪里？班组长应该对组员传授到位。仅教会还不行，还要跟进一段时间，看看是否真的会了、结果是否稳定。如果只是口头交代，并且没有跟进的话，那这种标准执行起来也不会成功。现场管理者的任务就是让标准成为员工的本领。

第四条：宣传。

一旦设定了标准的作业方法就要在工厂的宣传版上把它展示出来，让所有的员工都知道，也都能充分地理解，并且遵守这个标准。

第五条：标准作业的方法要展示在很显眼的位置。

把标准放在谁都能看到的地方，把标准作业指导书放在操作者随手可以拿到的地方。

第六条：接受别人的质疑。

对别人的质疑一定要虚怀若谷，诚心地接受，即使对方指责得不对，也不要尖锐地去反驳，这是执行标准化的一种修养。

第七条：对违反标准的行为要严格教育。

对于那些不遵守标准作业要求的行为，管理人员一旦发现就要立刻毫不留情地予以指正，并马上纠正其行为。

第八条：不断地完善。

虽然标准暂时还代表着最佳的作业方法，但科学技术在不断进步，改善是永无止境的，所以要始终想到现在的作业方法还是一个较低的水平，是改善和进步的一个起点，更好的还在后边。实施标准要有这样一种心态、实施标准化就是要不断地改善。

第九条：定期地检查、修正。

定期召开一些改善检讨会，介绍近阶段改善的一些事项或成果以及明确规定今后的一些改善方向；对于效果不明显的标准，应重新评价，设定新的标准。

第十条：向新的作业标准挑战。

通过实际的作业情况找出问题点来实施改善，修订成为新的作业标准。同时要学习其他改善重点，以便从实际出发进行改善。

案例链接

某公司作业标准化训练方案

1. 标准化训练借鉴的思路

(1) 充分利用企业内的培训资源。

(2) 把对人员的训练变成工作目标的一部分。

(3) 使培训资源成为一个经营人的实体。

(4) 提供的产品：一是为正式生产线提供能够达到质量/成本/效率要求的合格操作人员；二是在产能达不到订单要求时承担部分订单的生产；三是新技术、新产品引进后的种子选手的培训。

(5) 训练过程。

1) 基本知识培训（含企业培训、工艺、设备操作等知识）；

2) 模拟训练（分模块模拟进行单岗位强化训练）；

3) 生产训练（在正常的生产环境下训练，包括变节拍、设障等）。

2. 培训的三个阶段

(1) 基本知识培训。

1）培训形式：通过具体的案例引导进行理论知识的培训。

2）培训内容：

——企业文化；

——劳动管理规定；

——安全消防知识；

——现场管理；

——班组管理；

——设备安全、生产现场电气安全；

——产品知识、工艺原理、常见操作质量问题及应对措施；

——质量/环境基本知识。

3）培训时间：根据企业的情况而定，一般一周左右。

（2）模拟训练。

1）模拟训练案例（见表15-1）。

表15-1　模拟训练案例

训练类别	训练工装	训练内容	训练要求	合格标准
紧固类	紧固16种螺钉（模拟工装）	1. 紧固工具（如气动枪等）的使用； 2. 紧固设备的使用； 3. 按照标准进行操作训练、现场即时测试。	1. 掌握气动枪等工具的使用方法。 2. 会根据操作标准调试力矩。 3. 按标准正确操作，达到紧固力矩要求。 4. 练习：上50遍，每遍30个；测试：3天按照3次标准进行测试，标准为10个/分、12个/分、20个/分，每天分3次进行测试；测试标准：合格率为70%、80%、100%。	达到紧固力矩要求，质量合格率为100%。
压接类	压接在工位（实际操作）	1. 压接工具（如压接钳等）的使用； 2. 压接设备的使用； 3. 按照标准进行操作训练、现场即时测试。	1. 掌握压接钳等工具的使用方法。 2. 会根据操作标准调试拉拔力。 3. 按标准正确操作，达到压接拉拔力要求。 4. 练习：在训练线工位上进行实际操作；测试：按照3次标准进行节拍测试，标准为14个/分、21个/分、28个/分，合格率均为100%。	达到压接拉拔力要求，质量合格率为100%。
安装类	安装在工位（实际操作）	1. 料件准备的标准； 2. 料件的定人、定员、定位、定置、定量标准及实操； 3. 按照标准进行操作训练、现场即时测试。	1. 掌握料件的5定标准。 2. 按标准正确操作，安装到位。 3. 练习：在训练线工位上进行实际操作；测试：按照3次标准进行节拍测试，标准为20s/台、16s/台、13s/台，合格率均为100%。	达到安装标准要求，质量合格率为100%。

续表

训练类别	训练工装	训练内容	训练要求	合格标准
插接类	插接在工位（实际操作）	1. 料件准备标准； 2. 料件的定人、定员、定位、定置、定量标准及实操； 3. 按照标准进行操作训练、现场即时测试。	1. 掌握料件的5定标准。 2. 按标准正确操作，插接到位，无松动。 3. 练习：在训练线工位上进行实际操作；测试：按照3次标准进行节拍测试，标准为20s/台、16s/台、13s/台，合格率均为100%。	达到插接标准要求，质量合格率为100%。

2）模拟训练的过程控制。

a. 识：操作工装、操作工具、零部件识别，通过现场实物辨别测试确认训练效果；

b. 练：通过模拟训练工装按照工艺操作指导要求进行训练；

c. 结：分组结对，一个人练，另外一个人测速度和质量，互相监督学习；

d. 论：对照问题BOM，重现以前出现的质量问题，通过讨论掌握应对措施；

e. 校：每天两次对参加训练人员进行校准测试，看节拍/质量/工艺符合度；

f. 竞：每天一次进行同类岗位的比武，提高员工训练的积极性；

g. 比：每天按照结对的组合进行评比，主要考核训练过程和比武结果；

h. 示：每天公布比武和评比的结果，奖优惩劣。

（3）生产线训练。

将培训线变成生产线的环境，对参加模拟训练并测试合格的员工进行正式生产环境下的技能训练。

1）训练的形式。

a. 人员组成：A类岗位从现有生产线的A类后备中挑选，B、C类岗位由经过模拟训练的员工承担。

b. 订单来源：企业成熟的产品（按照实际节拍的50%、70%、90%、100%四个阶段策划每天的产量）。

c. 训练的内容：

——五不准；

——设障；

——生产环境变化；

——变节拍。

d. 训练的时间：2周左右。

2）生产训练的过程控制。

a. 从正式生产线上竞聘出班长和车间主任，作为生产训练过程的老师。

b. 车间主任与班长考核两类指标：一是质量/成本/交货期（同正式生产线一样，但是标准可以参照节拍的标准由低到高）；二是被培训人员培训期内的合格率。

c. 培训人员的考核：除同工人一样考核外，增加设障、变节拍等测试过程中的激励。

3）验收。

训练期满后，组成验收小组（人力、用人的分厂、质管、设备、检验）对参加训练人员进行现场的验收测试，测试合格的直接到正式生产线顶岗，不合格的继续在培训线上培训一个周期（2周），再次验收不合格者淘汰。

本章小结

通过本章的学习，我们掌握了标准作业、作业标准及相互关系，标准作业的三要素等内容。具体包括：作业标准是指导作业者进行标准作业的基准，是每个作业者行动的最高准则；而标准作业则是在执行作业标准的同时在效率、成本、交期上进行科学改善与革新，特别是集中在作业者的动作上。标准作业主要是指作业系统，包括人、机、料、法、环、测（5M1E）等按照规定的要求进行配合与运作，这里所说的“规定的要求”指的是作业标准。标准节拍、标准作业顺序和标准在制品构成了标准作业的三要素。企业推行标准作业的前提是设备故障少、生产线波动小、来件质量稳定等。

基本概念　标准作业　作业标准　标准作业的三要素

第十五章　在线练习

第十六章 防错法与异常管理

学习目标

知识目标

◇了解防错法的概念和作用。

◇了解常见的差错及其产生的根源。

◇掌握防错的原则、思路、原理及实施步骤。

◇理解异常管理的概念、内容和处理流程。

能力目标

◇ 具备运用防错法管理、发现及处理异常管理的能力。

素养目标

◇ 深入社会实践，关注现实问题，培育利用防错法处理现场管理中异常问题的职业素养。

第一节 防错法概述

一、防错法的概念

防错法，又称愚巧法或防呆法（英文为 Fool Proofing，Mistake Proofing，日文为 Poka-Yoke）。防错法由日本管理专家新乡重夫（Shigeo Shingo）于 20 世纪 60 年代初在应用全面质量管理理论的基础上提出的。在日语中，Yoke 是防止的意思，Poka 是疏忽错误之意。简言之，防错法就是指采取有效措施，使操作者在工作中避免或减少差错的一种方法；是指运用智慧和独创性，将所有的工作内容配合人的特性，使之不易出错，即使出错也不会产生问题的一种有效措施。

防错法目前越来越受到企业的重视，许多企业在产品设计、制造过程中都广泛应用了防错设计或装置。如电脑部件的各种接口，就采用了大量的防错设计，这样让不熟悉电脑接线的人一般也不会接错，即使接错了也不会产生严重后果。

二、防错的必要性

企业面临着日益复杂的内外部环境，各种工作中都有可能发生差错，带来各种问题，严重的还会导致产品缺陷，这不仅影响顾客满意度，还会造成资源浪费。墨菲定律指出，“任何有可能出错的事情，早晚会出错”。这就要求我们，对容易出错的地方不能不闻不问、心存侥幸，只有想方设法、采取积极的措施，才能避免出错。生产现场环境比较复杂，每一件事由于影响因素的变化都可能出错，差错将会导致缺陷和资源浪费。我们不可能完全消除差错，但发现差错时需要及时纠正。

长期以来，人们防止人为差错的措施主要是培训和惩罚，但大量实践及研究表明，这种惩罚与教育相结合的传统防错方式并不怎么成功。

那么，如何有效地消除这些差错呢？现代防错理念认为，可运用预防性装置或方法使操作者在作业时不出现差错或能及时、明显地发现失误，或使操作失误后不会导致缺陷。操作者可通过防错手段完成自我检查，同时防错法也能使操作者只有在满足其设定的条件下才能完成操作。新乡重夫举了一个典型的防错例子：名古屋 Yamada 电子公司有一道组装按钮装置的简单工序，操作者经常出错。按钮装置构造相当简单：该装置有两个按钮（一个开和一个关），每个按钮下都必须嵌入一个小弹簧。但实际情况是，操作者经常忘记安装弹簧，工厂经常接到顾客投诉。每次出现这种情况时，工厂教育一下操作者，情况暂时好转，但没过几天同样的事情就又发生了。经过观察，新乡重夫建议他们准备好一个小碟子，每装配一个开关装置前，先从零件盒中取出两个弹簧放到碟子里，然后开始组装开关，放入弹簧，装入按钮。如果组装后还有弹簧留在碟子里，操作者就会意识到漏装弹簧了，再拆开重装这个开关即可。此后，该工厂再也没有出现过漏装弹簧的现象，顾客也没有因此再投诉过。这个案例中，只增加了一个从零件盒中取出两个弹簧放入一个小碟子的环节，差错就消除了。因此，通过比较可知，现代防错法可以从根本上解决失误问题。

三、防错法的作用

开展防差错与异常管理可达到两个目的：一是能够实现百分百的检验；二是当异常发生时，能够立即反馈信息并采取行动。在设计和生产制造等过程中有效运用防错法，具有以下几方面的作用：

（1）减少工作中的各种差错，确保产品质量，增强顾客满意度。因为防错法采用一系列工具方法以防止差错的发生，追求零缺陷，确保“第一次就把事情做好”，避免或减少了差错的产生，以良好的过程质量保证了产品质量，提高了顾客满意度，从而提高了企业的效益。

（2）减少因检查、产品返工、报废等带来的各种浪费，降低成本。与依靠检验来保证质量相比，防错法是从预防角度出发所采取的预防措施，而事后检验本身不能防止缺陷的产生，产品出现缺陷后还需要采取相应处理措施，包括返工、重新检验、材料报废、工时浪费、影响生产进度等。防错法能有效消除这些浪费，从而降低了成本，保证了交付要求。企业的产品生产，需要经过许多工序或环节。如果差错不能在前面一个环节被发现，而是在后续环节才被发现，那么损失就会逐步放大（如图 16－1 所示）。差错越早被发现，损失会越少，因此企业要重视防错法的应用。

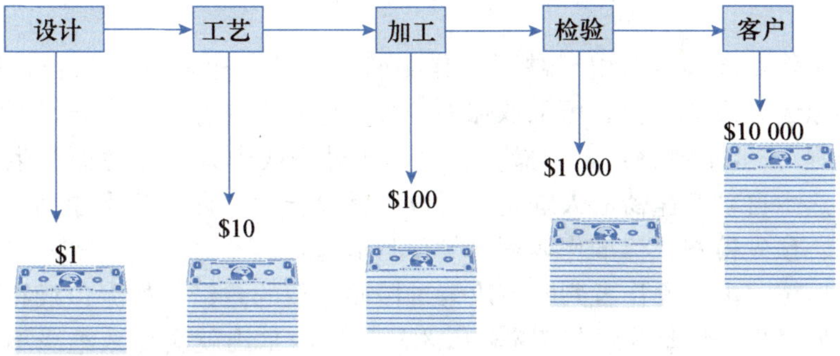

图 16－1 差错越早被发现，损失会越少

（3）确保生产安全，增强全员参与意识，提高员工士气。企业通过加强全员的防错意识教育，鼓励大家开展安全防错装置的设计与应用，能有效确保生产安全，并能进一步提高员工的工作积极性和凝聚力。

第二节 常见差错种类和防错原则

一、常见的十大差错

由于工作内容的不同，企业所产生的差错也千差万别，但一般可归纳为十种类型，见表 16－1。

表 16－1 常见的十大差错

类别	特征
1. 漏掉工序	遗漏一个或多个步骤。
2. 加工错误	没有按标准程序进行正确操作。
3. 工件设置错误	使用不适当的工具或设备进行操作。
4. 遗漏部件	作业过程没有安装全部部件。
5. 装错部件	安装了不适当的部件。
6. 部件加工错误	对错误的部件进行加工。
7. 误操作	执行操作不正确，标准过程或规范说明的版本不正确。
8. 调整差错	机器调整、测试方法错误或来自供应商的部件的尺寸错误。
9. 设备参数设置不当	由不正确的维修或部件更换导致的缺陷。
10. 不适当工具	使用损坏的刀刃、设计低劣的夹具或错误的工装等。

二、导致人为差错的根源

在生产和工作中出现的各种差错，究其原因，绝大部分是由人为差错造成的。分析产生差错的原因，我们可以将其归纳为以下三类。

（一）知识或技能不足所致

这是指操作者不知道或不理解操作要求，或不具备按要求操作的技能，具体可分为以下几类：

（1）缺乏工作经验：有时由于缺乏工作经验，如让一个新人去操作，就容易产生差错。针对此类原因导致的差错，可采取加强训练、标准作业等预防措施。

（2）对过程/作业不熟悉：由于操作者对作业过程或步骤不熟悉而产生误操作。如汽车驾驶中，不熟悉自动变速器的人踩刹车时以为是离合器。针对此类原因导致的差错，可采取加强训练、预先检查、标准作业程序等预防措施。

（3）行动迟缓：由于操作者判断或决策过慢而导致的差错。如漆包线在锡槽焊接时间为3秒之内，如果操作者动作过慢，5秒后才从锡槽内拿出就会导致绝缘不合格。针对此类原因导致的差错，可采取强化训练技巧、标准作业等预防措施。

（4）缺乏适当的作业指导：缺乏作业指导或作业指导不当而发生差错的概率是相当大的。如装配机壳，假设正确的装配方法是先装一颗螺丝，后装对角螺丝，再装其余的螺丝，若作业指导书中没有做出规定，或规定随机装配螺丝，则可能发生装配间隙等差错。针对此类原因导致的差错，可采取标准作业、工作指导等预防措施。

（二）无意识出错

这是指操作者具备按要求操作的必要知识和技能，也打算按要求操作，但在具体操作时却弄错了。具体有以下几类：

（1）遗忘：这主要是由于操作者精神不集中，忘记了作业或检查步骤。如忘记在拧螺丝之前先装上垫片。针对此类原因导致的差错，可采取预先警告操作者、定期检查等预防措施。

（2）识别错误：由于看得太快或太远而未看清，导致对工作指令判断或理解错误。如作业指导书中指明更换IC时需同时加热各引脚，但操作者理解为逐个加热各引脚。针对此类原因导致的差错，可采取加强培训、加强注意力和警觉等预防措施。

（3）疏忽：许多差错不是因为操作者不会操作，而是因其工作时心不在焉造成的。如有些人无意识横穿马路，而没有注意到亮着红灯。针对此类原因导致的差错，可采取强调专心、纪律约束、标准作业等预防措施。

（三）有意不遵守

这是指操作者具备按要求操作的必要知识和技能，但因赶时间或估计问题不大等，而有意识地未按操作要求执行。具体有以下几类：

（1）故意差错：出于某种原因，操作者在工作中有意制造差错。针对此类原因导致的差错，可采取加强教育、纪律约束等预防措施。

（2）意愿错误：有时我们在特定的环境下决定不理睬某些规则时会发生差错。如在视线内没有车时，司机闯红灯。针对此类原因导致的差错，可采取加强教育和经验积累等预防措施。

新乡重夫认为，零缺陷可通过良好的工程与调查来实现，任何差错都可以从工程角度加以解决。因此，在上述原因导致的大多数差错中，我们可以采用防错技术与装置。

三、防错原则

为有效防止作业差错，我们应遵循以下四条防错原则。

（一）只生产需要的产品

这里的需要，是指在需要的时间只生产所需数量的产品，也就是即时生产（JIT）。若提前生产或生产太多，都会带来库存积压等浪费，增加出错机会；若生产不及时或生产太少，则会影响生产进度。因此，只生产需要的产品，必将大大减少各种差错，降低浪费。

（二）防患于未然

每个人都应该认识到，工作中稍有疏忽就有可能产生差错，若我们能提前识别出各个差错的潜在模式，提前（甚至在产品设计或工艺设计环节）采取措施，这将使我们有机会从源头消除差错。如对现有作业过程进行分析，削减、简化和合并作业步骤；或在过程设计阶段，企业设计出专门的系统、程序或装置来防止可能产生的差错，将出错机会完全消除掉。

（三）全员参与

防错管理是企业的一项系统工程，各项工作都可能产生差错，企业要实现“零缺陷”的目标，不能仅依靠少数人，只有人人都有预防差错的意识，树立“第一次就把事情做对”的理念，认真挖掘潜在的差错并研究对策，形成共同参与的氛围，才能消除差错。

（四）持续改善，追求完美

建立持续追求完美、追求“零缺陷”的企业文化是实现防错的根本保证。在采用防错思路和设计防错装置时，没有最好，只有更好。

第三节　防错思路、原理和方法

一、防错思路

为设计或采用防错技术与装置，针对可能出现的差错，我们应依据表 16－2 列出的优先顺序来确定防错策略。

表 16－2　防错策略优先顺序

思路	目标	方法	效果
消除	完全避免可能的差错。	对制造过程进行重新设计，从设计角度消除可能出现的差错，并用防错法进行预防。这是从源头防止差错的方法，符合质量的经济性原则，是防错法的发展方向。	最好
替代	用更可靠的过程代替目前的过程，以避免或降低差错。	采用机器人技术或自动化生产技术，减少对操作者的依赖，从而降低人为差错。这种防错法可以大大降低差错率，是一种较好的防错方法；其缺点在于投入过大。另外，若设备本身问题导致差错则无法防止。	好
简化	简化作业流程，使作业更容易完成。	通过合并、削减等方法对作业流程进行简化，降低操作差错的概率。这是较好的防错方法之一，但流程简化并不能完全消除人为差错。	好

续表

思路	目标	方法	效果
检测	在缺陷流入下道工序前，对其进行检测并剔除。	使用计算机软件，在作业差错时自动提示并剔除。这是目前广泛使用的防错方法，缺点是差错已经产生，损失已经造成。	较好
减少	将差错影响降至最低。	差错无法完全消除，但可从减少损失的角度出发，在发生差错后采取措施将损失降至最低或可接受的范围。目前许多智能控制设备均或多或少具备该功能。	较好

采用防错装置应注意以下几点：（1）全检产品，但不增加操作者负担；（2）必须满足防错规定的操作要求，作业过程方可完成；（3）低成本；（4）实时发现差错，实时反馈。

二、防错法的十大原理

为提高防错装置的防错效果和效率，在设计装置时可采用以下防错原理。

（一）断根原理

找出产生差错的根本原因，并采取相应的预防措施，确保不再造成差错。

（1）采取“排除”的方法来达成：如录音带上若有重要资料需要保护，可将侧面小塑胶去掉，防止误录。

（2）采取“不对称的形状”来达成：依据形状不对称性来设计防错装置，减少安装差错。如图 16－2 中改善后的刹车拉索夹钳定位夹具就可有效防止刹车拉索夹钳定位错误。

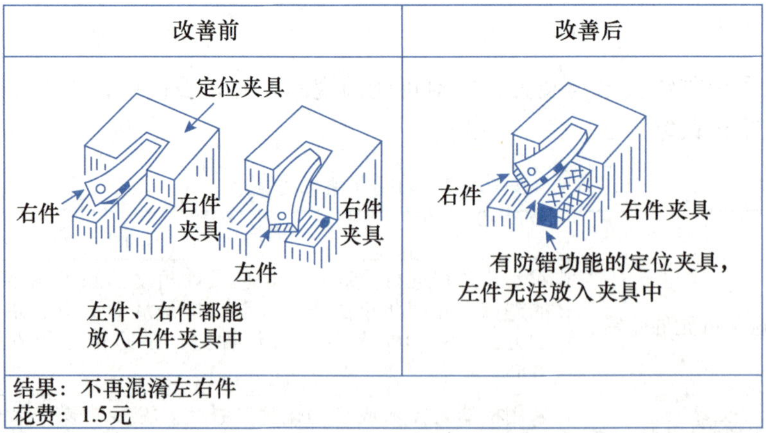

图 16－2　改善前后的刹车拉索夹钳定位夹具

（二）保险原理

通过保险装置，预防差错行为的产生。

（1）以“共同”动作必须同时执行来完成。如操作冲床工作时，为预防操作者受伤，设计双手必须同时按操作钮才能执行。

（2）以“顺序”动作来完成。如没有关好电梯门，电梯则不能升降，在升降过程中按开门钮也不会打开门等。

(3) 以"交互"动作来完成。如洗衣机在脱水时，若打开盖子，洗衣机会自动停止。

(三) 自动原理

利用各种光学、电学、力学、化学原理，采用自动化的方式来限制某些动作的执行或不执行，以避免错误发生。

(1) 以"浮力"方式来控制。如抽水马桶的水箱设有浮球，控制进水。

(2) 以"重量"方式来控制。如电梯超载时，警告声鸣响，电梯不能运行。

(3) 以"光线"方式控制。如操作者有时会忘记贴标签，经过改善，改用贴标机自动贴标，如果标签没有从纸上弹出导致标签没贴上，光电管就能探测到，并发出报警，同时停止传送带运转（如图16-3所示）。

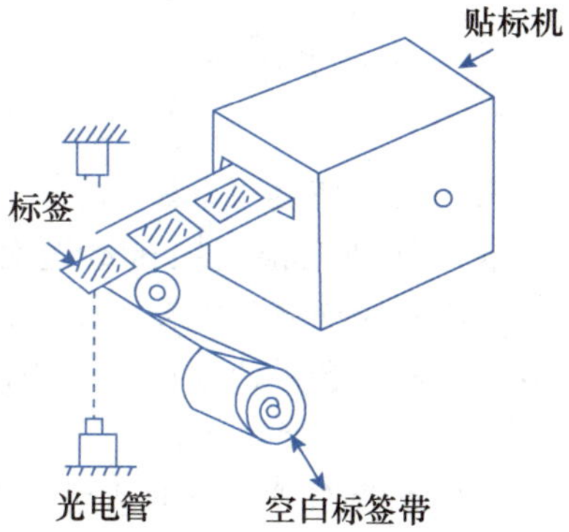

图16-3 贴标机自动贴标的防错装置

(4) 以"时间"方式控制。如洗手间的烘手机按一次只运行一分钟。

(5) 以"方向"方式控制。如超市进出口单向栅栏只能一个方向转动。

(6) 以"温度"方式控制。如空调温度控制，达到设定温度，自动停止。

(7) 以"压力"方式完成。如高压锅压力过大时，泄压阀开启，以免压力过大爆炸。

(四) 相符原理

作业的标准因素，如重量、尺寸或形状等，若作为开发防错装置的关键，可帮助我们识别非标准或错误。

(1) 依"形状"不同来达成。如电脑接口与各种接线的防错连接。

(2) 依"符号"不同来达成。如标识电池正确放置方向。

(3) 依"数量"方式来检查。如采用计数器，以防止生产过多或过少，或用于控制设备的工作周期等。

(4) 依"发声"方式来检查。如对方向你下达指令，你重复一遍对方所说的加以核对，以免出错。

(5) 依"重量"方式来检查。如肥皂生产线有时会出现肥皂盒未装入成品肥皂就被送下线的情况，有的企业在生产线的尽头安装了压缩空气口，当未装肥皂的空盒经过时，就会被吹下传送带。

(五) 顺序原理

对于有顺序要求的工序，应设计相应的工装，以保证安装顺序的准确完成。若不按事先给定的顺序安装，则无法进行下去。次序在折弯、包装、装配和检验时经常是关键因素。

（1）以“编号”方式来完成。如儿童模型玩具组装，以编号依序工作，以完成模型玩具。

（2）以“斜线”方式来完成。如文件柜中的文件夹，贴斜线以识别正确位置，若未正确放置时，很容易被识别并加以纠正。

（六）隔离原理

隔离原理又叫保护原理，指采用一些可靠装置，分隔不同区域，以达到保护某些区域的目的，确保不造成危险或发生错误。如危险化学品单独存放，统一管理，以免发生危险；电动圆锯有固定护套和活动护套，以防止操作时的伤害事故等。

（七）复制原理

同一件工作，若需做两次以上，最好采用“复制”方式来达到目的，既省时又不会出错。

（1）以“复写、拓印”方式来完成，如复写纸。

（2）以“透视窗”方式来完成，如现在很多银行寄送对账单的信件，信封采用透视窗，以避免信和信封的地址、姓名不对应而产生差错。

（3）以“口诵”方式来完成，如操作者一边操作，一边说出动作名称，养成习惯，避免动作遗忘。

（4）以“复诵”方式来完成，如军队作战命令下达后，必须同下属复诵一遍，以确保大家完全明白。

（八）层别原理

分层或分等级筛选，并加以不同的标识，以避免将不同工作做错。如车间以不同颜色来代表不同区域。

（九）警告原理

对于易出错的过程，在未想出好的消除差错的措施前，可用警告的方式进行提示。如驾驶员驾驶汽车时，若未系安全带，汽车就会发出警告声；库房物品设置最高库存和最低库存，当库存超出界限时，电脑会自动警告。

（十）缓和原理

降低过程的难度，以各种方式来减少差错发生后所造成的损害。如工作做完后，检查一下，看有无差错。

三、减少出错的红牌条件

红牌条件，是指制造过程中通常会导致差错的条件。从理论上讲，只要我们识别并减少红牌条件，差错就能减少。红牌条件的内容详见表 16-3。

表 16-3　红牌条件的内容

类目	说明
1. 调整	操作者只有先对部件或设备做出调整，才能完成过程的工作
2. 易损工装和工装更换	易损工装在生产中的使用和/或生产过程中工装的更换说明

续表

类目	说明
3. 尺寸/规范/关键条件	要求使用测量设备以将部件对位的操作，或要求操作在指定的关键条件下执行（如 T、P、V）
4. 大量/混合部件	包含有大量各种不同数量和混合的部件的过程
5. 多个步骤	要求以严格设置的顺序执行许多细小的操作或分步的过程
6. 偶然的生产	不经常进行的操作或任务
7. 缺少有效的标准	标准化作业程序（SOP）含糊，或未完整描述正确的和被证实的实施生产过程的方法
8. 对称	反向相似或相同物件的制造或装配操作
9. 不对称	操作所使用的部件、工具或夹具的相反方向看起来完全相同，但尺寸、形状或相对位置不同
10. 快速重复	要求重复实施相同的操作的过程
11. 很高/极高的数量	要求在时间压力下快速、重复地执行任务的过程
12. 环境条件	工作地内或周围的物理环境能影响质量或工艺

为消除或改善红牌条件，我们可采用导向/基准/阻塞棒或销、模板、限制开关/微动开关、计数器、多余部件检出法、顺序限制、标准因素、关键条件指示、自动化、探测传送的滑道、制动器/门、传感器、防错装置的防错、条件消除、重新设计为对称、重新设计为非对称、自动闭锁等防错装置。

四、实施防错十步法

为了有效应用防错理念和方法，企业可采取以下十个步骤进行防错：

（1）确定产品/服务缺陷，并收集数据。

（2）追溯缺陷的发现工序和产生工序。

（3）确认缺陷产生工序的作业指导书。

（4）确认实际作业过程与作业指导书之间的差异。

（5）确认该工序是否存在以下问题：该工序是否在调整中？作业工具或设备是否发生变更？规格、参数和作业标准是否发生变化？是否存在产品相混或堆放过多产品？操作步骤是否太多？是否作业量不足？作业标准是否足够？作业是否平衡？作业环境如何？作业节拍是否太快？

（6）分析缺陷原因。

（7）分析作业差错原因。

（8）设计防错装置或防错程序以预防或检测同类差错。

（9）确认防错效果，必要时进行过程调整。

（10）持续控制及改善。

第四节　异常管理

一、异常管理的概念

生产现场的异常管理是指为了能够检测、控制、解决生产过程中的错误、突发和失控状况而制定的一系列措施和管理手段，如自动报警装置、防错装置、操作人员异常目视板、QC工程表、设备能力表等。在现场管理中，针对出现的异常问题，快速应对并及时处理，防止其再发生是非常重要的。

二、异常管理的内容

（一）操作标准执行检查

操作标准是指在现场进行标准作业时，以工艺图、质量检查标准、安全标准等为基础，能够确保质量、成本、安全等各种操作条件与方法的标准文件的总称。

操作标准执行情况可以从人员、物品和设备三方面进行检查：

（1）人员方面。检查作业人员操作的正确性以及遵守标准作业的情况。常见的操作标准有：作业标准指导书、标准作业组合表、标准作业卡（票）等。

（2）物品方面。检查是否排除了不需要的物品，使零件的取放简单化等，也就是整理、整顿工作。

（3）设备方面。为了能了解设备是否正常运转，应该有工位设备能力表、加工条件基准等。

（二）通过培训让员工遵守

通过对员工进行标准作业的培训，并使其遵守相关规定，从而减少异常的发生。人员培训方面主要有作业要领书、刀具更换作业要领书、质量检查要领书等。

（三）确定保全管理项目

为了防止设备在使用过程中出现故障，影响正常的生产，必须保证设备可动率为100%，为此必须事先进行保全。判别标准有自主保全图表、自主保全计划等。

（四）确认各工程的质量管理项目

质量保证是异常管理的一项重要内容。各工序内的质量管理项目有作业标准、QC工程图、质量检查标准等。

（五）防止质量确认遗漏

为了保证所有的质量管理项目能够全部被执行而无遗漏，在所有项目被执行完毕之后要进行检查，防止出现质量问题。

三、异常管理的处理流程

生产异常是生产管理中不可忽视的问题之一。消灭异常首先要求作业人员要根据作业开始、结束时应遵守的作业标准，定期对作业结果进行检查，确认没有异常。如果此时确认出现异常，要立即报告，采取应急措施。此后，需要针对发生的问题，找出真正原因，消除这些因素，防止问题再发生。对应流程是否清晰、对应方法是否得当、异常解决职责发挥是否充分对生产计划的完成和生产管理能力的提升起着至关重要的作用。异常处理流程如图 16 - 4 所示。

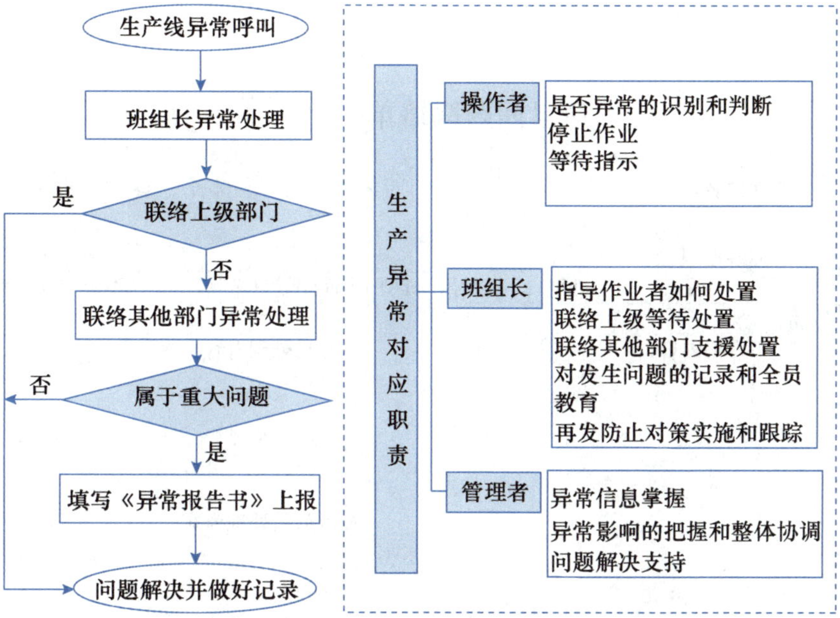

图 16 - 4　异常处理流程

四、异常报告、联络、商量

异常报告、联络、商量应成为一线员工的常态化习惯。报告主要是指下级向上级报告；联络主要指平级或横向部门间的联系与沟通；商量主要指平级之间或上级与下级之间在对具体事务进行处置之前，通过平等的发言与讨论来决定如何处理事务的过程。

（一）异常报告

遇到异常情况要养成第一时间向上级报告的习惯。及时报告是员工降低自我处事风险的方法，也是一名合格员工的基本素养。

（二）异常联络

异常联络是指遇到异常情况，在本身的业务职责或能力范围内的事物由于涉及其他人员或部门，要积极地与相关方（含人员或部门）进行联系和处理。特别是在两人或多人合作的工作中，由于联络不及时经常会给团队或组织的整体工作效率或质量造成诸多负面影响。在异常联络中可使用一些辅助性的文件，如质量问题联络单（如表 16 - 4 所示）。

（三）异常商量

商量是指当遇到异常情况时，虽然在自己的业务及职责范围内，但由于经验不足一时拿不定主意，要主动与相关人员或组织商量，确定处理方案。

（四）表单式闭环管理

前面所介绍的异常情况“报、联、商”是人与人之间面对面的沟通方式，然而在很多其他场合我们无法或不方便面对面沟通，这时就需要以一些表单为媒介。比如现场工人发现本岗位工艺文件不能指导生产或可以改进时就需要以工艺文件反馈处置单（如表 16 - 5 所示）为媒介写明该工艺文件的信息与问题点及建议，并按相关的流程实现反馈与处置。

表 16 - 4　质量问题联络单

质量问题联络单

发行编号:
发行日期:

文件名:

部长	科长	班长	发行者

回答期限:

装置	机型	批号、机型	零件图号（名称）	不合格发生地

不合格内容:	发行科处理内容:
	对策部门处理内容:

委托事项:

对策担当部门		部长	科长	担当

计划实施对策时间:

对策内容:

其他部门委托事项:

传阅顺序:

发行部门：发行者 → 班长 → 科员 → 科长 → 部长

↓ 原纸

对策部门

复制推广部门

↓

发行部门：部长、科长、科员

↓ 复制

有关部门：检查科、班长、发行者

表 16－5 工艺文件反馈处置单

问题文件信息	文件名称		文件编号	
	文件发布日期		文件修改史	□ 有 □ 无
提报人信息	□ 设计研究院 □ 工艺装备研究院 □ 生产制造部 □ 质保部			
	姓名： 岗位： 电话：			
受理人信息	□ 设计研究院 □ 工艺装备研究院 □ 生产制造部 □ 质保部			
	姓名： 岗位： 电话：			
文件问题描述（必要时增加简图）	主管确认： 提报人： 提出日期：			
问题处理意见/方案	审核： 受理人： 处理日期：			
提报部门验证	□ 问题已得到处理，新文件已下发。 □ 问题已得到处理，新文件未下发。 □ 问题未处理。 □ 其他评审意见： 主管确认： 验证人： 验证日期：			
备注： 1.工艺文件包括：图纸、QC工程图、工艺卡、作业标准、检查基准书等产品设计及制造所涉及的所有技术文件； 2.此表为一式二联，第一联由提报部门存档，第二联由受理部门存档，保存期限为1年； 3."问题描述"需简明扼要、字迹清晰,并由问题提出人主管确认； 4."处理意见"必须对工艺文件所存在的问题制定整改对策或提出修改方案； 5.提报部门需对问题跟踪，并对处理结果进行验证，2个工作日内受理部门需提出处理意见，1周内下发新文件，对于重要问题需立即处理（禁用或收回旧文件，立即下发新文件），对提报人提出的问题，经提报部门部长核实，根据此文件的重要性，可提报5~30分嘉奖。				

小故事

异常管理故事

某公司结构件班组工人发现自动夹紧装置的气缸压力不稳定，但由于没有对其生产造成影响，就一直认为无异常，没有及时报告。5 天后，收到装配线的批量不合格投诉，原因是结构件尺寸超长无法装配。质量人员分析认为是气缸失灵造成了尺寸失误。由于结构件尺寸十分复杂，工人无法完成自检，按质保规定是每月抽检 1 台，所以造成了该起批量不合格事故。造成类似的质量或安全事故的根本原因就是没有执行好异常报告。为此，操作员应在平时工作中养成及时进行异常报告的习惯。

本章小结

通本章的学习，我们了解了防错的必要性及防错法的概念和作用等内容。具体包括：

常见的十种差错，大多数差错是由人为失误造成的，并分析了其产生的三类原因；防错的四条原则；在设计防错装置时，应按消除、替代、简化、检测和减少的优先顺序，确定最适宜的防错策略；断根、保险、自动、相符、顺序、隔离、复制、层别、警告和缓和十种防错的原理和案例，以及实施防错的十个步骤；异常管理的概念、内容和流程。

基本概念 防错法 红牌条件 异常管理

第十六章 在线练习

第十七章
现场问题改善

学习目标

知识目标

◇了解现场问题改善的定义、对象和原则。

◇掌握现场问题改善的三个阶段和八个步骤。

◇掌握现场问题改善常用的方法。

能力目标

◇ 具备发现现场问题和使用正确改善方法的能力。

素养目标

◇ 通过现场问题改善知识和实践能力的提升，在工作中形成良好的职业风范和职业素养。

第一节　现场问题改善概述

一、现场问题改善的定义

现场问题改善最初来源于今井正明的代表作《现场改善：低成本管理方法》。今井正明认为，提升质量的改善焦点是在企业运营中产生的，最具关键性的地方是现场，也就是实际发生行动的场所。所有企业都得从事三项赚取利润的主要活动：开发、生产和销售。现场正是这三项活动发生的场所。现场改善与欧美管理方式的最大不同在于不需要复杂的技术、烦琐的程度和昂贵的设备，只要通过全面质量管理、及时生产方式、可视管理等，便能轻易解决组织积弊，获得高水平的质量和巨额利润。

改善有两个含义：一是改正过失或错误；二是改变原有情况使其更好一些。当我们把改善与企业联系在一起的时候，它就变成了一种企业经营管理的手段和思想。虽然改善的步伐是一小步或阶梯式的，但随着时间的推进，它会带来戏剧性的重大成果。同时，改善也是一种低风险的方式，因为在改善的过程中，如果发现有不妥当之处，管理人员随时都可恢复原来的工作方法，而不需耗费大成本。

现场不仅是所有改善活动的场所，也是所有信息的来源地。

综上所述，现场问题改善就是对现场的所有要素进行改良和优化，以提高生产效率、产品质量及降低成本的活动。

二、现场问题改善的对象

现场问题烦琐，一不小心就会迷失方向。下面几个方法能让我们快速识别并聚焦现场问题点。

（一）工艺流程查一查

即向工艺流程要效益。分析现有生产、工作的全过程，看哪些工艺流程不合理，哪些地方出现了倒流，哪些地方出现了停放，包括储藏保管、停放状态、保管手段（如储存容器配备、货架配备、设施条件），有无积压状态，哪些工艺路线和环节可以取消、合并、简化等。

（二）平面图上找一找

即向平面布置要效益。仔细检查和分析工厂平面布置图、车间平面布置图和设备平面布置图，分析作业方式和设备、设施的配置，看生产流程的流动方向有无重复路线和倒流情况，找出不合理的部分，调整和设计一种新的布局，使生产流程在新的布置图上路线最短、配置最合理。

（三）流水线上算一算

即向流水线要效益。研究流水线的节拍、每个工序的作业时间是否平衡，如果发现不平衡，就要通过裁并、简化、分解等手法，平衡流水线，消除因个别工序缓慢而导致的窝工和堆积。

（四）动作分析测一测

即向动作分析要效益。研究工作者的动作，分析人与物的结合状态，消除多余动作、无效动作或缓慢动作，如弯腰作业、站在凳子上作业、蹲着作业、作业场所不畅、没有适合的工位器具、人与物处于分离状态等，通过对人的动作和环境状态的分析和测定，确定合理的操作或工作方法。

（五）搬运时空压一压

即向搬运时间和空间要效益。据统计，在产品生产中搬运和停顿时间占70％～80％，搬运的费用占加工费的25％～40％，要通过对搬运次数、搬运方法、搬运手段、搬运条件、搬运时间和搬运距离等的综合分析，尽量减少搬运时间和空间，寻找最佳方法、手段和条件。

（六）人机工程挤一挤

即向人机联合作业要效益。人和机器构成了人机工程，要分析作业者和机器在同一时间内的工作情况，通过调整工作顺序改进人机配合，寻求合理的方法，使人的操作和机器的运转协调配合，充分发挥人和机器的效率。

（七）关键路线缩一缩

即向网络技术要效益。将现有的工序和作业流程绘制成网络图，从中找出关键路线，然后从非关键路线上抽调人、财、物，加强关键路线，或采用平行作业、交叉作业等形式，实现时间和费用的优化。

（八）场所环境变一变

分析生产、工作环境是否满足生产、工作需要和人的生理需要，分析现场还缺少什么物品和媒介物，针对不同类别场所的问题，分别提出改进建议，使所需物品随手可取，不需要之物随时得到清除，现场环境通畅、整洁、美化、安全、文明，使场所和环境在时间和空间上实现整体优化。

三、现场问题改善应遵循的原则

现场问题改善与质量改善等专业改善既有相同点又有不同点，其目的都是对现有要素的改良和优化，但是在改善对象上却有所侧重。一般来讲，实施现场问题改善需要遵循以下原则：

（1）丢掉对工艺原有的僵化的看法。这就要求现场改善人员开阔自己的思维，不受现有工艺条件约束，创造性地改善或改造现有的工艺和布局。如可以召集相关人员进行头脑风暴，大家在没有外界环境干扰的情况下进行天马行空的想象，最后对这些想法和创意进行归类，论证可行性并付诸实践。

（2）考虑怎样可以做事情，而不是找出不做的理由。在问题面前，管理者要考虑的问题只有一个，那就是如何解决问题，而不是一味地找理由。而且管理者如果做事务实、不找借口，也更有利于增强团队解决问题的信心。

（3）不找借口，对现有方法质疑。成功者的一个重要特质便是对现状保持质疑。不断地质疑现状，并不断地进行求证，这对于一个现场管理人员来说尤为重要。

（4）不要追求完美，马上付诸实施，尽管只达到约定目标的5%。没有所谓的完美，因此也不要妄想一次就可以得到彻底解决问题的答案，要的只是马上去做，而不是一直在想。所有的方案都必须要落地实施以后才有可能起到改善的作用。

（5）立即纠正错误。现场问题改善不像六西格玛、革新项目等需要严密的论证、精准的结论，它是要一点一滴慢慢积累的，因此在具体执行时难免会有错误发生。如果发现错误，要马上进行纠正，及时纠正错误可以避免错误扩大化。

（6）不要对改善活动花钱。这一点可能很多人不理解，要改善还不进行投入？我们前面说过，现场问题改善是一种降低成本的活动，这说明改善并不需要投入过多的活动经费，因为这些小的改善是每个现场人员从自身工作出发必须要解决和改善的问题，是工作职责所在。而且对这方面的投入太多会让员工有种依赖感，没有激励就不进行改善，结果只能适得其反。

（7）排除障碍，寻找解决方法。生产现场秩序混乱，不合格品经常出现，怎么办？原材料成本飙升，企业内部浪费严重，怎么办？设备虽然精尖，但是效率低下，怎么办？现场问题各种各样，而且有些问题已经是困扰企业很长时间的顽疾，对于这种问题不能畏惧，要运用一定的技巧，借助团队力量，集思广益找到解决方法，并帮助团队排除前进中的障碍，保证问题及时解决。

（8）问上五次“为什么”，并寻找真正的原因。对于任何一个问题，都不要自以为是，而要多问几个为什么。问为什么的过程其实就是我们寻求问题解决方案的过程，如果能够回答五个以上的为什么，那么问题基本上也找到答案了。举个例子：现场欠产。为什么会出现欠产？因为设备出现停机。设备为什么会停机？因为设备运转轴承被卡死了。为什么轴承会被卡死？因为过滤网坏了，杂质流入轴承导致卡死。为什么过滤网会坏？因为过滤网更换不及时。为什么过滤网更换不及时？因为设备例行保养没有这一项检查。如此层层提问，就可以找到问题的根本。

（9）集合大家的意见而不仅仅是个别人的意见。现场问题改善是团队作战，不是个人英雄主义，因此在采取措施时要集合大家的意见，而不是靠某个人的经验。集合大家的意见是调动全员参与改善的一种方法，只有全面参与，才能保证改善的持续进行。

（10）改善的可能性是无穷无尽的。不要轻易下“不可能”的结论，没有试过，怎么知道结果？

第二节　现场问题改善的步骤

改善着重于过程为导向的思考模式，这是因为要改进结果，必须先改进过程。预期的计划成果未能达成，表明其过程是失败的。以过程为导向的思想方式，应当运用在各种不同的改善活动中，许多公司改善活动失败就在于轻视过程。在改善的过程中，最关键性的就是最高管理部门的承诺和参与。管理部门的承诺和参与，必须适时地、持续地表现出来，以确保在改善的过程中获得成功。

一、现场问题改善的三个阶段

现场问题改善是一个复杂的系统工程。开展现场问题改善工作一般分为三个阶段，三个阶段之间是层层递进的，完成一个阶段后再开始另一个阶段。

（一）治理整顿

着重解决生产现场脏、乱、差的问题，逐步建立起良好的生产环境和生产秩序，这个是最基本的现场问题改善。只有建立一个良好的生产秩序和生产环境，才能保证员工可以全身心投入工作中，并为后面阶段的发展打下良好的基础。

（二）专业到位

完成现场基础的治理整顿后，就要开始针对现场各项工作进行重点改善。现场质量、成本、生产、安全等各个方面都要关注，并且针对薄弱环节进行专项突破。这几个环节，哪个环节薄弱都会像木桶理论中的短板一样致命。因此，这个阶段着重现场软件的建设，即制度和培训的建立，保证现场各项工作顺利进行。

（三）优化提高

优化现场管理的实质是改善，改善的内容就是目标与现状的差距。应按 PDCA 循环使其合理有效地运行。P：计划（Plan），就是为了达到改善的目标而制订行动计划。因为改善是动态的、不断完善的过程，所以目标也应不断进行更新。D：做（Do），就是按计划执行工作。C：检查（Check），就是检验工作是否按计划执行，并朝预定的方向发展。A：调整（Adapt），就是通过对新的工作步骤的标准化来避免原问题的重复发生，并为下一步的改善制定目标。

其中前两个阶段是基础，后一个阶段是为了保证持续改善。现场改善方案实施后一定要进行持续的固化以维持成果，并通过 PDCA 循环持续提升现场水平。

二、现场问题改善的具体实施步骤

（一）选择工作任务

首先要阐明选择这个项目或工作任务的理由。这些任务通常是根据企业的发展目标确定的，但有时企业的现状也会影响这种选择。按照前面所讲到的方法进行排查可以帮助我们快速聚焦现场问题。

（二）弄清当前的情况

在项目开始前，要运用现场问题改善应遵循的原则，弄清项目情况的本质，并收集相关数据。

（三）对收集到的数据进行深入分析

QCC和六西格玛管理中都强调用数据说话，并给出了一些常见数据的分析方法，可以用来对现场收集到的数据进行深入分析，以便能弄清事情的真正背景及原因。

（四）在分析的基础上研究对策

分析的目标无非是改进，经过深入分析确定原因后，就要针对具体的原因研究解决对策。解决对策的制定需要大家运用头脑风暴法集思广益，并评估对策的可执行性。

（五）导入、执行对策

对策制定后要把这些措施导入现场并对现场实施改善，确保对策的落地执行。

（六）观察并记录采用对策后的影响

所有的对策都不是一次就可以解决所有问题的，因此对策实施后要及时记录实施后的效果，对于有效的要及时固化，无效的要立即纠正。

（七）修改或重新制定标准，以避免类似问题再次发生

防止问题重复发生的主要方法还是要靠更改设计或标准。一旦标准进行了修订，就意味着现场已经将问题纳入管控范围，因此重复发生的概率就会下降。

（八）检查整个过程，据以引入下一步的行动

将问题的解决过程进行可视化以及在问题的解决过程中积极交流，并建立高效的记录文档资料。

以上八个步骤是一个环环相扣的改善循环，所有的改善都可以按照这个循环进行，在维持现场秩序的同时稳步提升现场改善水平，最终达到目标。

第三节　现场问题改善常用的工具与方法

现场改善中，需要不断创新管理方式。下面介绍某公司常用的一些改善方法，这些方法具有一定的借鉴意义。

一、IBI检验

IBI是Internal Buyer Inspection的英文首字母缩写，中文翻译为内部用户购买体验，是指内部员工站在用户购买的角度，对生产的产品集中进行评审检验。它定位于按照产品规格书，对比市场问题，分类别进行检讨，对现有的IQC（Incoming Quality Control，来料质量控制）、LQC（Line Quality Control，线上质量控制）、OQC（Outgoing Quality Control，

成品出厂检验）检验办法、商检检验项目等检测标准进行删除和添加优化，对检测方法和检测工具进行研究，建立完善形成整体的检测方案，实现提升产品质量的目的。

IBI 评审主要体现在以下两个方面。

（一）用户抱怨获取

以市场不良信息、开箱不合格及特殊事故为切入点，获取本年不良用户抱怨信息，并对抱怨信息逐条确认、归类，以日清的形式问责确认，并及时将用户抱怨传递到部件入厂检验、在线检验、出厂检验三大环节进行管控。

（二）检验标准提升

开发部门根据用户真实需求提供并及时更新产品规格书，包含了试验、QC 检查过程、生产过程等方面。IQC 部门立足于用户使用状况进行检讨，改善零部件入厂检验办法，模拟用户真实使用环境进行检测。LQC、OQC 部门立足于用户使用状况进行检讨，追溯到失效责任人，通过建立完善现有检出办法及力度，模拟用户真实使用环境进行检测，在第一时间实现问题把关，防止任何一个用户抱怨缺陷出厂。试验部门立足于用户使用状况进行检讨，改善检出方法及能力。

IBI 评审模式如图 17－1 所示。

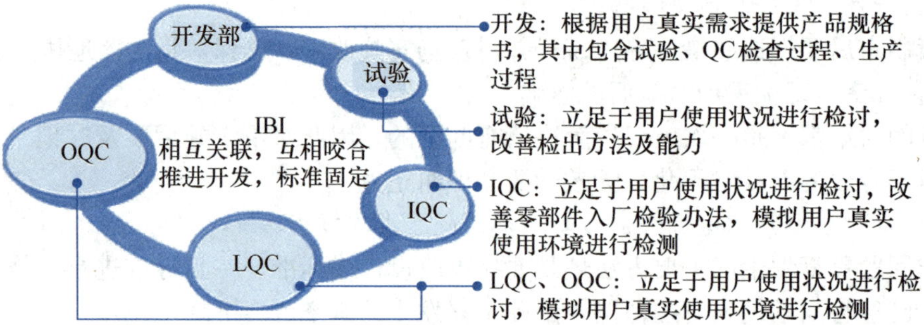

图 17－1　IBI 评审模式

二、QC 小组活动

为深入推动全面质量管理提升，强化每个员工的创新主体作用，致力于营造“以我为核心、我负责质量”的全员质量保证理念的氛围，建立起从上到下的承接推进体系，持续推动全员的 QC 培训教育，并组建 QC 项目小组，定期表彰在活动开展中表现优秀的人员，同时将改善成果进行公司范围内的共享。QC 是调动全员参与改善的一种管理方法，因此最主要的就是要做到员工的充分参与，可以以员工的需求作为出发点，对 QC 项目的改善、发布等方式进行调整。发布形式可以多种多样，如课题发布、现场发布、视频发布等。激励优秀项目对增强现场员工参与改善的积极性也有非常重要的作用。现场员工开展 QC 活动可参照《质量管理小组活动准则》（T/CAQ 10201－2020）组织实施。

三、员工技能比武

每位一线员工都有一份质量档案，记录着员工操作的质量情况，他们每次无缺陷的操作都会为其记录增加一分（出现操作缺陷后积分归零）。每个员工都能成为“纪录保持者”，保持纪录成为每个员工的基本目标，员工与自己比，挑战并突破自己的最高水平，既有能干好的动力，又有不能出错的压力。

四、合理化建议

合理化建议就像企业生命体中贯穿于全身各个部位的血液一样，为企业源源不断输送着各种合理的养分。合理化建议的魅力在于，它不但能最大限度凝聚每一名员工的点滴智慧，而且能把员工的主人翁精神焕发出来，最终形成企业赖以生存的强大动力。常规的合理化建议有董事长信箱、员工意见与合理化建议反馈等。

合理化建议是调动现场员工参与组织改善的一种集思广益的方法，它通过员工的积极参与来提高其职业道德。日本企业界看重合理化建议的原因是它能够提高员工参与改善的兴趣，鼓励员工尽可能多地提出合理化建议，尽管有时有些建议看起来几乎没有用。企业领导也不期望每个建议会给企业带来巨大的利益，重要的是由此培养出积极参与改善并有自律性的员工。

合理化建议为每一位员工提供一个舞台，员工对现场生产、质量、工艺等各个方面都可以提出自己的合理化建议。合理化建议申请表见表 17－1。针对员工提出的合理化建议，相关部门评审建议可行性；建议一经采纳，将对员工进行相应奖励。

表 17－1　合理化建议申请表

<table>
<tr><td>建议人</td><td></td><td>一级部门</td><td></td><td>二级部门</td><td></td></tr>
<tr><td>工　号</td><td></td><td>联系方式</td><td></td><td>编　　号</td><td></td></tr>
<tr><td colspan="6">合理化建议标题：</td></tr>
<tr><td>主题</td><td colspan="5">□ 财务费用　□ 管理费用　□ 营业费用　□ 生产成本　□ 流程优化　□ 其他______</td></tr>
<tr><td colspan="6">建议执行部门______建议提交时间______预计完成时间______</td></tr>
<tr><td colspan="3">（一）现状描述（问题点）</td><td colspan="3">（二）改善目标（QCDSH）</td></tr>
<tr><td colspan="3">（三）改善对策（描述改善步骤）</td><td colspan="3">（四）预期收益及推广性（以翔实的数据及合理的计算方式量化，注意扣除投入成本，建议以附件作详细说明）</td></tr>
<tr><td colspan="3">主管意见：
采　　纳：□ 责任单位______
□ 改善小组责任人______
□ 计划完成日期______
奖励金额：______　□ 否
不采纳：□ 条件不成熟备案
□ 不可行
不可行原因
签核：</td><td colspan="3">一级部门合理化建议负责人评审意见：
是否采纳：□ 是　　□ 否
评审意见：
是否作为优秀建议推荐：□ 是　　□ 否
推荐理由：
签核：</td></tr>
</table>

注：Q：Quality（质量）；C：Cost（成本）；D：Delivery（交货期）；S：Safety（安全）；H：Human（团队和士气）。

五、“五个一”活动

“五个一”即全体管理人员必须带领 1 个团队、每天到 1 个工位操作 1 个小时、每天至少和 1 个员工沟通、每周至少发现并帮助员工解决 1 个问题。

管理人员到现场熟悉工艺标准、亲自操作、发现问题并整合资源解决问题的“五个一”活动，提升了管理人员的洞察能力、动手能力、解决能力、沟通能力、整合能力。管理人员能力提高后，能更快地帮助员工解决更多问题，消除员工抱怨，实现了个人与经营体的双赢。

“五个一”模式如图 17－2 所示。

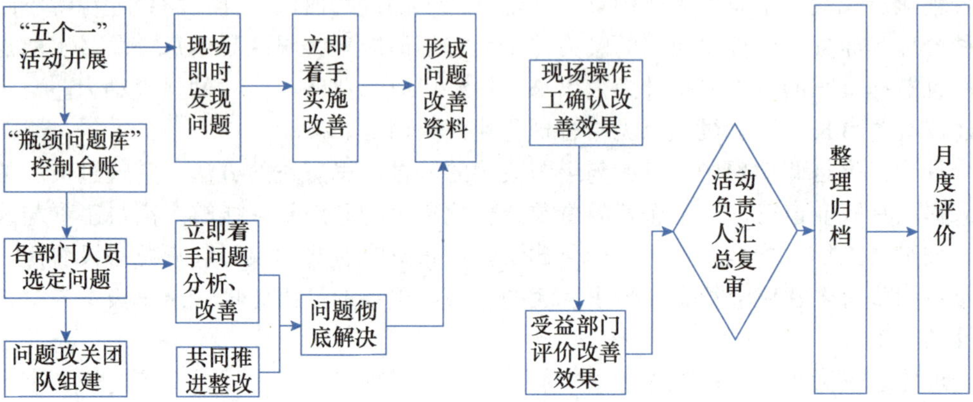

图 17－2 “五个一”模式

六、Knowhow（失败案例）项目

据统计，现场问题有 80％是重复问题，这给企业造成了极大的损失。为降低这种损失，必须从新品开发、实验、量产等各环节分析并改善。那么，如何掌握失效点并立即改善？如何避免问题的重复发生？可通过推进 Knowhow 改善项目，鼓励所有质量人员完成 1 个 Knowhow/周，并积累活用。

Knowhow 项目包括命名题目、分类、主题、型号名、发生日及地点、不良现象、发生原因、对策内容、再发防止、关键字、编制审批等部分。命名题目统一，做到电子查询时，可以迅速地查询到零件、原因等。发生原因应利用图纸、照片、图片等尽可能详细地记录，并按照技术方面原因（设计、零部件规格等）和管理方面原因（作业、设置等）分别进行记述，同时使用构造图或现物照片进行描述，以方便理解掌握。对策内容应包括技术对策和管理对策，技术对策应具体地标示材料、构造、性能等改进内容（测定值、规格、特性等），管理对策应包括业务步骤、相关部门的业务流程改进等。不管是技术方面的还是管理方面，记录为了事前防止而应当注意的事项。设立 Knowhow 分类评价标准，通过周例行发表会评选 A 类 Knowhow、评选周最优 Knowhow 改善员工、发行可靠性 Knowhow 书籍。

小故事

员工问题改善的故事

小李是某公司吸附班组的一名普通员工。不过，这个班组有点特别，由于公司内部进行组织架构的调整，内部已经按照“倒三角”（员工在组织的最上层，直接面对用户，最高层在最底部，负责为员工提供资源支持）的模式进行重新整合。而小李所在的这个班组顺应公司的架构调整，内部也做了调整，调整后的班组员工积极性较原来有了很大的提高。小李也开始留意起自己工作中的问题，他发现在 A 型号内胆吸附完成后都要在冷藏胆顶部增加两个冲孔用来贴马赛克，这两个方孔的冲切需要增加激光枪头移动的距离，而这也是小李的这台设备效率一直上不去的原因。有没有办法可以标示马赛克贴的位置，又不会增加激光枪头的移动距离？小李将这个想法以合理化建议的方式提了出来。该公司鼓励合理化建议提报，并建有完善的合理化建议闭环跟踪体系和激励机制。不到两天，小李接到姜班长的通知说他的合理化建议被采纳了。而小李提出的问题最后通过将冷藏内胆的冲孔更改为吸附标记的办法得到了解决。工艺更改后减少了激光枪头的行走距离，提高了生产效率，同时还节约了能源费。小李的创意被推选为月度“十大创新改善”。按照公司的规定，该工艺被命名为“李××马赛克工艺改进”，小李作为公司的先进人物，其照片被张贴在公司的“员工创新大道”上。这些激励和荣誉大大提高了包括小李在内的员工的积极性。

本章小结

通过本章的学习，我们掌握了现场问题改善的定义、对象、作用、步骤和常用方法。具体内容包括：在企业现场遇到问题，应通过工艺流程、作业动作、物品搬运、人机工程、关键路线和场所环境等来考虑问题点；在改善现场问题时，要遵循改善的十条原则；开展现场改善工作时，应按治理整顿、专业到位和优化提高三个阶段层层推进，并按八个步骤循环改善；在现场改善中，可采用 IBI 检验、QC 小组活动、员工技能比武、合理化建议、“五个一”活动、Knowhow 项目等方法。

基本概念　改善　现场问题改善

第十七章　在线练习

参考文献

1. 中国质量协会. 全面质量管理. 4版. 北京：中国科学技术出版社，2018.

2. 中国质量协会. 2012年度工业企业质量标杆经验成果汇编，2012.

3. 詹姆斯·R埃文斯，威廉·M林赛. 质量管理与质量控制. 北京：中国人民大学出版社，2010.

4. 人力资源和社会保障部教材办公室. 企业班组长培训教程（工作实务）. 北京：中国劳动社会保障出版社，2013.

5. 中国质量协会.《企业现场管理准则》标准解读. 北京：中国质检出版社，中国标准出版社，2013.

6. 陈仲华，李景元，等. 现代企业现场管理运作实务. 北京：中国经济出版社，2003.

7. 姚小风. 生产现场精细化管理全案. 北京：人民邮电出版社，2009.

8. 刘树华，等. 精益生产. 北京：机械工业出版社，2010.

9. 大野耐一. 大野耐一的现场管理. 白金版. 北京：机械工业出版社，2016.

10. 中国质量协会，卓越国际质量科学研究院. 中国企业质量管理创新实践（第一辑）. 北京：中国经济出版社，2012.

11. 阮喜珍. 生产与运作管理实务. 2版. 大连：东北财经大学出版社，2011.

12. 杨剑，邱昌辉. 班组长现场培训教程. 北京：化学工业出版社，2017.

13. 中国质量协会. 简明质量工具与方法. 北京：中国科学技术出版社，2012.

14. 李荣. 质量管理工具方法实务指引. 济南：山东大学出版社，2021.

15. 中国质量协会. 质量经理手册. 2版. 北京：中国人民大学出版社，2017.

附录
现场管理案例

案例一　高速公路收费站现场管理推进

一、现场简介

国际医学中心收费站隶属于山东高速股份有限公司，于 2018 年开通，位于济南国际医学科学中心的核心位置，收费站现有职工 45 人，平均年龄 33 岁，收费额、车流量在公司排名稳居前十位。收费站通过为驾乘人员设立“客货周转区”、“VIP”停车区，成立“泉润”服务志愿者队伍，现场提供各项增值服务，打造“司机之家”，完善员工各项考核机制，提升员工培训技能等，进一步提升了现场服务质量，实现了工作效率最“高”、保畅能力最“好”、收费业务最“精”、文明服务最“优”、创新能力最“强”的“五最”收费站目标，顾客满意度持续提升，得到了驾乘人员的一致好评。2021 年，国际医学中心收费站被中国质量协会评为现场管理成熟度“五星级”现场（见附图 1）。

附图 1　国际医学中心收费站获得全国现场管理成熟度“五星级”证书

二、现场管理特色

（一）加强人员管理，提升员工整体素质

1. 注重员工能力提升，形成能力矩阵

收费站注重员工能力建设，根据任职资格标准定期对员工进行考核，利用现场考核的方式对各岗位进行业务理论、模拟上机、微笑服务、点钞、应急能力、普通话等项目考试。规范员工日常考核，从员工理论知识储备、业务技能、日常考核、综合绩效等方面对员工进行整体能力分析，建立员工技能档案，形成能力矩阵（见附图 2）。

职务	岗位	员工姓名	业务能力	重大任务完成情况	日常考核	团队协作能力	应急能力	安全技能	综合能力
中队长	一线生产岗	李彦鹏	●	●	●	●	●	●	●
中队长	一线生产岗	赵春阳	●	●	◕	●	●	●	◕
中队长	一线生产岗	李松	●	●	●	●	◕	●	●
中队长	一线生产岗	董伟	●	●	●	●	●	●	●
收费员	一线生产岗	王燕	◕	●	◕	●	●	●	◕
收费员	一线生产岗	崔丹丹	●	●	●	●	◓	●	●
收费员	一线生产岗	成健	◕	●	●	◕	●	◕	●
收费员	一线生产岗	魏超	◕	◕	●	●	●	●	●
收费员	一线生产岗	李洪艳	●	●	◕	●	●	●	●
收费员	一线生产岗	王晓	●	●	●	●	◕	●	◕
票据员	一线生产岗	于翔	◕	●	◕	●	●	●	●
票据员	一线生产岗	王淑芹	●	●	●	●	●	◕	●
档案员	一线生产岗	苏娜	●	◓	●	●	●	●	●
备注：	＋ 不具备该技能　◔ 表示培训中　◓ 表示可以独立操作　◕ 表示可以培训他人　● 表示可以培训他人且能对不良现象进行原因分析并提出较好的处理意见								

附图 2　员工能力矩阵图

2. 重视多能工培养，做到一岗多能

收费站每年制订多能工培养计划，定期进行多能工的培养，积极打造复合型人才。员工根据自己的职业规划，利用业余时间学习其他岗位专业知识，考取专业证书，实现一岗多能，做到了岗位互助，进一步提升了工作质量。

3. 打造培训特色，助力业务能力提升

口袋文化：将站区文化、管理特色、设备维护、流程制度、业务小技巧装订成册，收费站员工人手一本，可装入口袋。员工在空闲时间随时拿出小册子阅读，通过碎片时间管理，随时随地进行学习。经验提炼：通过业务骨干人员多年的工作经验积累和提炼，形成国际医学中心收费站特有的“e 路畅行十法则”，即客货车辆分离法、车道应急变脸法、特情快速处理法、手持便携应用法、半封通行五步法、30678 快速调头法、全部封闭驶离法、声光电字提示法、外勤应急站位法、守株待兔布控法。通过十法则的实行，收费站未出现拥堵现象，为顾客提供了畅通安全的收费服务。同时还编写了交接班、微笑服务七字口诀，进一步方便员工记忆。公众号学习：收费站开发“智行合一”企业公众号，包括“云党建”“云技能”两大板块。通过公众号各项知识的学习，让员工形成你追我赶、共同成长的良好学习氛围。打造实践基地：一是建立安全培训实践基地，组织员工定期开展安

全实践活动，让每位员工进行参与，安全实践活动有效地促进了安全工作的提升。二是建立业务培训室，配备了电脑、打印机等前岗设施设备，模拟前岗收费，方便新员工进行岗前业务培训和收费业务上机模拟实践及上机考试。三是建立机电研学室，配备了维修工具、工作台、配电柜等模拟操作系统，定期学习设备维修技能，聘请信息工程师、机电工程师进行授课，开展电工模拟实践活动，通过学习维修技术，做好人才孵化，实现一岗多能。实行 OPL 单点课：中队人员充分利用班前班后 10 分钟的时间进行 OPL 单点课学习，将业务知识、安全知识、设备维护知识等进行重点学习，逐步提升员工整体素质（见附图 3）。

国际医学中心收费站		OPL单点课程								作业文件号 GJ-2021-003	
课题：打印机常见故障排除方法						制作时间	2021年4月5日	站长	中队长	制作人	
						实例编号	GJ-2021-003	徐鲁军	董伟	苏娜	
基础知识	改善	故障	品质	经验	实例	安全	其他				
					✓						

1、打开弹簧夹

2、取下旧碳带

3、将碳带空轴放到前轴

4、将新碳带放到后轴

5、将碳带纸卷到前轴上

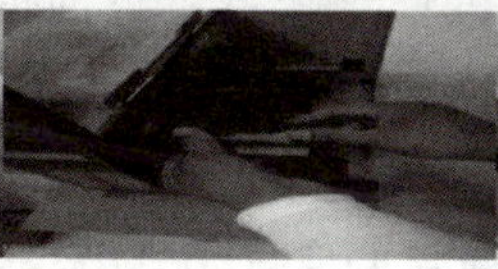

6、压紧弹簧夹

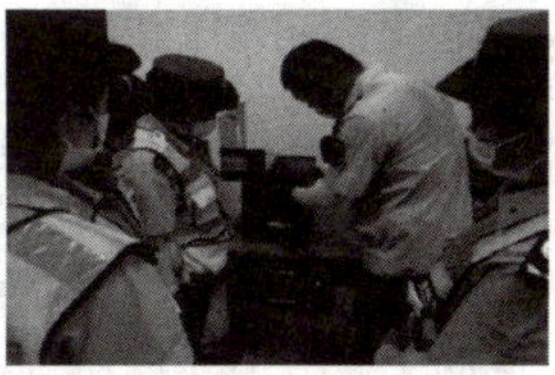

讲师	董伟	受教育者签名									
日期	2021.6.15										
人数	7										

附图 3　中队进行 OPL 单点课

（二）凝心聚力，打造特色党建品牌

国际医学中心收费站党支部以“三会一课”为学习阵地，以多种实践活动为载体，打造了“智行合一”特色党建品牌，实现党建引领与主营业务深度融合。

1. 优化人员配置，实行网格化管理

一是创新方法，党员政治理论水平持续提高。党支部不断创新方法，采取公众号学习、业务竞赛、展板学习等多种学习方式，让党员干部依靠强大的理论基础武装自己，使党员的理论水平不断增强。二是优化配置，做实做好党员网格化管理。优化党员配置，做到一中队一党员，党员兼任中队“教导员”，协助中队长开展员工思想、安全及业务帮扶工作，切实提升中队战斗力，助力收费任务顺利完成。

2. 注重引智借力，提升工作管理水平

一是开展支部共建，助力安全管理。与泉城安全体验培训中心党支部结对共建，组织员工定期在培训中心进行安全培训教育，模拟各种实战环境，联合开展实地模拟演练，全年无安全责任事件发生（见附图 4）。二是凝心聚智，创建特色保畅法。员工根据日常工作经验和做法，创新思路，制定 e 路畅行保畅十法则，绘制入口交通管制流程图等，有效保

障了收费工作的正常运行。

附图 4　在共建基地开展安全培训实践活动

3. 实施四大工程，打造员工关怀体系

“微心愿”暖心工程：践行为群众服务的初心，设立“微心愿”箱，为员工排忧解难。员工写下心愿投入信箱中，2 天内收费站形成心愿清单，指定心愿完成人、完成时限，及时认真完成员工的“微心愿”。“敞亮”舒心工程：通过大力开展宣传教育、心理疏导，及时化解矛盾和危机干预，增加心理咨询室，最大限度地排解员工负面情绪，使广大员工心里宽敞明亮，积极营造健康向上的工作心态（见附图 5）。“健康”成长工程：根据员工需求，定期为员工体检、上健康课、提供各项体育健身设施等，为员工打造健康成长体系。“童心”关爱工程：定期开展各类亲子类活动，加强对职工子女关爱，拉近收费站与职工家庭的距离，让职工安安心心上班。

附图 5　员工心理疏导角

4. 率先垂范，成立党员先锋队

为充分发挥党支部的战斗堡垒和共产党员先锋模范作用，更好履行党员的职责，国际医学中心收费站以党支部书记为首，成立党员先锋队。做到哪里有困难，哪里就有党员先锋队，充分发挥党支部、党员的模范带头作用，主动承担急、难、险、重等各项任务。

（三）强化服务质量，提升服务水平

1. 管控风险点，建立服务蓝图

将收费站为顾客提供的入口发卡、出口收费、ETC 通行、政策性免费车、投诉争议事件等 5 大服务环节分别制定了服务蓝图（见附图 6）。对服务过程进行分解，找出服务过程中影响服务质量的风险点和影响服务质量的活动。运用防差错法，对服务过程中的关键活动和潜在风险点进行控制。

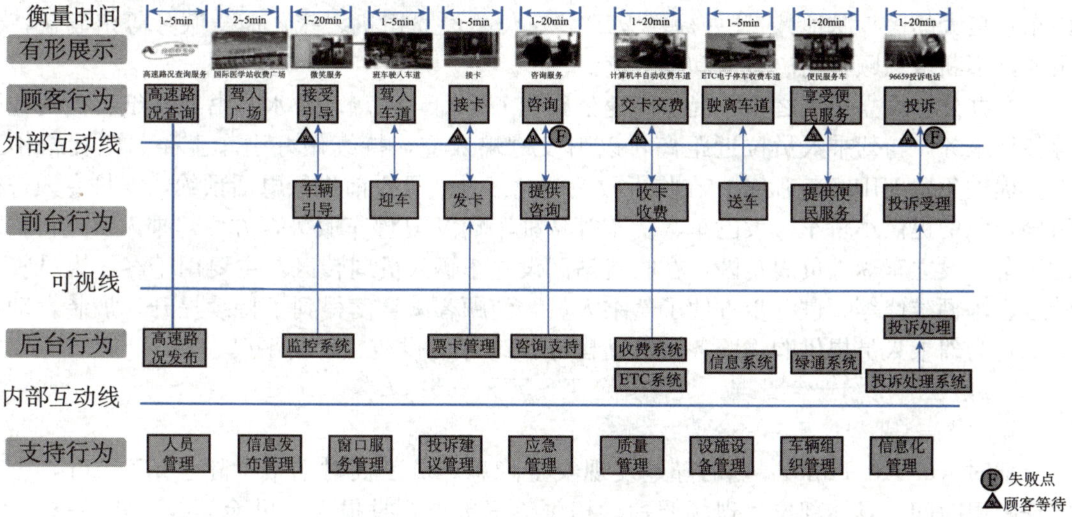

附图 6　收费站通行服务蓝图

2. 做好服务质量管控，提升整体服务质量

（1）实行班前、班中、班后服务控制。

在日常工作中，首先通过班前会对于影响服务过程质量的岗位形象等可视内容进行控制，并且做好岗前业务的培训；在岗中，通过各类巡查监控手段，对作业规范、服务设施、环境卫生的质量进行监控；在班后通过质量分析、工作提示、班组交接等形式，确保服务过程质量控制的统一性和连续性。

（2）六举措提升现场服务质量。

录像回放：每日中队下班后，观看录像，学习先进，查找不足；队长巡查：中队长发现问题，及时对员工进行纠偏、修正；实机模拟操作：定期进行模拟上机操作，提升业务实战水平；速度测试：每月进行车辆发卡收费速度测试；点钞测试：每季度进行点钞及识别假币测试；现场稽查：每日管理人员至少四次到达现场稽查，每日稽查时间不少于 4 小时。

（3）开展质量跟踪活动，促进服务水平稳步提升。

收费站定期开展满意度测评、大客户走访、聘请义务监督员、投诉意见征集等活动，对调查结果进行汇总分析，针对调查问卷中顾客提出的建议，进行电话回访记录，更好地了解驾乘人员的需求，不断提升高速公路管理和服务水平，促进收费工作不断提升和改进。

（四）打造服务品牌，提升顾客满意度

1. 推行“二五一”微笑服务

持续推进“二五一”微笑服务活动（两点头、并五指、一个会心的微笑），采用微笑服务交流、学习，采用日常培训、交流学习、微笑展评、事后稽查、绩效调控等方法，促

进微笑服务质量不断提升，满足顾客服务需求，提升顾客通行体验。

2. 打造“泉润”服务品牌

打造“泉润”文化特色服务品牌，以高起点、高标准，为顾客打造全新的服务环境。丰富便民服务体系，为驾乘人员提供交通指示图、饮用水、修车工具、手机充电、应急药品等便民服务。“泉润”服务品牌已成为山东高速一张靓丽的服务名片。

3. 提供优质增值服务

针对特殊地理位置需求（收费站位于济南国际医学科学中心的核心区域，未来规划为山东省最大的医疗基地），开展提供 VIP 停车位、设立司机之家、应急服务等定制化特色服务，不断增强顾客的忠诚度和满意度。

在办公楼设立司机之家：提供高速公路业务咨询、休息、茶水、书籍报纸、免费地图等各种服务，与驾乘人员拉近距离，以引发蝴蝶效应，持续做好引车上路、收费营销工作。提供免费 VIP 停车服务：在临近收费站站区处，可提前进行电话预约，安排专人进行引导，免费提供小轿车、大巴车、货车等各种车辆 VIP 停车服务，方便驾乘人员进行临时性停车。设立车辆人员周转区：在收费站区设立车辆人员周转区，主要用于客车人员临时转运、车辆维修等，进一步方便了驾乘人员，使顾客满意度得到了持续提升。加装自动售货机：为驾乘人员提供购物服务，自助售货、24 小时供应、价格平民。

（五）强化现场安全管理，确保安全工作万无一失

1. 实行 ABCDT 安全综合管控体系

随时（at All Time）：随时随地发现安全隐患，员工及时上报“随手拍”App，上传发现隐患时间、具体部位、现场照片、相关负责单位、举报人、风险等级、联系方式等，相关部门依据现场情况及时进行整改。基地（Base）：加强与邻居单位泉城安全体验培训中心的合作，打造安全共建基地，以互帮互助为基础，以资源共享为目标，组织员工在安全体验培训中心进行安全培训教育。检查（Check）：每周进行一次安全专项检查，针对汛期、雷雨季节、大风天气、冬季干燥时节等不同时期，进行有针对性的专项检查，有的放矢地加强安全管控。演练（Drill）：制订全年预案演练计划，并将计划分解到月，定期组织人员进行桌面演练、功能演练、全面演练。特别是针对保畅、消防、触电、防疫等进行重点演练，通过演练查找不足，及时改进，以演练促实战。培训（Train）：制订全年相应的安全培训计划，重点岗位重点培训，针对各自的岗位，通过老师授课、自学、视频教学、案例分析等方式，查找自己的不足，查漏补缺，及时做到“软件”上过硬。

2. 加强现场员工防护，确保员工身心健康

在收费站广场下方设有地下员工通道，出入口岗亭均可以通过地下通道直达站区。员工通行安全通道上下班，起到了降低交接班途中盗抢事故和穿越车道导致发生人身伤害的概率；收费人员上班期间穿戴反光背心，佩戴执法记录仪及对讲机，夜间使用闪光指挥棒、佩戴肩灯；防疫期间佩戴口罩、手套及防护眼镜，并及时进行工作区域消毒工作；特殊工种人员配备绝缘手套、绝缘靴、安全帽等，确保员工操作安全；收费现场为员工配备了空调、电暖气、空气净化器、地暖等设备，保证员工的身心健康。

3. 开展现场班组 KYT 活动

班组是生产的最小单位，为将安全工作落实到位，对班组实行 KYT 活动管理（见附图 7），按照培训—编写—实施—总结—再实施五个关键环节步骤，将 KYT 活动长期坚持下去，充分发挥班组的重要作用，实现人员、设备零事故。

活动主题：收费前岗员工穿越车道	活动时间：2021年6月21日	活动地点：小组会议室
主持人：董伟　参加人员：李金玲、冯庆民、王燕、孔芳芳、邢玉琪、马雪蒙		

以下图片场景中，存在的安全隐患有哪些？	1R掌握现状：危险内容描述（由于……导致……）		危险类型
	1	由于没穿反光背心，导致车辆驾驶员不容易看到人	◎
	2	由于低头走路，导致看不到周边状况	◎
	3	由于车辆失控，导致车辆撞到员工	○
	4	由于走路较快，导致风险大	○
	5	由于穿越较远距离，导致产生风险机会大	○
	6	由于未使用警示肩灯、指挥棒，导致驾驶员不易观察到人	◎
	7		
	2R追究本质盘：经过班组讨论，认为比较危险的是1、2、6		

3R采取对策：经过小组讨论，以下项目列入计划日程		重点项目	4R设定目标：
1	外勤必须着反光背心	※	为防止人员伤亡，我们应该：着反光背心，一慢二看无车辆时再通过，穿越5条车道以上时，走员工通道！
2	张贴标识“一慢二看三通过”	※	
3	穿越5条车道以上时，走员工通道		
4	没有车辆时再走		目标确认：着反光背心，一慢二看无车辆时再通过，好！做到人员零伤亡，好！
5	夜间使用警示肩灯、指挥棒	※	
小组签名：			审核签字：

附图 7　员工开展班组 KYT 活动

三、现场管理成效

国际医学中心收费站始终践行“以人为本，让公众享受高品质服务”的服务理念，履行“创享美好之路”的企业使命，力争早日实现“具有全球竞争力的世界一流基础设施综合服务商”的企业愿景，高标准、高起点、严管理，不断改革创新，提质增效，为顾客提供了全方位、高质量的收费及延伸服务，顾客满意度逐年持续上升。

通过现场管理的实施，收费发卡速度单车平均提高了 3.5 秒，顾客满意度由 98.5%提升到 99.1%，微笑服务优秀率由 93.76%提升到 96.53%，年度经费节约 18 万元，设备完好率由 95%提升到 98%，未发生压车事件及安全责任事故，现场管理取得明显成效。

案例二　航空部附件修理现场管理推进

石家庄海山实业发展总公司作为航空装备修理单位，涉及工作面广、工种复杂、专业性强、质量要求高、安全责任重大。工厂积极践行“质量、创新、人本、共赢”的核心价值观，努力营造“质量第一、节能高效”的发展环境。为夯实管理基础，提高管理水平，2010 年以来，工厂在全厂范围内开展现场管理星级评价，共创建 5 星级生产现场 4 个、4 星级生产现场 2 个，对工厂跨越式发展起到了积极的促进作用。航空部附件修理车间作为工厂首个达到 5 星级标准的现场，运用科学的质量管理方法，坚持将星级现场管理理念与修理实际相结合，不断总结提炼形成了具有航修特色的现场管理模式，具体做法如下。

一、确定“拉动式”生产模式

车间秉承工厂的战略目标，以装配调试为龙头的“拉动式”生产组织模式为牵引，按照过程要求识别流程，围绕机械附件产品修理特点、用户要求、工厂战略指标和相关方要求，考虑工厂生产作业计划、质量工作计划、成本费用计划等相关要求，确定了车间生产过程的主要工作目标和测量指标，基本涵盖了质量、周期、成本、安全、柔性等生产因素，如附图 8 所示。

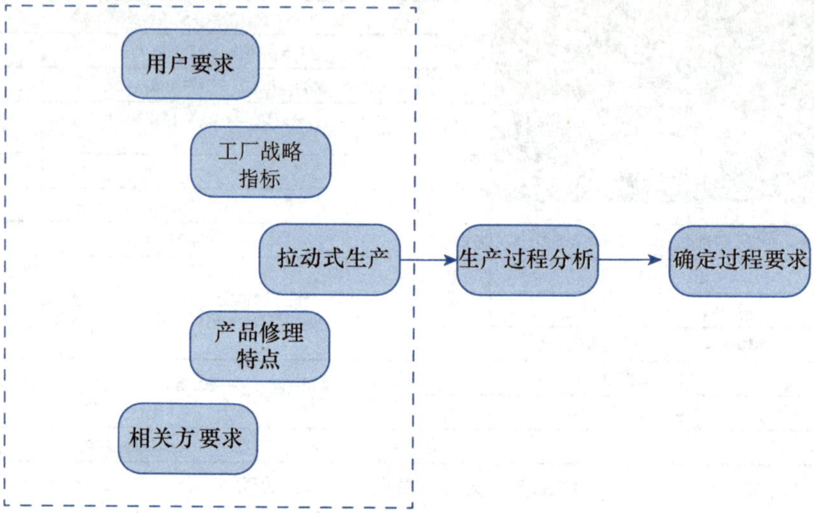

附图 8　过程要求识别流程

二、全员质量管理

车间建立质量管理体系，坚持标准作业，严格遵守“三三三四”要求，即三检制（自检、互检、专检），三工序（检查上工序、保证本工序、服务下工序），三细（一手工作要细、检查把关要细、消除隐患措施要细），四不放过（原因未查清不放过、责任未落实不放过、措施不到位不放过、群众未受教育不放过）。车间风险管控实施全员参与和“双覆盖”（覆盖全部产品、覆盖所有过程），通过建立风险识别卡，使修理中的风险得到有效识别，2015—2018 年累积发现风险隐患 753 条，涵盖了修理中的人、机、料、法、环、测，完善工艺等规章制度 1 200 余份，如附图 9 所示。

围绕关键工序控制、预防人为差错、不合格品管理等，加强过程质量控制，建立周度、月度质量管理和预控管理制度，按照过程管理的要求进行逐一分解，明确责任人，量化考核指标，并定期开展内部的自我审核以及过程监视测量工作。

以多发性、危险性故障为抓手，以班组为单元开展 QC 改进活动，多次举办 QC 活动成果发布交流会，调动全员参与热情，使员工对质量改进的思路方法有了更加深刻的理解和掌握，为解决生产瓶颈及疑难故障提供了有力支撑。2018 年车间 1 个项目获得了全国优秀 QC 小组的荣誉称号，1 个班组荣获全国质量信得过班组的荣誉称号。

三、持续推进流程优化

通过推行精益化生产体系，使用价值流图分析改进现场作业流程，通过工序路线改善、布局调整、重复工装管理等实现工作现场合理布局，降低重复动作，提高现场作业效率。

产品修理过程中的关键路径上有多种工序，通过绘制工序优化设计图识别出产品的不增

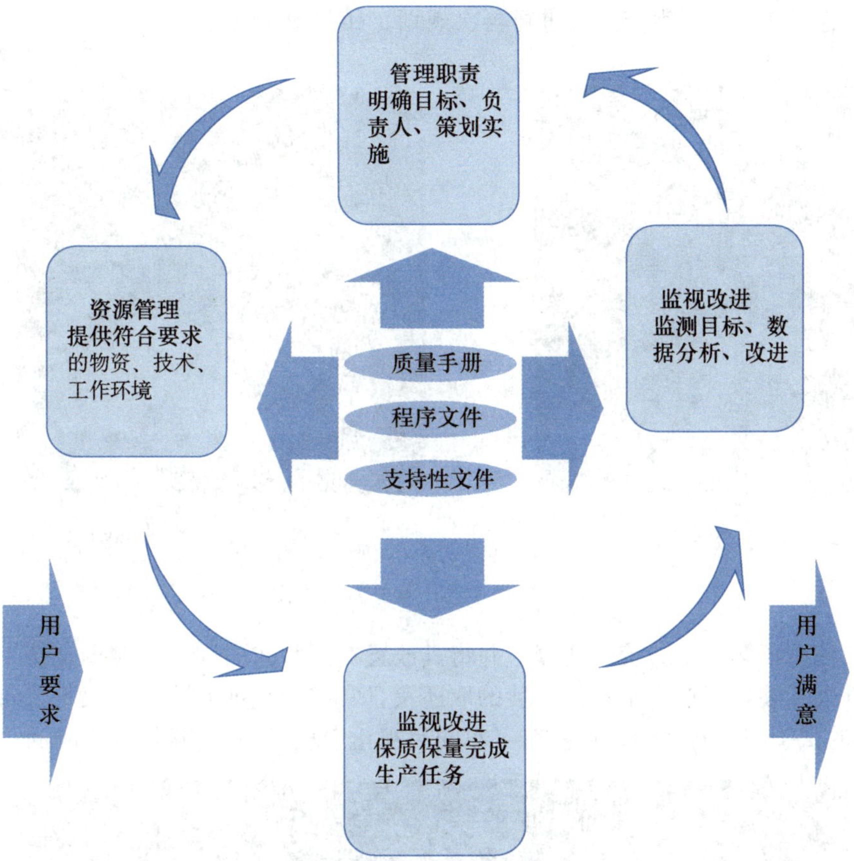

附图 9　质量管理体系

值环节。以液压作动筒类产品为例，经过分析发现，产品在吹砂后取回清洗，然后送探伤，再取回清洗送喷漆，一个产品要清洗两回，跑三个地点，来回往返六次。经过流程调整，将清洗这一环节设在探伤，即探伤前清洗和探伤后清洗，实现吹沙后直接送探伤，探伤完成后直接取回送喷漆，转运次数减少三次，搬运距离减少约 1 400 米。如附图 10 所示。

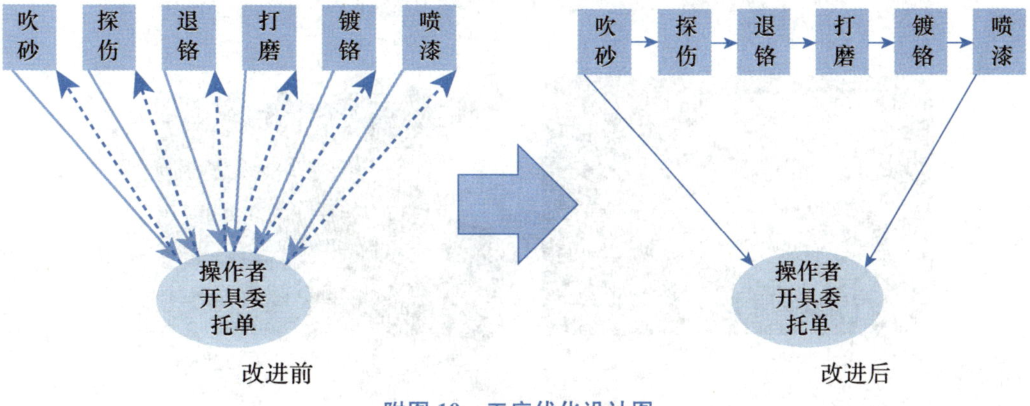

附图 10　工序优化设计图

将车间生产现场各类资源进行统计，以减少动作浪费和搬运浪费为核心进行布局调整。改善后每人每天约减少走动 1 800 米；优化了生产现场布局，调整出长 19.2 米、宽

1.8 米的空地，可以根据生产需要进行再次规划。如附图 11 所示。

附图 11　生产现场布置改进图

将交叉使用频繁的工装统一建账，并将其放置在试验间的固定区域内，统一喷涂颜色用于区分其余工装，还规定了公用工装的取还及日常维护奖惩办法。不仅每人每次节约了约 20 分钟的试验前准备时间，还提升了车间目视化管理水平。如附图 12 所示。

附图 12　工装管理图

四、建立周期模型，提高生产效率

针对多品种、小批量的生产现状，采取建立周期模型的思路。以周期模型为依据，量化生产构成，找准问题；以周期控制为保障，控制异常，固化成果；以周期构成为基础，优化流程，减少浪费，持续改善。

周期模型通过收集工艺参数，测算资源配置来确定最优排产方案，周期控制模型由最优排产方案制订排产计划，通过周期的反馈和控制，使异常问题能够尽早发现、尽早解决，逐步削减排产延迟、工艺延迟和无效作业时间，优化修理工艺和资源配置，压缩关键路径时长，缩短异常因素处理时长，不断改善作业现场，减少作业时间。如附图 13 所示。

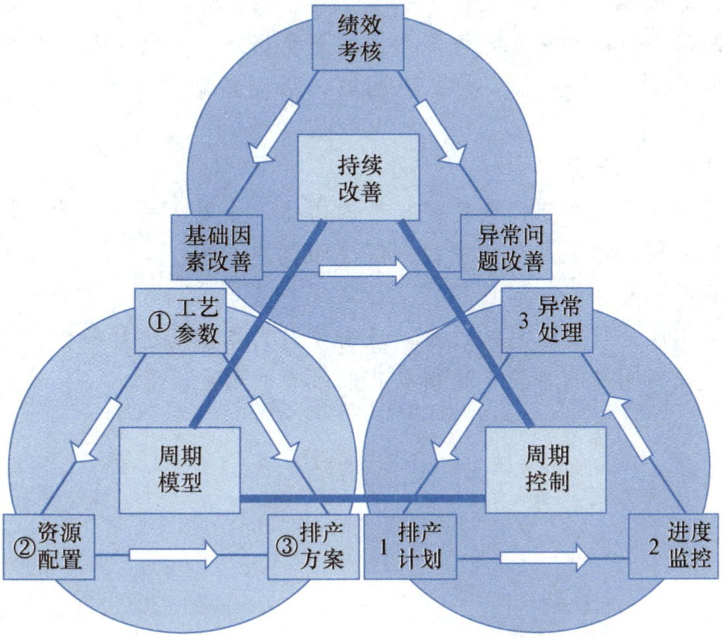

附图 13　周期模型改善图

五、加强培训和提升员工能力

建立完善的教育培训体系、明确人员培训需求，制订培训计划，开展多元化的培训，优化培训效果，搭建交流平台，实现资源共享。现场建立了培训工作卡管理制度，将好的工艺方法制作成培训工作卡对全员开展培训。为降低生产过程异常波动，车间建立了《多能工培养管理制度》，通过一人多机型产品培训、转岗培训，培养一批掌握多种产品修理技术的人员，并根据生产实际需要定期分析多能工的人员比例，为实现柔性生产提供了重要保障。

车间鼓励员工积极参与 6S 管理、小改小革、生产作业流程改善等方面的管理工作，建立合理化建议、质量之星、服务之星等激励机制，最大限度地鼓励员工自主参与现场管理和能力提升。车间按照正向激励原则，对每条建议或改进成果实施绩效奖励，对参与现场管理效果突出的员工优先进行级别晋升、职务晋升和职称评定，并作为“三高”人才（高层次管理人才、技术人才、技能人才）评聘以及各类先进评选的重要依据。

素养园地

如何培养科学精神？

科学精神是指科学实现社会文化职能的重要形式，包括自然科学发展所形成的优良传统、认知方式、行为规范和价值取向。集中表现在：主张科学认识来源于实践，实践是检验科学认识的标准和认识发展的动力；重视将定性分析和定量分析作为科学认识的一种方法；等等。在现场改善过程中，只有找到问题的本质，才能从源头上解决问题。如何做到这一点呢？就是要培养员工的科学精神，主要有三点：

一、带着任务观察

只有带着明确的目标和任务，才能形成问题意识。因为有目标，注意力才能集中于相关事务，才能更聚焦，也更容易发现问题。否则，就变成了走过场，很容易以偏概全。

二、带着“镜子”记录

要如实记录客观的人和事，避免概括性的描述、主观臆断等行为。就是像一面镜子一样反映出事实真相，才能从真相中找到解决问题的方案。

三、带着问题思考

观察和记录仅仅是收集信息的过程，还需要对具体信息进行分析、归类，利用科学的工具与方法，找到问题的本质，这需要我们带着问题去思考。

图书在版编目（CIP）数据

企业现场管理实务 / 刘治宏，张德华，戚俊丽主编
. --4 版. --北京：中国人民大学出版社，2022.10
新编 21 世纪高等职业教育精品教材 . 工商管理类
ISBN 978-7-300-30697-1

Ⅰ.①企… Ⅱ.①刘…②张…③戚… Ⅲ.①企业管理-生产管理-高等职业教育-教材 Ⅳ.①F273

中国版本图书馆 CIP 数据核字（2022）第 095877 号

“十三五”职业教育国家规划教材
“十二五”职业教育国家规划教材
经全国职业教育教材审定委员会审定
企业班组长培训用书
新编 21 世纪高等职业教育精品教材·工商管理类
企业现场管理实务(第四版)
主　编　刘治宏　张德华　戚俊丽
Qiye Xianchang Guanli Shiwu

出版发行	中国人民大学出版社		
社　　址	北京中关村大街 31 号	邮政编码	100080
电　　话	010－62511242(总编室)		010－62511770(质管部)
	010－82501766(邮购部)		010－62514148(门市部)
	010－62515195(发行公司)		010－62515275(盗版举报)
网　　址	http://www.crup.com.cn		
经　　销	新华书店		
印　　刷	北京密兴印刷有限公司	版　　次	2013 年 4 月第 1 版
开　　本	787 mm×1092 mm　1/16		2022 年 10 月第 4 版
印　　张	17	印　　次	2023 年 5 月第 2 次印刷
字　　数	408 000	定　　价	45.00 元